O Regime da Responsabilidade Civil pelo fato dos produtos postos em circulação

**UMA PROPOSTA DE INTERPRETAÇÃO
DO ARTIGO 931 DO CÓDIGO CIVIL SOB
A PERSPECTIVA DO DIREITO COMPARADO**

0124

Conselho Editorial
André Luís Callegari
Carlos Alberto Molinaro
Daniel Francisco Mitidiero
Darci Guimarães Ribeiro
Draiton Gonzaga de Souza
Elaine Harzheim Macedo
Eugênio Facchini Neto
Giovani Agostini Saavedra
Ingo Wolfgang Sarlet
Jose Luis Bolzan de Morais
José Maria Rosa Tesheiner
Leandro Paulsen
Lenio Luiz Streck
Paulo Antônio Caliendo Velloso da Silveira

W512r   Wesendonck, Tula.
      O regime da responsabilidade civil pelo fato dos produtos postos em circulação: uma proposta de interpretação do artigo 931 do Código Civil sob a perspectiva do direito comparado / Tula Wesendonck. – Porto Alegre: Livraria do Advogado Editora, 2015.

      240 p.; 23 cm.

      Inclui bibliografia.

      ISBN 978-85-7348-945-3

      1. Direito civil. 2. Responsabilidade civil. 3. Responsabilidade por produtos elaborados - Brasil. 4. Direito comparado. 5. Defesa do consumidor - Brasil. I. Título.

CDU 347.51

CDD 346.038

Índice para catálogo sistemático:
1. Responsabilidade civil: Produtos   347.51

(Bibliotecária responsável: Sabrina Leal Araujo – CRB 10/1507)

Tula Wesendonck

O Regime da Responsabilidade Civil pelo fato dos produtos postos em circulação

**UMA PROPOSTA DE INTERPRETAÇÃO
DO ARTIGO 931 DO CÓDIGO CIVIL SOB
A PERSPECTIVA DO DIREITO COMPARADO**

livraria
DO ADVOGADO
editora

Porto Alegre, 2015

© Tula Wesendonck, 2015

Edição finalizada em setembro/2014

Projeto gráfico e diagramação
Livraria do Advogado Editora

Revisão
Rosane Marques Borba

Direitos desta edição reservados por
Livraria do Advogado Editora Ltda.
Rua Riachuelo, 1300
90010-273 Porto Alegre RS
Fone/fax: 0800-51-7522
editora@livrariadoadvogado.com.br
www.doadvogado.com.br

Impresso no Brasil / Printed in Brazil

Dedico este livro a três pessoas especialíssimas, o superlativo não é exagero, pois mostram todos os dias que a vida, mesmo com todos os riscos, é uma jornada extraordinária e deve ser vivida intensamente, pois cada momento é único.

Ao meu amor Gerson, que ao entrar na minha vida mudou-a completamente. Sei que embora não concordando com muitas das minhas exigências, ou mesmo com o meu estilo de vida, é o meu companheiro fiel de todos os momentos. Sempre posso contar com ele, e espero estar sempre ao seu lado para ter o privilégio de ser sua companheira de aventuras.

Às nossas queridas filhas Carolina e Marina que com meiguice e jeitinho cativantes nos fazem experimentar novos sentimentos e nos mostram que a felicidade pode estar nas pequenas coisas; somente o fato de ficarmos juntos pode ser o maior prazer do mundo. Elas são nossas companheiras na fantástica jornada da vida.

"La scelta delle regole è stata fatta dal legislatore e ad essa esclusivamente deve dedicarsi l'interprete."

(CASTRONOVO, Carlo. *La nuova responsabilità civile.* 3. ed. Milano: Giuffrè, 2006, p. 658)

"Tão rápido, tão fulminante se evidencia o movimento que leva a teoria da responsabilidade a novos destinos; nessa matéria, a verdade de ontem não é mais a de hoje, que deverá, por sua vez, ceder o lugar à de amanhã" [...] "A responsabilidade civil continuará dominando todo o direito das obrigações, toda a vida em sociedade. E será a grande sentinela do direito civil mundial. Sua história é a história do triunfo da jurisprudência e também da doutrina, e mais geralmente, do espírito e do senso jurídico."

(JOSSERAND, Louis. Evolução da responsabilidade civil. *Revista Forense,* Rio de Janeiro, 86, n. 454, 1941, p. 548. Importante referir que o autor se referia a evolução da responsabilidade civil em uma conferência proferida em 1936)

"[...] será correcto negar uma indemnização à pessoa que nasce com malformações físicas decorrentes de um medicamento para os enjoos tomado pela mãe enquanto grávida? Será conforme ao Direito e ao sentido de justiça abandonar a mulher a quem um simples medicamento para o tratamento do colesterol provocou cegueira? Não soará a injustiça o facto de um laboratório farmacêutico lucrar com a venda de um medicamento anti-abortivo e desonerar-se de sua responsabilidade na hora de indemnizar as vítimas de cancro provocado por esse medicamento?"

(SILVEIRA, Diana Montenegro da. *Responsabilidade civil por danos causados por medicamentos defeituosos.* Coimbra: Coimbra, 2010, p. 264)

Sumário

Introdução 9

Primeira Parte – Da formação do Regime de Responsabilidade Civil pela circulação do produto 17

Capítulo I – O surgimento do tema no Direito Comparado: Regime de Responsabilidade pelo fato do produto nos Direitos norte-americano e europeu 17

   1.1. A responsabilidade civil pelo fato do produto no Direito norte-americano 19

   1.2. A regulamentação e debate da matéria na União Europeia 28

      1.2.1. A Diretiva 85/374/CEE 31

   1.3. Diretiva 1999/34 40

      1.3.1 O Livro Verde 41

Capítulo II – O tratamento da matéria nos principais países pertencentes à União Europeia que transpuseram a Diretiva 85/374 e a sua contribuição para a interpretação do art. 931 do Código Civil brasileiro 47

   2.1. Direito Inglês 47

   2.2. Direito Espanhol 50

   2.3. Direito Italiano 59

   2.4. Direito Português 74

   2.5. Direito Francês 83

   2.6. Direito Alemão 92

Capítulo III – A responsabilidade civil pelo produto posto em circulação no Código Civil de 2002: formação, paradigmas e pressupostos 97

   3.1. Estrutura da responsabilidade civil no Código Civil brasileiro 2002 (cláusulas gerais, integração com a Constituição, diretrizes teóricas) 97

   3.2. A noção de empresário contida no Código Civil e a sua importância para a imputação da responsabilidade civil 125

   3.3. O Projeto do Código Civil e a evolução do processo legislativo: elementos histórico-sistemáticos para interpretação do art. 931 do Código Civil 129

   3.4. O sistema de proteção disciplinado no art. 931 do Código Civil – a responsabilidade pelo fato do produto posto em circulação em comparação com o regime do Código de Defesa do Consumidor 136

Segunda Parte – A responsabilidade pelo fato do produto prevista no art. 931 do Código Civil brasileiro e as hipóteses interpretativas 147

Capítulo IV – A imputação da responsabilidade do empresário por produtos postos em circulação 147

4.1. A superação da caracterização do defeito do produto como requisito para a imputação da responsabilidade civil: o nexo de imputação estabelecido pela circulação do produto..................148

4.2. O alcance da responsabilidade civil pelo fato do produto prevista no Código Civil brasileiro (relações civis, mercantis e de consumo)..................153

Capítulo V – O art. 931 do Código Civil brasileiro como fundamento de responsabilidades especiais do fabricante e comerciante: limites e extensão..................165

5.1. A responsabilidade civil pelos riscos do desenvolvimento..................166

    5.1.1. Delimitação conceitual e evolução histórica dos riscos do desenvolvimento..................172

        5.1.1.1. A definição de riscos do desenvolvimento..................172

        5.1.1.2. Premissas para um debate em torno da responsabilidade civil pelos riscos do desenvolvimento: a posição doutrinária..................177

        5.1.1.3. O tratamento da matéria dos riscos do desenvolvimento na Diretiva 85/374 e a necessidade de dar seguimento ao debate em torno da responsabilidade civil por produtos defeituosos....180

    5.1.2. A responsabilidade pelos riscos do desenvolvimento na experiência estrangeira..................183

    5.1.3. Os riscos do desenvolvimento como fator de responsabilização civil no Código de Defesa do Consumidor e no Código Civil de 2002..................197

        5.1.3.1. O sistema de proteção do consumidor no Código de Defesa do Consumidor em relação a produtos defeituosos – objetivação da responsabilidade civil..................198

        5.3.1.2. A viabilidade da responsabilidade civil pelos riscos do desenvolvimento no Código Civil brasileiro..................202

5.2. A ausência de responsabilidade solidária do comerciante ou revendedor com o fabricante do produto..................203

    5.2.1. A contribuição do Direito Comparado para a interpretação do art. 931 do Código Civil brasileiro no que concerne à definição dos legitimados passivos da responsabilidade pelo fato do produto..................204

    5.2.2. O fabricante como o responsável natural dos danos decorrentes dos produtos postos em circulação..................214

    5.2.3. A tentativa de evitar o comportamento parasitário do comerciante através do reconhecimento de sua responsabilidade solidária pelo fato do produto – o caso da venda de bicicleta com defeito (a existência do defeito que poderia ser detectado pela diligência normal)..................218

    5.2.4. A responsabilidade solidária do intermediário que participa da cadeia de circulação de produtos e em virtude de comportamento culposo contribui para a produção de um dano – o caso da falta de diligência ao aplicar tintura de cabelo de uso exclusivo profissional..................221

5.3. A responsabilidade objetiva como mecanismo de defesa daquele que for obrigado a indenizar – o direito de regresso..................223

Conclusão..................229

Referências..................234

Introdução

O Código Civil de 2002 inovou ao disciplinar a Responsabilidade Civil visando um tratamento satisfatório para aspectos que ainda não haviam sido regulados no Direito brasileiro.[1]

Algumas dessas inovações ainda não foram suficiente e adequadamente exploradas pela doutrina e pela jurisprudência, seja porque foram confundidas com as disposições relativas à responsabilidade civil nas relações de consumo e, por isso, acabaram sendo consideradas por parte da doutrina como repetição dos dispositivos já previstos no Código de Defesa do Consumidor, seja porque o modelo de cláusulas gerais,[2] sobre o qual o Código Civil brasileiro foi elaborado, exige um esforço hermenêutico que ainda está em curso no Direito brasileiro.

O art. 931 do Código Civil brasileiro é uma dessas importantes inovações e para assim ser entendido impõe-se a consideração de várias premissas sobre as quais está edificada a proposição deste livro, em afirmar a cláusula geral do art. 931 do Código Civil como a disposição que disciplina a responsabilidade objetiva do empresário pelos danos decorrentes dos produtos postos em circulação. A extensão

---

[1] A respeito da evolução que o Código Civil representou para a Responsabilidade Civil, importante referir exame feito por Antônio Junqueira de Azevedo um dos críticos ao Código Civil de 2002 mas que não deixou de reconhecer o seu papel nesse processo evolutivo, conforme segue: "Nessa matéria, completando o ciclo histórico, entendemos que o Código Civil foi inovador. Ousou muito mais que os Códigos europeus (em especial, que o Código Civil italiano e o Código Civil português que o inspiraram). Além da previsão normal da responsabilidade objetiva de leis especiais, o Código Civil de 2002, pondo em pé de igualdade a responsabilidade civil subjetiva e objetiva, teve coragem de incluir uma *cláusula geral da responsabilidade objetiva!* A responsabilidade objetiva está aí fundada na *teoria do risco criado pela atividade das estruturas societárias*". (grifos no original) AZEVEDO, Antonio Junqueira de. *Novos Estudos e Pareceres de Direito Privado*. São Paulo: Saraiva, 2009, p. 399.

[2] Segundo Karl Engisch, cláusula geral pode ser definida como "formulação da hipótese legal que em termos de grande generalidade, abrange e submete a tratamento jurídico todo um domínio de casos" e o autor complementa a noção referindo que [...] "o verdadeiro significado das cláusulas gerais reside no domínio da técnica legislativa. Graças à sua generalidade, elas tornam possível sujeito um mais vasto grupo de situações, de modo ilacunar e com possibilidade de ajustamento, a uma consequência jurídica. O casuísmo está sempre exposto ao risco de apenas fragmentária e 'provisoriamente' dominar a matéria jurídica." ENGISCH, Karl. *Introdução ao Pensamento Jurídico*. 6ª ed. Lisboa: Fundação Calouste Gulbenkian, 1988, p. 299-234.

dessa responsabilidade depende do atendimento das premissas que serão expostas no desenvolvimento deste livro, as quais, em conjunto, consistem numa proposição interpretativa para a adequada aplicação da disposição legal.

A primeira premissa consiste em considerar *o art. 931 como uma regra geral da responsabilidade pelo fato do produto posto em circulação*, e não a repetição do tratamento dado ao Código de Defesa do Consumidor a respeito da responsabilidade pelo fato do produto defeituoso.

A responsabilidade civil pelo fato do produto prevista no Código de Defesa do Consumidor incide nos casos de danos provocados por produtos defeituosos. O regime adotado no Código Civil brasileiro estabelece a responsabilidade civil pelo fato do produto posto em circulação, independentemente da verificação de um produto defeituoso.

A segunda premissa dispõe que o *art. 931 é um dispositivo destinado a disciplinar a responsabilidade do empresário* pelos danos decorrentes dos produtos que coloca em circulação.

O art. 931 do Código Civil brasileiro dispõe que os empresários individuais e as empresas respondem, independentemente de culpa, pelos danos causados pelos produtos postos em circulação. O dispositivo trata da responsabilidade do empresário em sentido amplo; por isso, a partir de agora, a terminologia utilizada neste livro, para se referir a essa modalidade de responsabilidade civil, será dirigida ao empresário sem fazer menção à sociedade empresária, empresa individual de responsabilidade limitada ou do empresário individual.

A responsabilidade tratada no art. 931 é destinada ao empresário, devendo ser interpretado o dispositivo em conjunto com os arts. 966 e 1.142 do Código Civil brasileiro, como se verá no curso deste livro. Também é relevante perceber que o art. 931, quando se dirige ao empresário, não repete a lógica do Código de Defesa do Consumidor de imputar a responsabilidade do fornecedor de produtos em face do consumidor. Esse aspecto não tem sido suficientemente explorado, daí a importância de tratar do assunto.

A terceira premissa considera que *não se encontra dispositivo semelhante no Direito Comparado*, mas ele pode ser utilizado como auxílio na interpretação do dispositivo, através da análise de situações e problemas que podem ser resolvidos pelo art. 931 do Código Civil brasileiro.

O Direito Comparado será usado neste estudo para observação dos diferentes modelos jurídicos e comparação do que há de diferente nesses modelos, o que se reveste como ferramenta para a construção do saber,[3] com o objetivo de estudar e investigar as soluções voltadas ao mesmo problema fático, assim como compreender as razões e o contexto das escolhas, e não apenas como recurso à autoridade.

Para o desenvolvimento dessas premissas, é preciso passar pelo exame da formação do regime da responsabilidade pelo fato do produto, ponderando o surgimento do termo no Direito Comparado desde a evolução da matéria no Direito norte-americano, passando pela Diretiva 85/374 e pelos países que transpuseram a Diretiva para os seus Direitos internos e terminando com a análise do debate sobre a responsabilidade pelo fato do produto no Projeto do Código Civil brasileiro e da evolução do seu processo legislativo.

A visão histórica, a respeito do debate legislativo que antecedeu a redação do art. 931, serve para situar o alcance da norma, e demonstrar, que na origem do projeto, a preocupação vislumbrada na redação do dispositivo era disciplinar a responsabilidade do farmacêutico, e, somente em uma fase posterior de tramitação, passou a ter um caráter genérico.

Através dessas noções, é possível partir para a fixação do enquadramento da Responsabilidade no Código Civil brasileiro. Isso precisa ser feito por meio do exame da estrutura da responsabilidade civil disciplinada no Código Civil brasileiro – considerando os regimes tradicionais da responsabilidade civil – e pela constatação da inovação legislativa através da fixação de novos regimes de responsabilidade civil, que se estabelecem com as cláusulas gerais da responsabilidade civil objetiva, previstas no art. 927, Parágrafo Único, e no art. 931. O estudo da responsabilidade pelo fato do produto também passa pela comparação entre o regime de proteção que é estabelecido no Código de Defesa do Consumidor e no Código Civil brasileiro.

Essa análise é importante para demonstrar que o Código Civil brasileiro não pode ser interpretado com o mesmo olhar dado à matéria na vigência do Código Civil de 1916. A legislação de 2002 trouxe importantes inovações de grande relevo na matéria destinada à responsabilidade civil que não podem ser ignoradas; entre elas, a construção de um sistema de ilicitudes baseado em cláusulas gerais com um domínio próprio de aplicação.

O Código de 1916 tinha uma regra geral, ou melhor, uma cláusula geral de responsabilidade subjetiva, que era o regime geral do art. 159.[4]

---

[3] FRADERA, Véra Maria Jacob. *Reflexões sobre a contribuição do Direito Comparado para a elaboração do direito comunitário.* Belo Horizonte: Del Rey, 2010, p. 34.

[4] Assim como já assinalava Clóvis do Couto e Silva (COUTO E SILVA, Clóvis. O conceito de dano no Direito brasileiro e comparado. In: FRADERA, Véra Maria Jacob de (Org.). *O Direito Privado brasileiro na visão de Clóvis do Couto e Silva.* Porto Alegre: Livraria do Advogado, 1997, p. 231).

O atual Código Civil não tem mais um regime principal, mas um sistema móvel e flexível formado por diversas cláusulas gerais, que não podem "axiomaticamente" ser classificadas como objetivas ou subjetivas: vejam-se as regras sobre a ilicitude disciplinadas nos arts. 186 e 187. Essa última, embora permita uma imputação objetiva da responsabilidade, não é uma clássica regra de "responsabilidade objetiva" baseada no risco, como a do Parágrafo único do art. 927 do mesmo Código.

Ou seja, a classificação mecânica baseada nos modelos vigentes no sistema anterior não é aplicável ao Código vigente, pois, mesmo nos casos em que a responsabilidade é objetiva, não se pode dizer que o fundamento ou que os requisitos de sua imputação são os mesmos.[5]

As considerações estabelecidas na primeira parte do livro servirão de suporte para sustentar as hipóteses interpretativas do art. 931 do Código Civil brasileiro.

A primeira hipótese interpretativa está relacionada com a definição do nexo de imputação[6] de responsabilidade no art. 931. O nexo de imputação é a circulação do produto, conforme se vislumbra do próprio dispositivo.

A segunda hipótese interpretativa diz respeito ao âmbito de aplicação da responsabilidade pelo fato do produto prevista no Código Civil brasileiro e do seu alcance nas relações civis, mercantis e de consumo. Considerando que o art. 931 regula a responsabilidade civil do empresário pelos produtos postos em circulação, somente definindo a legitimidade sob o aspecto do responsável, sem definir as vítimas, como fez o Código de Defesa do Consumidor, surge a proposição que a norma incide nas mais diversas esferas da responsabilidade civil, levando-se em conta as várias relações que podem ser estabelecidas pelo empresário.

Essa orientação passa pela caracterização do Código Civil brasileiro como norma geral e mais atual que o Código de Defesa do Consumidor,[7] no entanto, sem esquecer que é necessário definir as situações em

---

[5] Essa orientação já havia sido apontada por Fernando Noronha em importante artigo a respeito da necessidade de ressistematização da Responsabilidade Civil (NORONHA, Fernando. Responsabilidade civil: uma tentativa de ressistematização. *Revista de Direito Civil, Imobiliário, Agrário e Empresarial*, São Paulo,v. 17, n. 64, abr./jun. 1993).

[6] Segundo Fernando Noronha, nexo de imputação é o "fundamento, ou a razão de ser da atribuição da responsabilidade a uma determinada pessoa, pelos danos ocasionados ao patrimônio ou à pessoa de outra". (Ibid., p. 19.)

[7] O fato de o Código Civil ser norma posterior não retira o caráter de especialidade do Código de Defesa do Consumidor como pode ser observado pelas ideias de Adalberto Pasqualotto, para quem o Código Civil não representaria qualquer ameaça ao Código de Defesa do Consumidor, pelo contrário poderia ser utilizado em benefício do próprio consumidor, o que se verifica em especial pela aplicação subsidiária do Código Civil para complementar o regime da responsa-

que é viável, possível e útil estender o âmbito de aplicação do dispositivo para as mais variadas relações jurídicas estabelecidas pelas partes.

A terceira hipótese diz respeito à responsabilidade pelo fato do produto nos casos de riscos do desenvolvimento. A matéria é muito controversa e tem gerado grande repercussão tanto no Direito brasileiro quanto no Direito estrangeiro, em virtude da ocorrência de alguns casos que serão analisados no corpo do trabalho e que demonstram a extensão dos danos catastróficos, provocados principalmente por alguns medicamentos e alimentos. Tendo em vista a importância da matéria e a abertura da legislação deixada pela cláusula geral do art. 931, justifica-se a investigação a respeito da imputação da responsabilidade civil por esses danos.

A quarta hipótese interpretativa diz respeito a uma importante questão que tem sido ponderada pela doutrina,[8] no que tange à possibilidade de considerar o comerciante como legitimado solidário do fabricante, pelos danos decorrentes do fato do produto posto em circulação.

O argumento utilizado por essa vertente doutrinária está apoiado no argumento que o Código Civil brasileiro não teria repetido a regra da responsabilidade subsidiária do comerciante, disciplinada no art. 13 do Código de Defesa do Consumidor.

A jurisprudência tem se pronunciado de maneira difusa e, por vezes, surpreendente a respeito da matéria, podendo se vislumbrar que muitas das decisões baseadas no art. 931 do Código Civil têm forçado uma interpretação do dispositivo que pode ser perigosa e revelar-se extremamente inadequada.

Para a averiguação dessa hipótese, é necessário vislumbrar em que situações o comerciante poderá ser responsável solidário do fabricante, sendo relevante para essa investigação a definição do nexo de imputação de cada um deles.

Ainda a respeito da responsabilidade do comerciante é necessário ponderar que a responsabilidade civil pelo fato do produto não pode ser confundida com a responsabilidade civil pelo vício do produto, dis-

---

bilidade previsto no Código de Defesa do Consumidor. O que tem grande relevância no que se refere ao regime de responsabilidade civil pelo fato do produto com o objetivo de reconhecer a imputação da responsabilidade pelos riscos do desenvolvimento (PASQUALOTTO, Adalberto. O Código de Defesa do Consumidor em face do novo Código Civil. *Revista de Direito do Consumidor*, São Paulo, v. 43, p. 96-110, 2002.)

[8] MIRAGEM, Bruno Nubens Barbosa. *Direito do Consumidor*. São Paulo: Revista dos Tribunais, 2008, p. 296-297. O autor sustenta que o Código Civil autoriza no art. 931 a responsabilidade civil direta e objetiva do comerciante em virtude de danos provocados por produtos postos em circulação e que essa interpretação pode ser estendida às relações de consumo.

tinção que já havia ficado clara pelas disposições do Código de Defesa do Consumidor em virtude da previsão de dois regimes de responsabilidade civil: um baseado na responsabilidade pelos danos decorrentes do fato do produto, no caso de acidentes de consumo (previsto no art. 12 do Código de Defesa do Consumidor) no qual o comerciante somente será responsabilizado excepcionalmente (nas hipóteses previstas no art. 13) e outro pelos vícios dos produtos (disposto no art. 18 do Código de Defesa do Consumidor).

Assim, a interpretação do art. 931 do Código Civil brasileiro, que trata da responsabilidade civil pelos danos decorrentes dos produtos postos em circulação, não pode passar pela aplicação do art. 18 do Código de Defesa do Consumidor, motivo pelo qual, a interpretação do art. 931 do Código Civil brasileiro proposta neste livro, irá obedecer à diferença de sistemas de responsabilidade civil já previsto no Código de Defesa do Consumidor, com apoio na doutrina civilista e consumerista que reconhecem a existência não somente da diferença de sistemas mas também da exclusividade da aplicação do art. 18 do Código de Defesa do Consumidor aos casos de responsabilidade decorrente de vício de produto.

Nesse diapasão, o art. 931 do Código Civil brasileiro pode ser relacionado ao art. 12 do Código de Defesa do Consumidor,[9] dispositivo que trata da responsabilidade pelo fato do produto[10] e está destinado a relações de consumo (caracterizada pela polarização entre consumidor e fornecedor, enquanto o dispositivo civil não faz qualquer referência à figura do consumidor), mas não pode ser relacionado ao art. 18 do Código de Defesa do Consumidor, porque este dispositivo trata da responsabilidade civil pelo vício do produto, matéria que não é objeto de estudo deste livro.

Também é importante referir que relacionar o art. 931 ao art. 18 do Código de Defesa do Consumidor poderia representar o mesmo equívoco que relacionar o art. 931 às regras pertinentes aos vícios redibitórios, matéria que também não é objeto deste livro.

Além desses argumentos, que são mencionados com a finalidade de justificar a opção do livro de não problematizar a matéria em torno

---

[9] A título exemplificativo pode ser referida decisão na qual foi reconhecida a responsabilidade pelo fato do produto em virtude de eletroplessão em máquina de ordenha (Apelação Cível nº 70052789070, TJRS, Décima Câmara Cível, Rel.m partes provenientes de furto, o que gerou ao seu adquirente constrangimento junto ao DETRANalegar a incida dos consumidores a Des. Marcelo Cezar Müller, julg. em 27 de junho de 2013.)

[10] Importante referir que o art. 931 está destinado à responsabilidade pelo fato do produto não fazendo qualquer referência aos serviços prestados pelos empresários. AGUIAR, Roger da Silva. *Responsabilidade Civil Objetiva – do risco à solidariedade*. São Paulo: 2007, p. 36.

do art. 18 do Código de Defesa do Consumidor, pode ser referida, embora não represente a posição defendida no livro, a corrente doutrinária que ao tentar reduzir os efeitos do art. 931, afirma ser o dispositivo mera repetição do que já estaria previsto no art. 12 do Código de Defesa do Consumidor.[11] Essa posição doutrinária é levantada com a finalidade de demonstrar que o art. 931 é sempre relacionado ao art. 12, mesmo pela doutrina que defende a sua redundância em comparação com a legislação consumerista.

A quinta e última hipótese diz respeito à utilização do art. 931 do Código Civil brasileiro como um mecanismo de defesa efetivo daquele que procura, em via regressiva, ressarcir-se do que foi obrigado a indenizar à vítima pelos danos derivados do fato do produto colocado em circulação. Essa hipótese precisa ser desenvolvida considerando que a responsabilidade prevista no art. 931 do Código Civil brasileiro está relacionada à responsabilidade pelo produto posto em circulação. Para que essa circulação ocorra, vários indivíduos podem fazer parte dessa cadeia de circulação e, por estarem relacionados entre si, passam a ser responsáveis pelos danos.

Além das hipóteses descritas acima, é importante mencionar que o livro tem vínculo com duas matérias de fundo, que perpassam o seu conteúdo: a Teoria dos Direitos Fundamentais e o Direito Comparado.

A vinculação do livro com os direitos fundamentais estará refletida no desenvolvimento de todo o texto, que tem por objetivo demonstrar as potencialidades do art. 931 para alcançar, de maneira efetiva, o direito à indenização, previsto no art. 5º, X, da Constituição Federal e também o princípio da reparação integral.[12]

A perspectiva do Direito Comparado é necessária pela contribuição à interpretação do art. 931 do Código Civil brasileiro, pois boa parte dos temas pelos quais passa o livro já foi discutida em outros ordenamentos, embora a opção legislativa brasileira tenha sido diferente da legislação estrangeira. Os dois primeiros capítulos são fortemente desenvolvidos a partir da perspectiva do Direito Comparado, sem prejuízo de ser objeto de análise no restante do texto, sempre que necessário.

De particular importância para este livro, na análise do Direito Comparado, foi a obra de João Calvão da Silva, pois além de ter ana-

---

[11] Entre os defensores dessa posição pode ser citado STOCO, RUI. *Tratado de Responsabilidade Civil – Doutrina e Jurisprudência*. Tomo I, 9ª ed. Revista dos Tribunais, 2013, p. 225.

[12] A matéria é tratada por Paulo de Tarso Sanseverino, ao defender que "o princípio da reparação integral ou plena é a principal diretriz do operador do Direito para orientar a quantificação da indenização pecuniária". O autor ainda refere que a função prioritária da responsabilidade civil é a mais completa reparação do dano. (SANSEVERINO, Paulo de Tarso Vieira. *Princípio da reparação integral*. São Paulo: Saraiva, 2010, p. 48).

lisado a matéria com profundidade no Direito português, também é o texto que percorreu a formação histórica da responsabilidade pelo fato do produto e sua evolução no Direito Comparado. No Direito brasileiro também é um dos marcos referenciais deste livro a obra de Paulo de Tarso Sanseverino, pois, embora o art. 931 do Código Civil não seja objeto principal de seu livro, o dispositivo possui grande importância na definição da responsabilidade pelo fato do produto e as inter-relações entre Código Civil e Código de Defesa do Consumidor.

Além da análise doutrinária, o livro também examina a compreensão jurisprudencial a respeito da aplicação do art. 931 do Código Civil brasileiro. Desde já, é preciso observar que a contribuição da jurisprudência não é substancial, pois o dispositivo ainda é pouco referido nas decisões judiciais e quando é feita referência a ele, muitas decisões o fazem de forma genérica, com o intuito de reforçar a orientação que o Código Civil brasileiro teria previsto cláusulas gerais de responsabilidade objetiva. Outras decisões fazem o uso equivocado do dispositivo para fundamentar a responsabilidade pelo fato do serviço, ou juntamente com a cláusula geral da responsabilidade subjetiva prevista no art. 186. Por esse motivo, optou-se por abordar no livro casos que realmente importam para o desenvolvimento da matéria, procedendo-se uma pesquisa da jurisprudência com enfoque mais qualitativo do que quantitativo.[13]

Ainda é necessário esclarecer que este livro é construído nos domínios da Responsabilidade Civil, e não do Direito Empresarial, motivo pelo qual se dedicará a tratar do conceito de empresário e empresa trazidos pelo Código Civil de 2202, unicamente no que diz respeito à compreensão necessária e suficiente para entender sua repercussão sobre a interpretação do art. 931 do Código Civil brasileiro.

Para desenvolver o tema deste livro, optou-se por dividi-lo em duas partes, estando a primeira dedicada a descrever a formação do regime da responsabilidade civil pela circulação do produto. A primeira parte servirá de pressuposto para a elaboração da segunda, na qual serão apresentadas as hipóteses interpretativas defendidas neste livro ao art. 931 do Código Civil brasileiro, que será o objeto central de estudo proposto.

---

[13] Como enfoque qualitativo se está considerando as decisões que enfrentam os requisitos da responsabilidade previstos no art. 931 do Código Civil ou que interpretam o seu conteúdo, seja para determinar a aplicação ou afastar a incidência. A simples menção do artigo na decisão judicial, como mero reforço argumentativo da responsabilidade pelo risco tratado no art. 927, parágrafo único, ou, das regras do Código de Defesa do Consumidor, foram examinadas com a devida reserva.

Primeira Parte

Da formação do Regime de Responsabilidade Civil pela circulação do produto

Este livro tem, entre os seus objetivos, a elaboração de um conjunto de proposições para interpretar o art. 931 do Código Civil brasileiro. O estudo da matéria no Direito Comparado é uma das ferramentas principais para a elaboração dessas proposições. Em virtude disso, a primeira parte do livro dedica-se a estabelecer as premissas para esse debate, através da apresentação da formação do regime da responsabilidade civil pela circulação do produto, comparando o tratamento da matéria no Direito norte-americano, no Direito Comunitário e nos Direitos internos dos países que compõem a União Europeia.

O critério utilizado para que esses países figurassem no estudo do Direito Comparado foi o fato de eles representarem o berço da responsabilidade civil pelo fato do produto.

O estudo comparado será feito não somente considerando o surgimento do regime da responsabilidade civil pelo fato do produto nesses países, mas também a evolução pela qual passou a matéria em cada ordenamento. Essa diversidade de tratamento será considerada como contributo para a construção de uma interpretação do art. 931. Além de situar a formação da responsabilidade civil pelo fato do produto no Direito Comparado, esta primeira parte também trata sobre a formação do regime da responsabilidade civil do empresário pelo produto posto em circulação, que foi introduzido no Brasil pelo Código Civil brasileiro.

Capítulo I – O surgimento do tema no Direito Comparado: Regime de Responsabilidade pelo fato do produto nos Direitos norte-americano e europeu

A responsabilidade pelo fato do produto é matéria que passou por grande processo evolutivo até se chegar ao modelo de responsa-

O Regime da Responsabilidade Civil pelo fato dos produtos postos em circulação

bilidade civil existente na atualidade. Para compreender o modelo de responsabilidade atual, é necessário estudar esse processo evolutivo e também fazer um estudo comparativo entre os países que compõem a União Europeia e os Estados Unidos. Esses ordenamentos marcaram o surgimento da Responsabilidade pelo fato do produto, e que por isso, têm uma tradição na disciplina da matéria, que atualmente também é regida no Direito brasileiro pelo art. 931 do Código Civil, auxiliando, portanto, na identificação das premissas deste trabalho e na construção das hipóteses interpretativas.

O estudo proposto não tem como finalidade utilizar a comparação clássica e hoje talvez insuficiente das famílias jurídicas[14] porque a matéria de responsabilidade civil, dada a sua dinâmica evolutiva, e as influências que recebe dos mais diversos ordenamentos, não pode ser desenvolvida através do apego ao estudo das famílias jurídicas, tal como classificadas por René David e Vicente Ráo.[15]

Assim, o estudo realizado neste livro terá como finalidade comparar o tratamento da matéria no Direito Americano, no Direito Comunitário e nos Direitos internos dos países que compõem a União Europeia. O estudo será desenvolvido considerando esses países, porque eles representam a origem da responsabilidade pelo fato do produto.

A pesquisa tem em mira não somente o exame do tratamento jurídico dado à matéria no Direito Comparado, mas também leva em consideração o Direito Comunitário.

A integração entre o Direito Comunitário, o Direito Comparado e os Direitos internos, beneficia o próprio Direito Comunitário para a formação de uma cultura jurídica transnacional.[16]

Assim, o Direito Comunitário poderia ser considerado como o novo ponto de estudo do Direito Comparado, com o objetivo de orientar a harmonização das normas, servindo como caráter instrumental para a constituição de um *ius commune* europeu. Ao comparatista não interessa somente saber se graças ao Direito Comunitário surgiram re-

---

[14] Sobre o estudo do Direito Comparado através das famílias jurídicas, a obra de maior repercussão é a de DAVID, René. *Os grandes sistemas do direito contemporâneo*. São Paulo: Martins Fontes, 1996. O livro serviu para estudo e divulgação do Direito Comparado, mas não pode ser usado como base desta obra tendo em vista que a comparação, utilizando-se como critério as famílias jurídicas, é considerada superada no estudo da responsabilidade civil. Apesar disso, não se pode deixar de dizer que a referência aos sistemas romano germânico e da common law continua válida. Ou seja, não basta dizer que uma regra pertence a uma ou outra família jurídica para entender um instituto jurídico, mas continua importante compreender as diferenças e a história do desenvolvimento de cada uma das famílias.

[15] RÁO, Vicente. *O direito e a vida dos direitos*. São Paulo: Revista dos Tribunais, 1997.

[16] SERIO, Mario. Metoto compartistico e responsabilità del produttore in diritto comunitário. *Rivista di Diritto Civile*, Padova, v.62, n. 4, p. 469-483,luglio/ago. 1996, p. 470.

gras operacionais uniformes, mas também se foi criado um sistema autônomo conhecível e comparável em si. Esse método de pesquisa pode eliminar as preocupações com o defeito de coordenação cronológica entre os Estados-membros sobre a atuação das Diretivas comunitárias[17] (e isso ganha grande destaque no que se refere à Diretiva 85/374, que é objeto deste estudo).

Essa orientação de comparação é seguida neste livro tendo em vista que o interessante não é compararem-se as famílias jurídicas, e sim, os efeitos da Diretiva na matéria de responsabilidade pela circulação de produtos. Até porque a comparação da matéria com fundamento nas famílias já não se sustenta mais, já que os ordenamentos que fazem parte da mesma família podem apresentar tratamentos distintos à responsabilidade pelo fato de produto.[18]

Inicia-se então o estudo a respeito da evolução da responsabilidade pelo fato do produto no Direito norte-americano, que foi o primeiro ordenamento jurídico a reconhecer a responsabilidade do fabricante por produtos defeituosos a partir de um paradigma distinto daqueles clássicos casos de responsabilidade herdados do Direito Romano.

1.1. A responsabilidade civil pelo fato do produto no Direito norte-americano

Um primeiro regime de *responsabilidade do fabricante por produtos defeituosos* tem sua origem nos Estados Unidos, cujos Tribunais foram pioneiros em fornecer os parâmetros de uma teoria para solucionar os conflitos nessa matéria. As teorias da *negligence, implied warranty* ou *strict liability* constituem construções jurisprudenciais para resolver problemas relacionados aos defeitos dos produtos (criação jurisprudencial do Direito que é a característica própria dos países da *Common Law*). Deve-se salientar que não há uma normativa federal sobre a matéria.[19]

Também é importante verificar-se a diferença legislativa que existe em cada Estado dos Estados Unidos. Por isso, foram adotadas algumas

---

[17] SERIO, Mario. Op. cit. p. 471.

[18] Isso pode ser observado se for comparado o tratamento dado pelos regimes jurídicos europeus (pertencentes à família romano-germânica) sobre a responsabilidade pelo fato do produto antes da Diretiva 85/374/CEE.

[19] GARCÍA CACHAFEIRO, Fernando. La responsabilidad civil porproductos defectuosos en los Estados Unidos: principales diferencias con el sistema español. In: RODRIGUEZ MONTERO, Ramón P. (Coord.). *Responsabilidad civil de profisionales y empresários*. Coruña: Netbiblo, 2006, p. 238.

"Leis-Modelo", que não têm força vinculante, todavia, servem como fonte de orientação para os Tribunais e os legisladores dos Estados.

Nesse sentido, destaca-se o trabalho realizado pelo *American Law Institute (ALI)*, órgão formado por juristas prestigiados, que elaboram os *Restatements of Law,* verdadeira compilação sobre os mais diversos assuntos das distintas instituições jurídicas norte-americanas. Em 1997, esse órgão aprovou a última versão de suas disposições sobre produtos defeituosos, denominada *Restatement of the Law Third, Torts: Product Liability* que está condicionando as decisões adotadas pela maioria dos Tribunais norte-americanos.[20]

No Direito norte-americano, vislumbram-se algumas teorias sobre a responsabilidade por produtos. A teoria da *negligence* é característica dos litígios de responsabilidade civil (*torts*). A responsabilidade objetiva tem origem no Direito Contratual, derivada da violação de uma garantia implícita (*implied warranty*) ou de uma responsabilidade estrita em sentido próprio, já que o fabricante deve assumir os riscos causados pelos seus produtos defeituosos (*strict liability*).

A teoria da *negligence* está situada na origem da responsabilidade civil do fabricante por produtos defeituosos e se fundamenta pela noção de negligência: a responsabilidade se impõe pela conduta negligente ou culposa de uma pessoa. Assim, a responsabilidade do fabricante só surge no caso em que o defeito tenha sido causado por uma conduta negligente do mesmo.[21]

A teoria da *implied warranty* está fundamentada na noção de garantia e não exige como pressuposto a existência de uma conduta negligente. O fabricante que vende o seu produto assume uma garantia implícita de segurança; se o produto causa danos ao cliente, esse pode fazer uso da garantia e reclamar uma indenização. É uma garantia que tem origem estritamente contratual e, por isso, a responsabilidade do fabricante fica circunscrita àquela pessoa com a qual contratou, excluindo quem não for parte do contrato, ainda que sejam usuários finais do produto.[22]

Essa orientação foi superada na disciplina da responsabilidade pelo fato do produto pelo famoso caso *McPherson v. Buick Motor*, de 1917.[23]

---

[20] Ver MARQUES, 2006, p. 1180.

[21] GARCIA CACHAFEIRO, 2006, p. 249 e 240.

[22] Ver BECKER, Anelise. As garantias implícitas no Direito brasileiro em perspectiva comparativista. *Revista Direito do Consumidor*, São Paulo, n. 9, 1994, p. 69 *et seq.*

[23] Sanseverino refere que o caso foi julgado em 1916. (SANSEVERINO, 2010, p. 16.)

Segundo orientação do julgado, o fabricante que introduz um produto perigoso no comércio deve responder pelos danos que causar aos destinatários finais. Essa responsabilidade seria imposta toda vez que o fabricante pudesse prever racionalmente o dano e o provável destinatário do produto, cabendo o dever de indenizar mesmo que o fabricante não tivesse relação contratual direta com a vítima.[24]

O caso é reconhecido por representar a superação da *privaty of contract*, dogma tradicional da *common law*, semelhante ao princípio da relatividade dos efeitos dos contratos nos países pertencentes à família romano-germânica. Assim, a Suprema Corte de Nova Iorque reconheceu, pela primeira vez, a possibilidade de formação de uma 'linha direta' de responsabilidade entre o prejudicado e o fabricante.[25]

MacPherson tinha comprado um automóvel em 1910 de uma revendedora e se envolveu em um acidente por conta da quebra de uma das rodas. Ele ajuizou uma ação contra o fabricante, que se defendeu alegando a inexistência da responsabilidade contratual sobre o bem, porque a responsabilidade de garantia do produto era apenas perante o revendedor do automóvel. A decisão proferida pelo Juiz Cardozo reconheceu a responsabilidade direta do fabricante, tendo ele um dever de diligência (*duty of care*) perante todo o público consumidor superando inclusive os limites do próprio contrato.[26]

A evolução jurisprudencial norte-americana mostra que o conceito de *implied warranties* (garantia implícita) dos contratos foi ampliada para atingir não somente os contratantes, mas também terceiros usuários do produto potencialmente perigoso, oferecendo proteção para todos, o que se vislumbra também no caso *Henningsen v Bloomfield Motors Inc.*, julgado em 1960 pela Suprema Corte de New Jersey.

Nesse caso, a Sra. Henningsen ganhou de seu marido um automóvel como presente de Natal. O automóvel apresentou uma falha mecânica da direção e por conta disso acarretou um acidente. A Sra. Henningsen ajuizou uma ação contra a *Crysler* (fabricante) e contra a *Bloomfield* (revendedora), tendo o Tribunal reconhecido a responsabilidade das duas empresas, com fundamento na existência de uma garantia implícita de idoneidade de uso do produto vendido em relação ao adquirente e a qualquer outro usuário.[27]

---

[24] GARCÍA CACHAFEIRO, op. cit., p. 241.

[25] SANSEVERINO, op. cit., p. 17.

[26] Ibid., p. 16-17.

[27] Nos Estados Unidos, existe o Uniform Commercial Code – UCC. Esse Código não tem força vinculante para os Estados. (GARCIA CACHAFEIRO, 2006, p. 242).

A doutrina da garantia implícita encontra-se reconhecida expressamente no Código de Comércio Uniforme.[28] Essa garantia implícita é utilizada para reclamar a indenização dos danos causados pelo próprio produto adquirido e também é usada para reclamar toda a espécie de danos para aqueles Estados que não adotem a doutrina da *strict liability*.[29]

A *Strict product liability* estabeleceu a responsabilidade objetiva, a partir de 1963, com o julgamento do caso *Greenman v. Yuba Power Product Inc.*,[30] no qual se reconheceu a responsabilidade do fabricante por danos causados por produtos defeituosos.

No Natal de 1955, o Sr. Greenman ganhou uma máquina de fazer serviços domésticos. Em 1957, uma madeira se desprendeu da máquina e o atingiu. Em 1963, o Supremo Tribunal da Califórnia reconheceu a responsabilidade objetiva do fabricante, afirmando que ela não decorre somente das garantias contratuais, mas das normas da *strict liability in tort*.[31]

A partir desse julgado, a responsabilidade civil pelos fatos de produtos fabricados objetivou-se por completo e passou a ser independente da ideia de culpa, pois o Tribunal entendeu que não havia a necessidade da prova da existência de uma garantia expressa, ou de uma promessa de garantia, e reconheceu a responsabilidade do fabricante.[32]

A responsabilidade do fabricante teve por fundamento o fato de ter colocado no mercado um produto para uso por seres humanos, sendo dever do empresário inspecionar o produto para que não produza danos, já que o destinatário do produto não tem condições de fazê-lo. A decisão seguiu a orientação do julgado proferido em 1944 pela corte da Califórnia no caso da Escola *v.* Coca Cola Bottlling Cia. of Fresno.

---

[28] GARCIA CACHAFEIRO, 2006, p. 242.

[29] Segundo Díez-Picazo, a teoria *strict liability* foi inaugurada pela jurisprudência norte-americana ao estabelecer que o fabricante garante implicitamente a sanidade e a segurança do produto frente a qualquer pessoa que o adquire. Nesse contexto, é interessante citar o caso Mazzeti vs. Arm Products no qual o Tribunal de Washington decidiu que o fabricante de uma língua em conserva que estava em mau estado e foi servida num restaurante seria responsável pelos danos causados ao proprietário do restaurante e também pelos danos causados ao cliente que ingeriu o produto. Houve o reconhecimento da responsabilidade civil independentemente da culpa do fabricante, abrindo-se assim o caminho para a teoria *strict liability*. (DÍEZ-PICAZO, Luis. *Fundamentos del derecho civil patrimonial*. Madrid: Civitas, 2011. v. 5: La responsabilidad civil extracontratual, p. 471).

[30] SANSEVERINO, 2010, p. 18.

[31] DÍEZ-PICAZO, 2011, p. 471.

[32] COLEMAN, Jules L. *Riesgos y daños*. Traducción de Diego M. Papayannis. Madrid: Marcial Pons, 2010, 409 *et seq.* e SANSEVERINO, op. cit., p. 18.

Assim, a responsabilidade objetiva do fabricante é imputada pelo simples fato de ter lançado um produto defeituoso no mercado, defeito esse constatado porque foi o produto que causou danos ao consumidor (garrafa de refrigerante que explodiu nas mãos da autora).[33]

A *strict liability* tem por fundamento proteger a parte mais débil no litígio, pois não exige a prova da culpa do fabricante e também garante as legítimas expectativas dos consumidores sobre a integridade e segurança dos produtos. A doutrina estabelece que os danos devem recair sobre quem se encontra em melhor posição para suportar as perdas econômicas causadas por sua atuação (por exemplo: o fabricante sempre pode fazer seguro para cobrir a indenização ou recorrer ao autosseguro mediante o preço final que pagam todos os outros consumidores).

A teoria da *strict liability* foi compilada pelo *American Law Institute* em seu *Third Restatement of Torts*, segundo o qual o vendedor de um produto defeituoso cria um risco além do razoável para os consumidores, logo, é responsável pelos danos que causa. A responsabilidade do fabricante não depende de uma conduta negligente, por esse motivo, mesmo que demonstre agir de acordo com o cuidado devido, não se exonera de responder pelos danos causados.[34]

Assim, tanto quem adquire o bem, como quem o utiliza poderá reclamar contra o fabricante. Todas as pessoas prejudicadas pelo produto defeituoso têm legitimidade ativa, mesmo sem vínculo contratual com o fabricante.

Sob o aspecto da legitimidade passiva, a responsabilidade pelos danos causados recai não somente sobre aquele que fabricou o bem, mas também sobre aquele que intervém no processo de distribuição, desde que haja dificuldade de identificar o fabricante. Essa forma de responsabilização estimula os distribuidores a pressionar os fabricantes a elaborarem produtos cada vez mais seguros.[35]

Entretanto, essa orientação não tem vinculação com a parcela da doutrina brasileira que considera a responsabilidade solidária entre o fabricante e o comerciante pelo dano do produto posto em circulação.[36]

---

[33] GARCIA CACHAFEIRO, 2006, p. 241-242.

[34] Ibid., p. 243.

[35] MIRAGEM, 2008, p. 296-297. O autor sustenta que o Código Civil autoriza no art. 931 a responsabilidade civil direta e objetiva do comerciante em virtude de danos provocados por produtos postos em circulação e que essa interpretação pode ser estendida às relações de consumo.

[36] A respeito da noção de expectativa legítima e sua consequência jurídica é oportuna a referência a seguir: "As expectativas legítimas não podem ser confundidas com as meras faculdades, que

Haverá responsabilidade do distribuidor ou comerciante somente nos casos em que não for possível identificar o fabricante, ou seja, excepcionalmente haverá responsabilidade. A responsabilidade do comerciante é subsidiária e não solidária.

Além de definir a legitimidade ativa e passiva, o Direito norte-americano merece atenção no que se refere à noção de produto defeituoso.

Nos Estados Unidos, o produto é defeituoso quando causa um dano que não poderia ter sido previsto por um consumidor com um conhecimento normal do produto. Assim, o produto é defeituoso quando cria um perigo maior do que poderia esperar o consumidor ordinário que o adquire (levando-se em conta o conhecimento normal na comunidade sobre as suas características). Deve-se comparar o efeito causado pelo produto, com as expectativas que um consumidor medianamente informado espera do mesmo.[37] A responsabilidade impõe-se sem que se questione da negligência do fabricante.

No entanto, essa teoria é ineficaz no caso de produtos com riscos evidentes, situação em que o cliente deveria percebê-los, como, por exemplo, pelo uso de secador de cabelos dentro da banheira, etc. A teoria também não se aplica no caso de perigos complexos, como no caso de medicamentos em que o fabricante alerta sobre efeitos colaterais, mas mesmo assim o uso é necessário, hipótese em que o consumidor não tem expectativas legítimas.[38]

Todos os casos acima estão voltados para o Direito do Consumidor, não podendo ser considerados como parâmetros de simples transposição para a interpretação do art. 931 do Código Civil, pois nesse caso não se está tratando somente das relações de consumo, mas de

---

são emanações diretas da personalidade, como o direito de contratar, de ir e vir, etc., que não podem tecnicamente ser considerados como direitos subjetivos. Sempre que houver uma expectativa legítima, há mais do que 'direitos subjetivos em sentido estrito', há direitos a prestações, direitos potestativos, como também deveres e obrigações. Se por um lado as expectativas legítimas identificam o elemento ativo da eficácia de determinado ato, também existe uma eficácia passiva, consistente nos deveres, obrigações e ônus decorrentes da existência da relação jurídica. Expectativas legítimas, portanto, são o nome que se atribui a uma relação jurídica específica, nascida de atos e fatos que não se enquadram dentro da tradicional classificação das fontes das obrigações, mas que, em razão da necessidade de proteção da confiança, produzem uma eficácia específica." (BRANCO, Gerson Luiz Carlos. A proteção das expectativas legítimas derivadas das situações de confiança: elementos formadores do princípio da confiança e seus efeitos. *Revista de Direito Privado*, São Paulo, v. 12, out. 2002, p. 180.)

[37] GARCIA CACHAFEIRO, 2006, p. 244.

[38] Art. 3° Fornecedor é toda pessoa física ou jurídica, pública ou privada, nacional ou estrangeira, bem como os entes despersonalizados, que desenvolvem atividade de produção, montagem, criação, construção, transformação, importação, exportação, distribuição ou comercialização de produtos ou prestação de serviços.

todas as hipóteses de circulação de produtos que causam danos, quando há um empresário em um dos polos da relação jurídica.

Veja-se, desde já, que no Direito brasileiro o Fornecedor como definido no art. 3º do Código de Defesa do Consumidor[39] é qualquer pessoa natural ou jurídica e mesmo entes despersonalizados. Por outro lado, o empresário é definido pelo art. 966 do Código Civil brasileiro,[40] a partir de critérios que afastam a similitude das duas categorias jurídicas.

Além disso, o art. 931 do Código Civil não tem o limite do art. 2º do Código de Defesa do Consumidor,[41] que circunscreve sua incidência aos consumidores, pois tal norma é aberta para incidir sobre todo e qualquer destinatário, ainda que seja empresário.

Por outro lado, há uma restrição de incidência, nos casos de fornecedores que não são empresários. Uma associação civil que vende produtos ao mercado consumidor está sujeita aos efeitos do Código de Defesa do Consumidor, mas não ao art. 931 do Código Civil brasileiro.

A razão da diferença de regime deve-se à natureza da atividade empresarial, pois o empresário é um profissional que precisa cumprir determinados deveres e somente pode atuar "profissionalmente". Há a exigência de um nexo de imputação mais estreito em razão da atividade do empresário.[42]

A grande contribuição do Direito norte-americano está na definição e no critério do produto defeituoso, ao comparar o perigo que representa um produto com as vantagens que derivam de sua utilização: considera-se defeituoso o produto cujos riscos são maiores que a utilidade do mesmo.

Pelo critério da expectativa legítima, a vítima não necessita apresentar evidência que o produto poderia ter sido fabricado de um modo

---

[39] Art. 966. Considera-se empresário quem exerce profissionalmente atividade econômica organizada para a produção ou a circulação de bens ou de serviços.

[40] Art. 2º Consumidor é toda pessoa física ou jurídica que adquire ou utiliza produto ou serviço como destinatário final. Parágrafo único. Equipara-se ao consumidor a coletividade de pessoas, ainda que indetermináveis, que haja intervindo nas relações de consumo.

[41] A propósito da diferença dos efeitos de regime obrigacional dos empresários veja-se a Tese de Doutorado de Ricardo Lupion que propõe uma especificidade dos deveres de diligência dada a profissionalidade do empresário (LUPION, Ricardo. *Boa-fé Objetiva nos Contratos Empresariais:* contornos dogmáticos dos deveres de conduta. Porto Alegre: Livraria do Advogado, 2011), assim como o texto de Judith Martins-Costa, no qual faz a análise sobre a impossibilidade dos "contratos de derivativos" quando celebrados por empresários dada a especificidade dos deveres inerentes à profissionalidade (MARTINS-COSTA, Judith. Contratos de Derivativos Cambiais. Contratos Aleatórios. Abuso de Direito e Abusividade Contratual. Boa-Fé Objetiva. Dever de Informar e Ônus de se Informar. Teoria da Imprevisão. Excessiva Onerosidade Superveniente. *Revista de Direito Bancário e do Mercado de Capitais,*São Paulo, v. 55, jan. 2012).

[42] Na bibliografia básica para análise do *Third Restatement of Torts* foram usadas fundamentalmente as obras de COLEMAN, 2010, GARCIA CACHAFEIRO, 2006.

diferente e mais seguro. Já pelo critério risco-utilidade, o demandante precisa provar que existe um desenho alternativo, capaz de tornar o produto mais seguro, com a finalidade de evitar o dano.

O *Third Restatement of Torts* adota uma definição de produto defeituoso para distinguir três classes de vícios dos produtos (defeito de fabricação, desenho e informação).[43]

Essa orientação do *Third Restatement* é considerada como um afastamento da doutrina tradicional da *strict liability*, que é centrada no produto, e um reforço das noções clássicas da negligência em torno da conduta censurável do fabricante.

Os defeitos de fabricação geralmente atingem a uma ou algumas unidades do produto, enquanto os defeitos de desenho e de informação atingem potencialmente um maior número de vítimas.

No defeito de fabricação o produto desvia-se do seu desenho original. O defeito dá-se na fase de elaboração, e o critério utilizado para definir se tal defeito existe é o das expectativas dos consumidores. Assim existe um defeito quando o produto causa um dano que não poderia ser previsto por uma pessoa com conhecimento normal do mesmo.

No defeito de desenho, o dano derivado do produto poderia ter sido reduzido ou evitado mediante a adoção de um desenho alternativo, razoável, e a omissão dessa alternativa converte o produto em perigoso para além do admissível. O juiz deve servir-se do critério risco-utilidade, o qual exige determinar, em primeiro lugar, se existia uma alternativa razoável ao produto; em segundo lugar, se com essa alternativa ter-se-ia garantido maior segurança do produto a um custo razoável e sem reduzir a utilidade do mesmo.

No defeito de informação há a ausência de etiquetas com advertências ou instruções sobre os riscos previsíveis vinculados à utilização do mesmo. Faz-se um juízo valorativo sobre a política informativa do fabricante, pois se exige estabelecer se o risco que cabe esperar do produto poderia ser reduzido ou evitado, mediante a colocação de advertências ou instruções razoáveis.[44]

---

[43] GARCIA CACHAFEIRO, 2006, p. 246.

[44] Há discussão sobre a possibilidade de incidência de indenização, tendo-se em conta que inicialmente era destinada a causas fundadas na doutrina da negligência, mas atualmente os Tribunais e a doutrina americana se encontram divididos a respeito da conveniência de estender tal indenização aos litígios em que se aplica a *strict liability*, porque os permite que o custo de demanda seja dirigido a fabricantes sem escrúpulos, mas também podem levar muitas empresas à quebra, ou aumentar em demasia os custos de transação, com repasse indevido de custos à cadeia de consumo. GARCIA CACHAFEIRO, 2006, p. 247.

No Direito norte-americano são indenizáveis os danos emergentes e os lucros cessantes. Também é possível condenar o fabricante a uma indenização punitiva.[45]

Os *punitive damage* implicam uma indenização de caráter punitivo e podem ser aplicados quando se ajuíza a ação fundada na negligência ou mesmo quando é aplicada a teoria da *strict liability*, toda vez que o jurado chegar à conclusão que a conduta do fabricante for "reprovável". Ainda que a indenização punitiva seja aplicada em um percentual baixo das ações indenizatórias (menos de 10%), ela constitui uma arma poderosa de negociação pela parte demandante para alcançar um acordo extrajudicial sobre o valor da indenização (as indenizações compensatórias tendem a ser generosas nos Estados Unidos, porque os jurados são generosos na hora de conceder indenizações compensatórias dos danos e prejuízos sofridos).[46]

A responsabilidade civil não se exclui pelo fato de alegar que atuou com diligência devida, porquanto a responsabilidade depende de um fato objetivo: do defeito do produto. Todavia, embora a diligência não seja usada como forma de excluir a responsabilidade, o fato de o consumidor ter continuado utilizando o produto, apesar de saber ser perigoso, serve como atenuante da responsabilidade, como se fosse uma compensação de culpas. Também é causa que exclui a responsabilidade a utilização incorreta ou alteração do produto por parte do consumidor, mas essa situação somente exclui a responsabilidade se o fabricante não tiver conhecimento do defeito. Outra forma de exclusão da responsabilidade é a de determinar que o bem fosse produzido de acordo com o estado da técnica vigente naquele momento (*state of the art*). O cumprimento das normas de segurança não constitui por si só uma causa de exoneração da responsabilidade do fabricante, mas pode ser levado em conta para determinar se existia um vício no produto.[47]

As teorias formuladas nos Estados Unidos serviram para a elaboração da Diretiva 85/374 que obrigou os Estados Membros da Comunidade Econômica Europeia a adotarem um regime de responsabilidade uniforme, baseado na responsabilidade objetiva ou quase objetiva do fabricante.[48]

---

[45] Sobre *punitive damage* no Direito Norte-americano, ver também FACCHINI NETO, Eugênio. Da Responsabilidade Civil no Novo Código. *Revista TST*, Brasília, v. 76, n. 1, jan./mar. 2010, MARTINS-COSTA, Judith; PARGENDLER, Mariana Souza. Usos e abusos da função punitiva: punitive damages e o Direito Brasileiro. *Revista do CEJ*, Brasília, n. 28, p. 15-32, 2005, COLEMAN, 2010.

[46] GARCIA CACHAFEIRO, 2006, p. 248-249.

[47] Ibid., p. 237.

[48] GALGANO, 2008, p. 146.

A responsabilidade do vendedor foi adaptada ao sistema das vendas em cadeia através do princípio que a garantia corre com o produto. A garantia estende-se até a última relação contratual instaurada pelo distribuidor com o adquirente final. Tal orientação também foi desenvolvida na França na qual existia o sistema da cadeia de recursos em garantia pelo adquirente final ao último revendedor, e deste ao primeiro vendedor. Esse sistema foi superado pela jurisprudência através da introdução da ação direta atribuída pelo adquirente final contra o vendedor originário.[49]

Embora o tratamento da matéria nos Estados Unidos tenha servido para a conformação do Direito Europeu, o regime adotado pelos Europeus foi distinto, como será visto a seguir.

1.2. A regulamentação e debate da matéria na União Europeia

A responsabilidade pela circulação de produtos na União Europeia passou a ser disciplinada pela Diretiva n. 85/374, do Conselho das Comunidades Europeias, editada em 25 de julho de 1985, que trata da aproximação das disposições legislativas, regulamentares e administrativas dos Estados-Membros em matéria de responsabilidade decorrente dos produtos defeituosos.[50]

Antes dessa regulamentação, a Europa foi palco de importantes discussões a respeito do melhor critério para um regime comunitário de responsabilidade civil por produtos defeituosos. Os principais países europeus imputavam a responsabilidade civil do produtor independentemente da aferição de culpa ou através da presunção de culpa. Apesar desse efeito comum, a responsabilidade civil do produtor tinha fundamentos que não eram comuns.

A multiplicidade de fundamentos fez com que a regulamentação da responsabilidade objetiva fosse mais difícil na Europa do que no Direito norte-americano, tendo em conta que cada país-membro adotava regras específicas a respeito do seu Direito Civil.[51]

Os países da então Comunidade Econômica Europeia disciplinavam a responsabilidade pelos produtos defeituosos a partir de modelos normativos inspirados em teorias distintas, cuja consequência implica-

---

[49] A Diretiva está disponível na íntegra no site <http://eur-lex.europa.eu/LexUriServ/LexUriServ.do?uri=CELEX:31985L0374:pt:HTML consulta>. Acesso em: 3 set. 2013.

[50] DIÉZ-PICAZO, 2011, p. 472.

[51] SANSEVERINO, Paulo de Tarso Vieira. *Responsabilidade civil no Código do Consumidor e a defesa do fornecedor*. 3. ed. São Paulo: Saraiva, 2010b, p. 14.

va considerar, em alguns ordenamentos, a responsabilidade contratual e, em outros, extracontratual, com todos os efeitos que essa diferença de fonte pode determinar.[52]

França, Luxemburgo e Bélgica adotavam o modelo de responsabilidade objetiva do produtor[53] (parte da doutrina considera que a responsabilidade na Bélgica era subjetiva com culpa presumida do fabricante[54]). Alemanha, Dinamarca, Inglaterra, Holanda e Irlanda adotavam a posição intermediária, na qual a responsabilidade era subjetiva com culpa presumida.[55]

Quanto à determinação da fonte da responsabilidade civil, o tratamento também era diferenciado.

Na França, a responsabilidade civil era aplicada através da interpretação que a jurisprudência dava ao art. 1.389 do Código Civil com a abertura do conceito de *faute* referente à responsabilidade extracontratual. A responsabilidade civil do produtor foi desenvolvida por meio da aplicação da garantia legal dos *vices cachés* (vícios redibitórios) dentro da responsabilidade contratual.[56]

Através dessa construção, o fornecedor era equiparado a vendedor. A jurisprudência francesa foi responsável pela evolução do conceito de fornecedor tendo em vista a ideia de vendedor profissional. Havia a presunção que o vendedor profissional sempre conheceria o defeito, em virtude de sua obrigação de segurança perante o público, sendo, por isso, a ele imputada a condição de vendedor de má-fé.

A esse respeito é importante referir o caso do pão tóxico, no qual a Corte de Apelação de Nimes reconheceu, em 1960, a responsabilidade objetiva do padeiro que usou farinha contaminada para fazer pão. Ao ser consumido o produto, o pão contaminado acarretou a morte de uma família inteira, e o padeiro foi condenado a responder por todos os danos.[57]

Na Alemanha, também a cláusula geral de boa-fé, do § 242 do BGB, que estava ligada à responsabilidade contratual, foi utilizada,

---

[52] SANSEVERINO, 2010b, p. 14.

[53] GÁZQUEZ SERRANO, Laura. La responsabilidade civil por productos defectuosos en el ámbito de la unión europea: derecho comunitario y de los estados miembros; *Estudos de Direito do Consumidor Faculdade de Direito da Universidade de Coimbra*, Coimbra, n. 6, p. 254–258, 2004, p. 260.

[54] SANSEVERINO, 2010b, p. 14.

[55] Ibid., p. 21.

[56] Ibid., p. 53.

[57] Ibid., p. 21.

assistematicamente, para desenvolver a responsabilidade do produtor com base nas regras da responsabilidade extracontratual.[58]

A responsabilidade foi construída sob a perspectiva extracontratual do § 823, al. 1ª, do BGB. A jurisprudência estabeleceu a inversão do ônus da prova, atribuindo ao fabricante o ônus de demonstrar a inexistência de culpa. Essa solução foi utilizada no caso julgado em 1968 em que ocorreu a morte de 4.000 frangos em virtude de deficiência de informações sobre como deveria ser ministrada vacina contra peste. A responsabilidade civil foi imposta pelo defeito na prestação de informações, invertendo-se o ônus da prova, cabendo ao fabricante demonstrar a inexistência de culpa.[59]

Na Itália a responsabilidade civil do fabricante deu-se sob a perspectiva extracontratual com fundamento no art. 2.043 do Código Civil. Essa orientação pode ser observada na decisão proferida no caso Saiwa, de 1964, que trata sobre a intoxicação de um casal em virtude de ingestão de biscoitos estragados. A responsabilidade civil foi imputada em virtude da presunção de violação do dever de diligência do fabricante no processo de fabricação, caracterizando-se assim, a sua participação culposa no evento.[60]

Antes da Diretiva havia preocupação dos juristas com a uniformização de um regime de responsabilidade civil, que propiciasse ao consumidor efetiva proteção em qualquer país da CEE, sem exageros dessa proteção, para que fosse preservado o princípio da livre concorrência do mercado. Assim, haveria a proteção das vítimas de danos por produtos defeituosos sem que se inviabilizasse o exercício da atividade econômica.[61]

O Direito Comunitário Europeu foi impulsionado pela necessidade de uniformização das regras dos países da comunidade europeia e da preocupação com o caminho que estava sendo seguido pelos julgados americanos. A opção pela responsabilidade objetiva não era repudiada na Europa, mas sim o valor das indenizações que era aplicado no Direito Americano.[62]

---

[58] SANSEVERINO, 2010b, p. 20.

[59] Ibid., p. 53.

[60] Ibid., p. 21.

[61] Ibid., p. 19.

[62] Cotergan-Talidomida tratava-se de medicamento sedativo fabricado na Alemanha, que entre 1958 e 1962 provocou deformidades em milhares de nascituros (SILVA, João Calvão da. *A responsabilidade civil do produtor*. Coimbra: Almedina 1999, p. 123.)

Todo esse debate em torno da possibilidade de regulamentar a responsabilidade do fabricante de maneira uniforme resultou na elaboração da Diretiva 85/374.

Além da Diretiva 85/374, a matéria foi objeto também da Diretiva 1999/34 e recebeu novamente atenção no Livro Verde, principalmente no que se refere à discussão a respeito da responsabilidade civil pelos riscos do desenvolvimento, motivo pelo qual este capítulo será dividido em três partes: a primeira tratará da Diretiva 85/374, a segunda, da Diretiva 1999/34 e a última, dos debates provocados pelo Livro Verde.

1.2.1. A Diretiva 85/374/CEE

Os trabalhos preparatórios para a elaboração da Diretiva iniciaram na década de setenta, momento no qual se buscava a ampliação da responsabilidade extracontratual e também em que havia grande debate sobre os efeitos da Talidomida.[63] Porém, mesmo sendo palco de discussões de grande relevância, a Diretiva deixou de resolver problemas importantes.[64]

Dentre eles, cabe mencionar o problema dos riscos do desenvolvimento, tendo em conta a época da discussão e a opção da Diretiva de deixar a cargo dos Estados-Membros a opção de reconhecer a responsabilidade pelos riscos do desenvolvimento.

Mesmo com algumas lacunas, a responsabilidade civil do produtor veio a ser objeto de uma Diretiva Comunitária que tratava da aproximação de legislações entre os Estados-Membros que é a Diretiva 85/374/CEE do Conselho de 25 de julho de 1985, posteriormente revista pela Diretiva 1999/34/CE do Parlamento Europeu e do Conselho de 10 de maio de 1999.[65]

A Diretiva foi produto do consenso de três providências básicas para harmonização da matéria no Direito Comunitário europeu: 1) fixação de um regime especial de responsabilidade civil do produtor por danos causados por produtos defeituosos, 2) que esse regime fosse uniforme nos países da CEE, 3) coibição dos excessos presentes no sistema norte-americano, e assim, em 25 de julho de 1985, foi editada a Diretiva n. 85/374/CEE.[66]

---

[63] DIÉZ-PICAZO, 2011, p. 472.

[64] LEITÃO, Luis Manuel Teles de Menezes. *Direito das Obrigações*, 9. ed. Coimbra: Almedina, Coimbra, 2010. v.1 – Introdução. Da Constituição das Obrigações, p. 412.

[65] SANSEVERINO, 2010, p. 22.

[66] Ibid., p. 23.

As principais regras foram: 1) responsabilidade objetiva do produtor por danos causados pelos produtos defeituosos, 2) possibilidade de a vítima demandar diretamente o fabricante, 3) fixação de conceito de produto defeituoso, 4) fixação das causas de exclusão de responsabilidade, 5) limitação da indenização por danos pessoais e materiais, sem previsão expressa dos danos morais, 6) fixação dos prazos de prescrição e caducidade. A Diretiva ainda estabeleceu que ficaria a cargo de cada país estabelecer a exclusão da responsabilidade pelos riscos do desenvolvimento (arts. 15 e 16 da Diretiva).[67]

A Diretiva 85/374 foi o marco mais importante a respeito da regulamentação da responsabilidade por circulação de produtos defeituosos na CEE, contudo não foi o primeiro ou o único movimento nesse sentido. A matéria desenvolveu-se através de eventos legislativos e acontecimentos históricos que influenciaram o tratamento que é dado à disciplina na atualidade.

A Cúpula de Paris de 1972 pode ser apontada como a primeira vez em que os Chefes de Estado e o Governo manifestaram interesse e preocupação no que tange à matéria de proteção dos consumidores. Logo depois, na Convenção de Estrasburgo de 1977, foi elaborado um Convênio europeu que tratava da responsabilidade decorrente de produtos por lesões corporais ou morte. Esse convênio influenciou a Diretiva 85/374/CEE, mas não teve tanta repercussão quanto ela, pois somente alguns países haviam ratificado o Convênio. O Tratado de Maastricht também é apontado como marco importante porque eleva a proteção dos consumidores a uma política comunitária.[68]

Além dos movimentos legislativos, devem ser mencionados também os eventos que influenciaram a preocupação com a proteção do consumidor como a crise da vaca louca (EEB – encefalopatia espongiforme bovina) que impulsionou o Parlamento Europeu a estabelecer medidas de proteção visando à saúde e à segurança alimentar do consumidor. Essa crise também repercutiu na elaboração do Tratado de Amsterdã que deu novo impulso à proteção dos consumidores prevendo maior integração dos interesses do consumidor nas políticas da União Europeia.[69]

Os princípios da Diretiva 85/374 não trouxeram inovações chocantes nos sistemas jurídicos dos Estados-Membros, porque eles refletiam a continuidade dos princípios que já eram aprovados pelas diversas

---

[67] GÁZQUEZ SERRANO, 2004, p. 254-258.

[68] Ibid., p. 258-259.

[69] GALGANO, 2008, p. 140.

sociedades industriais modernas, principalmente no que concerne à responsabilidade objetiva do produtor.[70]

Entretanto, é importante notar que os países dos Estados-Membros seguiam caminhos de forma diversa.

Na França, a responsabilidade era objetiva, todavia o regime era o da responsabilidade do vendedor pelos vícios da coisa vendida. Na Alemanha e na Itália, privilegiou-se o regime da responsabilidade aquiliana, mas era dispensado ao consumidor o ônus de provar a culpa do produtor, o que conduz a uma objetivação da responsabilidade do produtor introduzindo uma presunção de culpa.[71]

A Diretiva 85/374/CEE objetivou a proteção das vítimas e a promoção da melhoria da segurança dos produtos dentro do mercado interno. Essa Diretiva pode ser definida como "um marco normativo coerente tendo em vista que todos os interesses são considerados".[72]

Ela teve por finalidade estabelecer a aproximação das disposições legislativas, regulamentares e administrativas dos Estados-Membros em matéria de responsabilidade decorrente dos produtos defeituosos.

Como mencionado acima, antes da Diretiva 85/374, havia uma multiplicidade de posições sobre a proteção do consumidor, por isso, o objetivo primordial da Diretiva era de aproximar as legislações nacionais, contudo a Diretiva também manifestava a preocupação com o possível prejuízo da circulação de mercadorias no mercado comum.

A Diretiva 85/374 foi formulada por meio de considerandos, e, no 2º, inclui-se a orientação que somente a responsabilidade do produtor, independentemente de culpa, constituiria uma solução adequada ao problema. A Diretiva deixou clara também a necessidade de disciplinar a responsabilidade do empreendedor, bem como a de qualquer um que se apresentasse como produtor. Dessa forma, percebe-se que o legislador comunitário demonstrou preocupação com a necessidade de disciplinar a atividade de empresa.[73]

A Diretiva deixou três pontos livres para serem disciplinados pelos Estados-Membros: a determinação da disciplina aplicável aos produtos agrícolas, o tipo de responsabilidade nos casos de riscos do desenvolvimento, e a previsão de um limite ao ressarcimento dos danos pelos produtos defeituosos.[74]

---

[70] GALGANO, 2008, p. 140.

[71] GÁZQUEZ SERRANO, 2004, p. 260.

[72] SERIO, 1996, p. 477.

[73] Ibid., p. 478.

[74] Ibid., p. 483.

Para parte da doutrina, mesmo tendo deixado um espaço para que os países legislassem sobre determinados pontos, foi alcançado o objetivo de aproximação entre os Estados-Membros. Além disso, a submissão à Diretiva representaria, de certa forma, o abandono de sua soberania, para a criação de uma nova manifestação do Direito Comum europeu. Isso justificaria o abandono do estudo das tradicionais famílias jurídicas, e, por consequência, a opção de partir para um estudo comparativo sob outro critério de comparação: o dos regimes dos países que fazem parte da comunidade europeia e extracomunitários.[75]

No entanto, outra corrente critica a efetividade da Diretiva 85/374 e considera que, embora ela tenha sido elaborada para ser aplicada nos países-membros, estudos a respeito da sua aplicação prática demonstram que são poucos os casos em que a Diretiva é utilizada para fundamentar a solução de conflitos. Isso se deve em parte ao fato de o art. 13 da Diretiva permitir a coexistência de normas internas sobre a responsabilidade civil.[76]

Vislumbra-se a sugestão de supressão da possibilidade de os Estados-Membros utilizarem a dualidade de regimes estabelecida no art. 13 da Diretiva, para permitir assim que Diretiva alcançasse a devida efetividade.[77] [78]

Em 1995 foi realizado um encontro comemorativo dos 10 anos da Diretiva 85/374. Nesse encontro foi constatado que nos países em que a Diretiva foi transposta para o Direito interno, o texto de transposição foi pouco utilizado, porque os Tribunais raramente eram demandados por ações fundadas sobre essas disposições. Num primeiro momento, isso foi atribuído ao fato de a maioria das leis de transposição terem entrado em vigor somente a partir de 1990, as leis ainda eram muito recentes em 1995. Na época, acreditava-se que essas normas passariam a ser mais utilizadas quando passassem a ser conhecidas. No entanto, logo a seguir, percebeu-se que a faculdade constante no art. 13 da Diretiva, que autorizava às vítimas a escolha do fundamento de sua ação no

---

[75] GÁZQUEZ SERRANO, 2004, p. 274.

[76] Ibid., p. 277.

[77] O art. 13 da Diretiva dispõe: "A presente directiva não prejudica os direitos que o lesado pode invocar nos termos do direito da responsabilidade contratual ou extracontratual ou nos termos de um regime especial de responsabilidade que exista no momento da notificação da presente directiva". Disponível em <http://www.anacom.pt/render.jsp?contentId=967227>. Acesso em 02 de junho de 2012.

[78] VINEY, Geneviève. Introdução à la responsabilité. In: *Traité de droit civil*. 3. ed. Paris: LGDJ, 2006, p. 865.

Direito comum, passou a ser muito exercida, e isso colocou a Diretiva e as suas normas de transposição em segundo plano.[79]

A Europa foi tomada por uma impressão geral de decepção com a Diretiva, proveniente de uma supervalorização das possibilidades do seu texto e também da divergência entre os Direitos nacionais.[80]

Além de dar abertura para que os países legislassem sobre determinados pontos, a Diretiva também foi marcada por muitas lacunas e isso acabou limitando o alcance da harmonização.

Dentre as lacunas, Viney cita que a Diretiva não prevê um seguro de responsabilidade civil, o que, segundo ela, tornaria mais efetiva a responsabilidade objetiva dos produtores. A Diretiva também deixou de estabelecer disposições sobre o aspecto processual da ação de vítimas contra o produtor, não previu uma ação coletiva ou uma ação em grupo, tão comuns no campo do Direito do Consumidor.[81]

Outra lacuna referida pela autora diz respeito à responsabilidade aplicável aos vendedores não fabricantes. Embora o art. 3º da Diretiva 85/374 admita, em certos casos, a responsabilidade civil do vendedor, ela o faz de maneira muito limitada, o que, segundo a autora, oportunizaria a liberdade aos distribuidores de impor suas condições na fabricação dos produtos e tal fato teria sido ignorado pela Diretiva, que traz um regime de responsabilidade diferenciado ao distribuidor ou vendedor, que é *a priori* menos exigente.[82]

Entretanto, é importante ponderar que essa advertência feita por Viney deve ser contextualizada levando-se em consideração as diferenças do regime de responsabilidade do comerciante adotado na França e no Brasil. Segundo Viney, na França, a responsabilidade do fabricante tem como fundamento o defeito de segurança.[83] No Brasil, segundo a dicção do art. 931 do Código Civil, o fundamento do regime de responsabilidade é a circulação do produto, sendo tal responsabilidade imputada sobre o fabricante.

O art. 13 da Diretiva 85/374 admite a possibilidade de coexistência de normas internas sobre a responsabilidade, e como se viu, esse é considerado como um fator que contribui para a falta de efetividade interna da Diretiva.

---

[79] VINEY, 2006, p. 862.

[80] Ibid., p. 863.

[81] Ibid., p. 863.

[82] Ibid., p. 868.

[83] VINEY, Geneviève. L'interprétation par la CJCE de la Directive du 25 juillet 1985 sur la responsabilité du fait des produits défectueux. *La Semaine Juridique,* n. 44-45, p. 1945-1948, 30 oct. 2002, p. 1945.

Em vista disso, embora exista essa previsão na Diretiva 85/374, em julho de 2002, a Corte de Justiça das Comunidades Europeias decidiu que as leis de transposição não devem divergir da Diretiva 85/374, mesmo que essa divergência venha a ser favorável aos consumidores.[84]

Essa orientação foi dada em três julgamentos. Os dois primeiros censuravam as disposições das leis de transposição grega e francesa, que concediam às vítimas de um defeito de segurança do produto uma proteção mais larga que aquela exigida pelo texto europeu. O terceiro minimiza o âmbito do art. 13, que permite às vítimas optarem pela aplicação do direito da responsabilidade contratual ou extracontratual ou de um regime especial da responsabilidade existente no momento da notificação da Diretiva, por entender que isso escapa à aplicação da lei de transposição.[85]

Nesse aspecto, mesmo que a Diretiva 85/374 seja considerada um grande marco para a evolução da proteção das vítimas de produtos defeituosos, é importante mencionar que a sua efetividade pode ser considerada comprometida, tendo em vista que o número de casos de ações de responsabilidade por danos causados por produtos defeituosos é relativamente baixo e na maioria deles as reclamações se resolvem extrajudicialmente.[86]

Por outro lado, mesmo ainda que a Diretiva 85/374 não seja utilizada efetivamente como fundamento da solução de conflitos judiciais, ela trouxe grande impacto no interesse das vítimas na União Europeia, pois a segurança dos produtos melhorou consideravelmente desde a adoção da Diretiva, tendo em vista que elevou o nível de segurança dos produtos.[87]

A Diretiva 85/374 foi responsável pela sistematização e homogeneidade normativa para os Estados Membros no que se refere à responsabilidade por produtos defeituosos, estabelecendo a responsabilidade extracontratual sem culpa.[88]

Ela dispõe que a responsabilidade do produtor é objetiva porque a vítima não precisa provar a culpa, bastando provar o dano, o defeito e o nexo causal entre os dois. Contudo, para parte da doutrina, essa responsabilidade objetiva é em realidade "semiobjetiva", tendo em conta

---

[84] VINEY, 2002, p. 1945.

[85] GÁZQUEZ SERRANO, 2004, p. 275.

[86] Ibid., p. 275.

[87] SERIO, 1996, p.482.

[88] GÁZQUEZ SERRANO, op. cit., p. 261.

as causas de exclusão de responsabilidade que estão disciplinadas no art. 7º da Diretiva.[89]

A Diretiva é destinada aos fins econômicos da atividade produtiva, e isso justifica a opção pela regra da responsabilidade ter prescindido de culpa tendo em vista o risco da atividade. Assim, abandonou-se a responsabilidade pelo contrato e passou-se a considerar a responsabilidade pela colocação em circulação do produto inseguro (defeituoso).[90]

A responsabilidade pelo produto defeituoso é do produtor que fabrica um produto acabado, matéria-prima, parte integrante ou quem se apresenta como produtor, sendo considerado produtor aquele que participa do processo de produção. A Diretiva 85/374 estabelece, portanto, um rol de legitimados passivos, no qual, em primeiro lugar, está o produtor final, aquele que produz um produto acabado, sendo considerado responsável o fabricante que põe em circulação o produto tal como chega às mãos dos consumidores e usuários.[91]

A Diretiva 85/374 também considera como legitimados passivos aqueles que produzem matéria-prima ou fabricam parte integrante, sendo excluída a sua responsabilidade se ficar demonstrado que o defeito da parte integrante decorre de instruções errôneas do fabricante. Além disso, haverá a responsabilidade daqueles que se apresentem como produtor pondo seu nome, marca ou qualquer sinal distintivo no produto.

Por essa razão, vários agentes da cadeia produtiva podem ser responsáveis, aplicando-se a regra da responsabilidade solidária a todos que se enquadrarem nas condições da Diretiva (produtor da matéria-prima, fabricante de parte integrante, fabricante integral, quem inserir marca ou sinal distintivo no produto) podendo a vítima ajuizar ação contra qualquer um dos responsáveis, considerando a maior conveniência ao prejudicado.[92]

Essa orientação difere do caminho seguido pelo Código Civil brasileiro, considerando-se que ao não ter detalhado os possíveis responsáveis o art. 931 acaba direcionando a responsabilidade civil ao fabricante e afastando a regra da solidariedade, o que será visto de forma mais aprofundada na segunda parte deste livro.

Importante mencionar que a Diretiva 85/374 originalmente se destinava a produtos móveis, excluindo as matérias-primas agrícolas e

---

[89] SERIO, 1996, p.482.

[90] GÁZQUEZ SERRANO, 2004, p. 263.

[91] Ibid., p. 263-264.

[92] Ibid., p. 264.

produtos de caça, salvo se houver disposição em contrário dos Estados--Membros, além de considerar a eletricidade como produto. A exclusão dos produtos imóveis respeitou as características próprias de cada Estado que possui regras internas específicas sobre a matéria. Já no que se refere aos produtos agrícolas e de caça, a Diretiva 85/374 foi posteriormente modificada pela Diretiva 1999/34/CEE.[93]

A Diretiva 85/374 resolve o problema de falta de definição de produto defeituoso, concentrando a noção na falta de segurança que o grande público pode legitimamente esperar. E essa expectativa deve ser avaliada segundo um uso racional do produto.[94]

Assim, produto defeituoso é considerado aquele que não oferece a segurança que normalmente é dada pelos demais exemplares da mesma série. Nesse sentido, a noção de defeito depende da falta de segurança do produto que pode expor pessoas ou coisas.[95]

A responsabilidade civil prevista na Diretiva 85/374 fica condicionada à prova de existência de defeito do produto e essa prova deve ser feita pela vítima, conforme disciplina o seu art. 4º.[96]

A Diretiva 85/374 também aponta como requisito da incidência da responsabilidade a ocorrência de danos provenientes de lesões corporais, morte ou danos ocasionados à coisa, mas não trata do próprio produto ou de danos imateriais, o que resulta na orientação de inaplicabilidade da Diretiva ao dano decorrente do vício do produto, como também não se aplica aos acidentes nucleares.

A definição de dano do art. 9º da Diretiva 85/374 serve para fixar a noção de vítima: a Diretiva dirige-se a um círculo de pessoas protegidas que abrange não somente consumidores, mas também todas as pessoas que sofrem danos, sendo importante, no entanto, distinguirem--se os danos pessoais, destinados àqueles que realizam uma atividade de consumo, empresarial ou profissional, e os danos materiais que se destinam somente a proteger àqueles que realizam uma atividade de consumo privado com bens dessa natureza.[97]

A complexidade da Diretiva 85/374 demonstra como é importante uma adequada interpretação do art. 931 do Código Civil brasileiro,

---

[93] SERIO, 1996, p. 477.

[94] GÁZQUEZ SERRANO, 2004, p. 266.

[95] "art. 4º. Cabe ao lesado a prova do dano, do defeito e do nexo causal entre o defeito e o dano". Informação disponível no *site* <http://www.anacom.pt/render.jsp?contentId=967227>. Acesso em 10.05.2012.

[96] GÁZQUEZ SERRANO, op. cit., p. 267.

[97] A Diretiva está disponível no *site*: <http://eur-lex.europa.eu/LexUriServ/LexUriServ.do?uri=CELEX:31999L0034:ES:HTML>. Acesso em: 11 nov. 2012.

mediante o estudo comparativo dos possíveis regimes de responsabilidade civil pela circulação de produtos. Essa comparação pode viabilizar a utilização de algumas das soluções apontadas na Diretiva e que são compatíveis com o modelo de responsabilidade instituído no Código Civil brasileiro. Por outro lado, essa comparação contribui para o afastamento de algumas soluções apontadas pela Diretiva por serem incompatíveis com o art. 931, inclusive pela falta de menção expressa de determinadas normas, que não podem ser subsumidas ao modelo adotado no Código Civil brasileiro.

Nesse aspecto, ganha destaque a conclusão que a responsabilidade prevista no art. 931 não está vinculada à incumbência da vítima provar o defeito do produto pois, ao contrário da Diretiva 85/374, o dispositivo do Código Civil brasileiro não impõe esse ônus à vítima.

Essa pode ser considerada a grande diferença ao comparar a Diretiva com o art. 931 do Código Civil brasileiro. Nele não há a previsão expressa de defeito, por isso, o dispositivo do Código Civil brasileiro pode ser interpretado, pelo menos, como uma regra de inversão do ônus da prova, em virtude de uma pressuposição do defeito do produto pela ocorrência do dano.

Nessa hipótese, haveria a possibilidade de o fornecedor eximir-se da responsabilidade somente se conseguir provar a inexistência de defeito no produto, o que pode ser difícil, pois, se o produto colocado em circulação provocar dano, há uma pressuposição de ser defeituoso.

Se o dispositivo for interpretado como regra da responsabilidade objetiva sem vinculação com o defeito, sequer a prova da qualidade do produto afasta a responsabilidade civil do fabricante.

Em outras palavras, o regime do Código Civil brasileiro distancia-se do Código de Defesa e Proteção do Consumidor que adotou a teoria da qualidade ou da garantia, tendo em vista que, havendo dano e nexo de causalidade, somente exclui a responsabilidade o caso fortuito e a força maior: a responsabilidade é imputada por colocar o produto em circulação que causa danos.

Outra diferença relevante entre o regime do Código Civil brasileiro e a Diretiva 85/374 é que esta protege o consumidor, enquanto o art. 931 do Código Civil não está dirigido somente às relações de consumo, por esse motivo qualquer indivíduo atingido por um dano provocado na circulação do produto passa a ter direito à reparação dos danos de forma objetiva, seja consumidor ou não.

Além dessas considerações, a comparação dos regimes de responsabilidade civil serve para demonstrar que a Diretiva 85/374 deixa claro que quem coloca em circulação o produto é o fabricante, e não o comerciante. Essa orientação é importante para este livro porque, nesse aspecto, o art. 931 do Código Civil pode tomar a mesma lógica, pois o sentido da expressão "pôr em circulação" é similar em ambos os ordenamentos, razão por que não há como considerar-se solidária a responsabilidade do comerciante pelo dano, matéria que será aprofundada na segunda parte deste livro.

1.3. Diretiva 1999/34

A Diretiva 1999/34, de 10 de maio de 1999,[98] foi formulada com o objetivo de resolver algumas deficiências da Diretiva 85/374, no que se refere à ampliação do âmbito de proteção para os danos decorrentes de matérias-primas agrícolas e produtos de caça. Assim, a vítima não precisaria mais provar a culpa do fabricante para responsabilizar o produtor ou importador.[99]

A Diretiva 99/34 foi impulsionada pela crise da vaca louca que assolou a Europa na década de 90.[100]

Embora a Diretiva 99/34 tenha tentado sanar algumas das deficiências da Diretiva 85/374, parte da doutrina considera que ela poderia ter aproveitado a ocasião para incluir também, entre os bens suscetíveis de defeitos, os bens imóveis. Poderia ter também aproveitado para incluir, entre os danos ressarcíveis, os danos morais ou imateriais. Mesmo oportunizado essa extensão à legislação de cada Estado-Membro, a Diretiva 99/34 poderia ter tratado dessas questões para tornar mais efetiva a proteção das vítimas de danos decorrentes do fato do produto.[101]

---

[98] GÁZQUEZ SERRANO, 2004, p. 268.

[99] A doença encefalopatia espongiforme bovina, mais conhecida como doença da vaca louca trouxe uma série de danos na Europa. Essa doença teve origem numa política introduzida na Europa que subsidiava a produção pecuária: "o produtor criava duas vacas, ganhava subsídio para produzi-las, subsídio para matar uma das vacas e dar para a outra comer e mais subsídio para produzir mais vacas a preço mais baixo. Assim surgiu a vaca-louca." (CALLIARI, Marcelo. Rumos e implicações das negociações na área agrícola. *Revista do IBRAC – Direito da Concorrência, Consumo e Comércio Internacional*, São Paulo, v. 10, jan. 2003, p. 132). Essa prática acabou por trazer grande prejuízo para os produtores e gerar grande alerta a respeito das ações do homem sobre a natureza "Seus rebanhos são dizimados por uma moléstia misteriosa, a doença da vaca louca, de letalidade produzida pelo homem. Ao alimentar animais herbívoros com restos de suas carcaças, o ser humano os transformou – artificialmente – em seres carnívoros." (NALINI, José Renato. A cidadania e o protagonismo ambiental. *Revista de Direito Ambiental*, São Paulo, v. 35, jul. 2004, p. 60.) A doença da vaca louca também foi responsável por suscitar, pela primeira vez, o princípio da precaução em prol da defesa dos consumidores (FROTA, Mário. Segurança alimentar: imperativo de cidadania. *Revista de Direito do Consumidor*, São Paulo,v. 44, out. 2002)

[100] GÁZQUEZ SERRANO, 2004, p. 276.

[101] Disponível em: <http://europa.eu/documents/comm/green_papers/pdf/com1999-396_pt.pdf>. Acesso em: 22 maio 2012.

1.3.1. O Livro Verde

Depois dessas duas diretivas sobre a matéria, a Comissão das Comunidades Europeias, órgão da União Europeia encarregado dos projetos de uniformização do Direito Europeu, após estudos técnicos e jurídicos, apresentou como resultado um conjunto de propostas que foi denominado "Livro Verde", tratando sobre a responsabilidade civil decorrente dos produtos defeituosos (Bruxelas 28.07.1999).[102]

Esse Livro Verde teve como objetivo realizar consulta pública sobre a proteção dos consumidores na União Europeia, propondo a introdução de um sistema de regulação para proteção dos consumidores. A sua elaboração foi pautada pela preocupação com a segurança jurídica e a garantia de aplicação eficaz e real da Diretiva 85/374, especialmente nos litígios transfronteiriços.[103]

A Diretiva 85/374 foi elaborada para estabelecer um sistema de responsabilidade civil que possibilitasse a indenização das vítimas pelos danos sofridos por produtos defeituosos, demonstrando, também, a preocupação em não frear a capacidade inovadora da indústria.

O Livro Verde está alicerçado em um estudo evolutivo sobre a aplicação da Diretiva 85/374, avaliando a repercussão de sua aplicação na Comunidade Europeia. Além disso, também questionou a conveniência da Diretiva 85/374 e a necessidade de atualização da mesma, tendo em vista a sua efetividade, considerando os riscos a que a sociedade atual está exposta.

Segundo o seu próprio texto, não houve o objetivo de propor soluções, mas de apresentar questionamentos a respeito da efetividade da proteção no caso de danos decorrentes de produtos defeituosos, e também testar a repercussão que terá a propositura de uma revisão da Diretiva 85/374.

O Livro Verde questionou a carga da prova que deve recair sobre a vítima, que precisa demonstrar o defeito do produto e também a relação de causa e efeito entre o defeito e o prejuízo sofrido. Assim ele apresenta algumas proposições: 1) presunção de nexo causal quando a vítima demonstrar o dano e o defeito;[104] 2) fixação de um nível de prova suficiente; 3) a necessidade de o produtor distribuir documentos úteis para a vítima; 4) imposição ao produtor da carga dos gastos periciais que seriam restituídos se a vítima viesse a fracassar; 5) aplicação da

---

[102] GÁZQUEZ SERRANO, 2004, p. 259.

[103] Ao comparar a Diretiva 85/374 com o sistema brasileiro, essa preocupação vem sanada porque a vítima não precisa provar no art. 931 a existência de defeito.

[104] GÁZQUEZ SERRANO, op. cit., p. 272.

teoria do Direito Americano das quotas de mercado *"Market Share Liability"*, quando um produto for fabricado por vários produtores e não for possível determinar qual é o responsável pelo defeito do produto, bastando a vítima provar a relação entre o dano causado e o produto sem a necessidade de identificar o fabricante.[105]

Essa orientação das quotas de mercado é semelhante à solução encontrada na doutrina brasileira, para propor a solução de casos em que a responsabilidade civil se estabelece perante o grupo quando não há condições de identificar dentro do grupo o responsável.[106]

Outro questionamento apresentado pelo Livro Verde diz respeito aos riscos do desenvolvimento. Pela Diretiva 85/374 teriam sido excluídos da responsabilidade do produtor. A esse respeito, o Livro Verde questiona se a supressão da causa de exoneração teria consequências muito prejudiciais para a indústria e/ou para o setor de seguros. Nesse sentido, aconselha-se que seria importante considerar a experiência de países nos quais não existe a exoneração da responsabilidade pelos riscos do desenvolvimento, como é o caso da Finlândia, de Luxemburgo, da Espanha (relativamente aos produtos alimentares e aos medicamentos), da Alemanha (no setor farmacêutico por disposição legislativa de 1976) e da França (no que se refere aos produtos extraídos do corpo humano).[107]

O Livro Verde lança um questionamento importante: se o risco é considerado demasiadamente grande para ser suportado por seguradoras, não seria também insuportável para o consumidor?[108]

---

[105] Essa orientação decorre da aplicação da teoria da causalidade alternativa tratada no Direito brasileiro entre outros por Vasco Della Giustina (DELLA GIUSTINA, Vasco. *Responsabilidade civil dos grupos*. Rio de Janeiro: Aide, 1991, p. 53-79). O tema foi objeto de julgamento no Tribunal de Justiça do Rio Grande do Sul, em situação interessante na qual um paciente hemofílico havia contraído o vírus HIV depois de fazer transfusão de sangue em vários locais. A contaminação ocorreu em virtude de uma dessas transfusões. O paciente alegou que teria feito transfusões em vários locais e que não sabia qual deles teria sido responsável pela contaminação o que poderia conduzir à aplicação da teoria da causalidade alternativa. No entanto, a ação indenizatória foi movida somente contra um dos laboratórios, o que determinou a improcedência da ação, como se vê na ementa que segue: "Responsabilidade Civil. Paciente hemofílico que teria contraído Aids no tratamento, mas teria se valido de vários locais. A causalidade alternativa só é possível se todos os intervenientes do círculo causador do dano forem chamados à lide, sendo inviável a opção exclusivamente contra um. Culpa individual não comprovada. Embargos rejeitados." (RIO GRANDE DO SUL. Tribunal de Justiça. Embargos Infringentes nº 593048838. Terceiro Grupo de Câmaras Cíveis; Relator: Décio Antônio Erpen. Julgado em: 3 dez. 1993).

[106] Disponível em: <http://europa.eu/documents/comm/green_papers/pdf/com1999-396_pt.pdf>. Acesso em: 23 maio 2012, p. 22.

[107] Ibid, p. 22.

[108] Para a teoria do risco proveito, é responsável aquele que tira proveito da atividade danosa, em virtude do princípio segundo o qual o ganho impõe o encargo, *ubi emolumentum, ibi onus*. Assim, o dano deve ser reparado por aquele que retira algum proveito ou vantagem do fato lesivo. Já, para a teoria do risco criado, a responsabilidade se impõe àquele que por sua atividade ou profissão

Esse questionamento serve para a reflexão a respeito dos riscos do desenvolvimento no que se refere à interpretação do art. 931 do Código Civil brasileiro. A teoria aplicada pelo ordenamento brasileiro é a do risco criado que é mais abrangente que a teoria do risco proveito.[109] No entanto, talvez a adoção da teoria do risco proveito possa ser útil para demonstrar a necessidade que os danos decorrentes dos riscos do desenvolvimento devam ser suportados pelo fornecedor, não podendo se eximir da responsabilidade pelo fato de dizer que o defeito do produto era indetectável.[110]

Nesse sentido também contribui a experiência Francesa (embora destinada a um caso específico de responsabilidade – contaminação sanguínea) segundo a qual o fornecedor tem o dever de fornecer produtos isentos de defeitos e que somente se eximiria da responsabilidade civil se houvesse uma causa externa que contribuísse para o defeito do produto, e que um evento indetectável não configuraria uma causa externa.[111]

Fazendo uma analogia com o Direito brasileiro, a respeito do estudo do nexo causal, pode-se usar a noção de fortuito interno e externo,[112]

---

expõe alguém ao risco de sofrer um dano, não havendo a necessidade de questionar se o dano é correlato a um proveito ou vantagem para o agente, não sendo necessário a vítima provar a vantagem auferida pelo agente. A responsabilidade se estabelece em virtude da própria atividade que é exercida, independentemente do resultado bom ou mau que ela possa refletir ao agente, sendo assim, a teoria do risco criado é uma ampliação do conceito de risco proveito, pois aumenta os encargos do agente. (DIREITO, Carlos Alberto Menezes; CAVALIERI FILHO, Sérgio. *Comentários ao novo Código Civil – da Responsabilidade Civil das preferências e Privilégios Creditórios – art. 927 a 965.* 2. ed.rev. e atual. Rio de Janeiro: Forense, 2007, v. 13, p. 12-15). A distinção entre risco proveito e risco criado também pode ser consultada em VIEIRA, Patricia Ribeiro Serra. *A responsabilidade civil objetiva no direito de danos.* Rio de Janeiro: Forense, 2005, p. 88-89.

[109] Essa posição também é defendida por TARTUCE, 2011, p. 160.

[110] Disponível em: <http://europa.eu/documents/comm/green_papers/pdf/com1999-396_pt. pdf>.Acesso em: 23 maio 2012, p. 21.

[111] A distinção é feita por boa parte da doutrina brasileira que trata da Responsabilidade Civil, podendo ser consultadas, dentre outras, as seguintes obras: MARTINS-COSTA, Judith. *Comentários ao Novo Código Civil: do inadimplemento das obrigações.* 2. ed. Rio de Janeiro: Forense, 2009a, v. 5, t. 2, p. 292-296; GONÇALVES, Carlos Roberto. *Direito Civil brasileiro.* 8. ed. São Paulo: Saraiva, 2013, v. 4: Responsabilidade civil, p. 480-481.

[112] CAVALIERI FILHO, Sérgio. *Programa de Direito do Consumidor.* 3. ed.São Paulo: Atlas, 2011, p. 309. O autor ainda tece importante consideração a respeito da distinção entre fortuito interno e externo e afirma que essa distinção é muito importante no que se refere aos acidentes de consumo, pois somente o fortuito externo é que provocaria a exclusão da responsabilidade civil. O autor considera que fortuito interno é o fato imprevisível e por isso inevitável. O fortuito interno ocorre no momento da fabricação do produto ou da realização do serviço e não exclui a responsabilidade do fornecedor porque faz parte da sua atividade, ligando-se aos riscos do empreendimento, submetidos à noção geral de defeito de concepção do produto, já que o defeito ocorreu antes da introdução do produto no mercado de consumo não importando saber o motivo que determinou o defeito porque *"o fornecedor é sempre responsável pelas suas consequências, ainda que decorrentes de fato imprevisível e inevitável".* No fortuito externo, o fato não guarda nenhuma relação com a atividade do fornecedor que é absolutamente estranho ao produto, e que ocorre depois de sua

sendo que somente o segundo tem condições de excluir a responsabilidade civil.

Essa noção é defendida por Cavalieri ao afirmar que os riscos do desenvolvimento devem ser enquadrados como fortuito interno. Para o doutrinador, os riscos do desenvolvimento são considerados como riscos integrantes da atividade do fornecedor e, por consequência, não exonerariam a sua responsabilidade.[113]

Além disso, é importante perceber que a Diretiva 85/374 estabeleceu a possibilidade de exclusão da responsabilidade civil somente nos casos em que o defeito não possa ser detectado, enquanto o Livro Verde alerta para a dificuldade de o produtor demonstrar que o defeito não era detectável, e o faz trazendo à discussão dois casos importantes nos quais não foi possível demonstrar que o estado dos conhecimentos não permitia detectar a existência de defeito.[114]

Isso se vislumbra no caso julgado pelo Tribunal Federal de Justiça alemão que, considerando a exoneração da responsabilidade prevista no art. 7º, e da Diretiva, decidiu que a mesma não poderia ser aplicável aos defeitos de construção, mas somente aos defeitos de concepção. O caso tratava da explosão de uma garrafa reciclada de água mineral, e o Tribunal considerou que a garrafa tinha uma fratura decorrente de defeito de construção e que esse defeito poderia ser detectável pelo produtor e, por isso, seria imposta a sua responsabilidade.[115]

A imputação da responsabilidade decorrente de explosão de garrafa de água mineral foi reconhecida também na Bélgica, aplicando-se uma espécie de presunção do nexo de causalidade (que pode ocorrer quando o lesado prova o dano e defeito ou quando, embora o lesado não provar o defeito, vier a provar a existência de um dano resultante de um produto). No caso belga, o juiz considerou que a explosão de uma garrafa de água com gás é uma manifestação clara de característica anormal do produto e que isso contrariaria a segurança que o consumidor pode legitimamente esperar, não sendo necessário, portanto, o lesado provar que o produto é defeituoso.[116]

---

fabricação; por isso, não se pode falar de defeito do produto, podendo se alegar a exclusão da responsabilidade com base na inexistência de defeito prevista no art. 12, §3º, I do Código de Defesa do Consumidor (Ibid., p. 307).

[113] Disponível em:<http://europa.eu/documents/comm/green_papers/pdf/com1999-396_pt.pdf>. Acesso em: 23 maio 2012, p. 21.

[114] Ibid., p. 21.

[115] Ibid., p. 19.

[116] Ibid., p. 22.

Esse caso é importante para demonstrar a vantagem de o art. 931 do Código Civil brasileiro não fazer referência de forma expressa à noção de defeito, tendo em vista que se o dano ocorreu em virtude da utilização do produto (realizada em condições previsíveis) o mesmo vai contra a segurança que o consumidor pode legitimamente esperar, em consequência disso, a prova do defeito se mostra irrelevante.

Deve-se ponderar que o art. 7º, e, da Diretiva 85/374, coloca como causa excludente da responsabilidade civil a prova feita pelo produtor que os conhecimentos técnicos não foram suficientes para a constatação do defeito. Essa exceção se for efetivamente considerada, faz com que haja a necessidade de o produtor provar a impossibilidade absoluta de detectar a existência do defeito do produto, o que não é fácil porque necessitará, em certa medida, que se lance os olhos a um controle rigoroso de qualidade do produto, uma demonstração de diligência absoluta do produtor, que traz à tona a discussão a respeito de sua culpa, ao passo que a responsabilidade que se impõe a ele é objetiva, e não subjetiva. Se a responsabilidade é objetiva, tem cabimento o produtor demonstrar que não agiu com culpa ou que foi diligente?

O Livro Verde questiona se o produtor deve ser responsável pelos riscos do desenvolvimento, ou se os danos causados pelos riscos do desenvolvimento deveriam ser suportados pela sociedade no seu conjunto (pela criação de fundos de indenizações apoiados por receitas públicas) e/ou se o deveriam ser suportados pelo setor produtivo respectivo.[117]

O Livro Verde também apresenta questionamentos a respeito dos danos indenizáveis. A Diretiva 85/374 somente se destina a danos causados pela morte ou por lesões corporais, bem como a danos causados a uma coisa, desde que destinada ao uso ou consumo privado e que o próprio produto não seja defeituoso.

A Diretiva não se destina à responsabilidade decorrente do vício do produto e sim do fato do produto,[118] consequentemente, o questionamento do Livro Verde no sentido de estender também a aplicação da Diretiva ao vício do produto.[119]

Interessante nesse sentido citar decisão do Supremo Tribunal português que considerou que o concessionário de automóveis SEAT fabri-

---

[117] Para uma boa compreensão da matéria, ver: MIRAGEM, 2008, p. 257 *et seq.*, e MARQUES, Cláudia Lima. *Contratos no Código de Defesa do Consumidor*: o novo regime das relações contratuais. 5. ed. São Paulo: Revista dos Tribunais, 2006, p. 1.145 *et seq.*

[118] Disponível em: <http://europa.eu/documents/comm/green_papers/pdf/com1999-396_pt. pdf>.Acesso em: 23 maio 2012, p. 28.

[119] Ibid., p. 28.

cados na Espanha, não seria responsável pelo vício do produto, tendo em vista que não é considerado o produtor do automóvel e que, como o dano era em si o próprio produto, tratava-se de vício do produto, então a Diretiva não se aplicaria.[120]

O Livro Verde questiona também se os danos de natureza não patrimonial causados a bens destinados a uso profissional ou comercial poderiam ser cobertos pela Diretiva. Nesse sentido, o Livro Verde menciona um exemplo importante que reflete a situação em que o dano causado a bens destinados a uso profissional ou comercial não estaria coberto pela Diretiva. O exemplo elaborado trata de bens de um escritório que são queimados por um incêndio provocado por um produto defeituoso, e o proprietário (empresa ou profissional independente) não pode fazer uso da Diretiva 85/374, porque ela se destina à indenização de bens de consumo. O Livro Verde refere que na França a lei que trata da transposição da Diretiva cobre os danos causados aos bens de uso não privado, abrangendo assim a relação de consumo ou não.[121]

Nesse sentido, repousa uma distinção e inovação trazida pelo art. 931 do Código Civil brasileiro, que estabelece a indenização de todos os danos decorrentes da circulação do produto, seja ele destinado a uma relação de consumo ou não. Se for considerado que a atribuição da responsabilidade ao produtor é positiva para a construção de um mercado com produtos de melhor qualidade (com o produtor suportando os custos e os riscos da circulação), certamente essa estrutura normativa do art. 931 do Código Civil brasileiro é avançada comparativamente com a legislação europeia.

Embora o Livro Verde não tenha força normativa, pois não teve por fim regulamentar a matéria da responsabilidade pelo fato do produto, trata-se de documento importante a ser consultado porque elenca questionamentos à Diretiva 85/374 que foi transposta para os países da CEE, representativos de um consenso atual a respeito das críticas dessa Diretiva, produto da ponderação a respeito de uma grande diversidade de problemas que podem surgir na aplicação de regras estritas para disciplinar a matéria que foi objeto do art. 931 do Código Civil.

Ao comparar o dispositivo com as advertências levantadas pelo Livro Verde, pode-se afirmar que o art. 931 é uma disposição legal que está adequada a atender as necessidades da responsabilidade civil atual. O art. 931 não só atende às advertências que o Livro Verde aponta,

---

[120] Disponível em: <http://europa.eu/documents/comm/green_papers/pdf/com1999-396_pt.pdf>. Acesso em: 23 maio 2012, p. 28.

[121] FRADERA, 2010, p. 34.

podendo ser utilizado como modelo para responder às críticas feitas no sentido de tentar atualizar a Diretiva 85/374, como também, em alguns aspectos, o art. 931 está além dessas críticas.

De uma forma especial, o Livro Verde aborda três aspectos que serão objeto de capítulos da segunda parte deste livro, essenciais para a interpretação do art. 931 do Código Civil brasileiro, que são a responsabilidade pelos riscos do desenvolvimento, a desnecessidade de a vítima provar o defeito do produto e a responsabilidade civil pelo fato do produto nas relações empresariais e naquelas não submetidas ao Código de Defesa e Proteção ao Consumidor.

Capítulo II – O tratamento da matéria nos principais países pertencentes à União Europeia que transpuseram a Diretiva 85/374 e a sua contribuição para a interpretação do art. 931 do Código Civil brasileiro

O estudo do Direito Comparado tem papel fundamental para o desenvolvimento do tema proposto neste livro porque é através dele que se pretende estabelecer as bases para a formulação das hipóteses interpretativas do art. 931 do Código Civil brasileiro.

Para tanto, é necessário salientar que este estudo será feito considerando uma das perspectivas do Direito Comparado que consiste em comparar as diferenças, identificar os elementos em mutação, extrair as diferenças entre direitos,[122] tendo em vista que os países pertencentes à União Europeia, mesmo transpondo a Diretiva 85/374, que trata da aproximação das regras a respeito da responsabilidade pelo fato do produto, seguem soluções distintas que precisam ser consideradas neste livro, pois podem ser utilizadas como contribuição para a interpretação do art. 931 do Código Civil brasileiro como se verá a seguir.

2.1. Direito Inglês

Tanto o Direito americano como o Direito inglês, países da *common law*, são considerados o berço da responsabilidade pelos produtos defeituosos por trazerem soluções distintas das tradicionais que estavam vinculadas à responsabilidade baseada na culpa.

---

[122] LEITÃO, 2010, p. 410.

Nesses países, houve o reconhecimento dos deveres do empresário que lança produtos no mercado de consumo, pela noção nos Estados Unidos do "dever geral de diligência razoável na fabricação dos produtos *(reasonable care)*" e na Inglaterra pelo dever de "informação sobre as condições do seu uso ou funcionamento *(duty of warn)*".[123]

Nos Estados Unidos, a orientação surge depois do julgamento do caso *Macpherson v. Buick Motor Co*[124] e na Inglaterra, a noção de responsabilidade afastada da culpa surge através do caso que foi julgado pela *Hause of Lords* em 1932,[125] no qual uma senhora sofreu grande choque com distúrbios psicossomáticos ao perceber que havia consumido uma garrafa de refrigerante que tinha restos de um caracol em decomposição depositado no fundo do recipiente.[126]

Nesse caso, a *House of Lords* estabeleceu a responsabilidade do fabricante pelos danos imputáveis à sua negligência, por introduzir no mercado produtos confeccionados de tal modo, que chegam às mãos do consumidor sem a possibilidade de controles intermédios. Essa orientação representou o abandono do princípio do *privity of contract*, pois impôs ao fornecedor um dever de diligência *(duty of care)* com o objetivo de tutelar os consumidores, independentemente de relação contratual.[127]

A partir de 1932, o Direito Inglês tem o *duty to take care* como uma cláusula geral de responsabilidade civil, passando a responsabilidade pelos produtos defeituosos, a ser desenvolvida em virtude da ausência da necessária diligência. A responsabilidade pelos produtos defeituosos segue em direção ao *law of torts* (sem a necessidade de questionar a respeito da existência de contrato) e conta com a cláusula geral de diligência.[128]

---

[123] O caso é amplamente divulgado por limitar os efeitos relativos dos contratos e também por ter modificado o regime da responsabilidade por produtos que antes era fundado nas normas da compra e venda e posteriormente passou a ser regido pelo direito de danos. (COLEMAN, 2010, p. 408.)

[124] A esse respeito interessante consultar a versão apresentada por Orlando Gomes ao caso concreto que pode mostrar a dimensão do acontecimento: "quando tomava um sorvete sobre o qual se derramaram algumas gotas de licor, a freguesa viu que dentro da garrafa havia restos de uma lesma em decomposição, sendo tamanho o seu choque que teve distúrbios psicossomáticos". (GOMES, Orlando. Responsabilidade civil do fabricante. *Revista de Direito Civil, Imobiliário, Agrário e Empresarial,*São Paulo, v. 9, n. 32, abr./jun. 1985, p. 13-14).

[125] LEITÃO, op. cit., p. 410.

[126] ROCHA, Sílvio Luís Ferreira da. *Responsabilidade civil do fornecedor pelo fato do produto no direito brasileiro.* São Paulo: Revista dos Tribunais, 1992, p. 33.

[127] SERIO, 1996, p. 474-475.

[128] SILVA, J. C., 1999, p. 458.

Posteriormente, o Direito inglês transpôs a Diretiva 85/374 através da Parte I do *The Consumer Protection Act 1987*, mas determinou que a sua aplicação não seria retroativa.[129]

Assim, a matéria foi regulamentada de forma legislada, passando o Direito inglês a adotar a técnica do Direito escrito através do *Consumer Protection Act* de 1987. O *Consumer Protection Act* representa um paradigma normativo que atravessa os limites da responsabilidade do produtor e fixa uma *"coherent set of rules"*. A experiência inglesa revela um fenômeno de europeização, porque passou a adotar uma solução trazida pela Diretiva 85/374 que estabeleceu a responsabilidade objetiva do produtor.[130]

Além disso, a Diretiva 85/374 também provocou modificações no Direito inglês, pois redefiniu a responsabilidade por produtos (*products liability*). Antes a responsabilidade era disciplinada com base em precedentes e depois passou a se fundar no texto da Diretiva. No Direito inglês, a responsabilidade pelo produto era circunscrita à área dos contratos, dependia de uma relação contratual entre o causador do dano. Posteriormente, começou a se recusar à vítima o efeito relativo dos contratos. Como a responsabilidade contratual dependia da demonstração de uma relação contratual, a impossibilidade de demonstrar essa relação contratual fazia com que fosse necessária a prova de um grau de culpa do fabricante (*manufacturerer*). A partir da Diretiva, a vítima não precisava mais provar a existência ou violação do dever de cuidado (*duty or care*), deveria provar somente que um dano ocorreu, que existia um defeito e que havia o nexo causal entre o defeito e o dano.[131]

Essa tomada de posição do Direito inglês, influenciada pela Diretiva, é importante para demonstrar a objetivação da responsabilidade do fabricante, não sendo relevante ou necessário para a imputação da sua responsabilidade civil questionar a existência ou violação do dever de cuidado.

---

[129] SERIO, op. cit., p. 478. O autor ainda salienta que o *Consumer Protection Act* apresenta modificações estruturais e objetivas à Diretiva, sendo considerado como um meio para assegurar a continuidade das atitudes legislativas anteriores e fortalecer a sua capacidade. O Direito Inglês, embora pertencente a um país da *common law*, revela destinar ao instrumento normativo a disciplina de fenômenos de grande relevo social e terreno fértil de situações problemáticas. (Ibid., p. 479)

[130] Ibid., p. 480.

[131] VELA SÁNCHEZ, Antonio José. *Criterios de aplicación del régimen de responsabilidad civil por productos defectuosos*. Granada: Comares, 2004, p. 4..

2.2. Direito Espanhol

O Direito espanhol havia regulamentado a matéria relativa à proteção dos consumidores antes mesmo da Diretiva 85/974, através da Lei 26/1984, denominada Lei Geral para a Defesa dos Consumidores e Usuários.[132]

Assim, é relevante situar o tratamento da matéria no Direito espanhol antes e depois da Diretiva.

Na interpretação da LGCU havia grande debate a respeito da dúvida gerada sobre a interpretação do seu art. 25. O dispositivo trataria de uma regra geral de responsabilidade objetiva ou estaria limitado a estabelecer um princípio geral, reconhecendo ao consumidor o direito à indenização dos danos, sem estabelecer um sistema pelo qual se impõe a responsabilidade? Díez-Picazo filiava-se a essa última hipótese e afirmava que o art. 25 da LGCU estabelecia o direito à indenização sem fixar o regime jurídico pelo qual se rege a responsabilidade.[133]

Assim, Diéz-Picazo defendia que no Direito espanhol a regra geral de responsabilidade pelos danos causados aos consumidores e usuários por produtos e serviços estaria no art. 26, segundo o qual se consagrava uma responsabilidade por culpa com inversão do ônus da prova. Importante referir que o art. 26 exigia a configuração do nexo de causalidade, no entanto, não exigia o caráter defeituoso do produto (Díez-Picazo entendia que, embora não mencionado de forma expressa, alguns autores consideram incluído no preceito o caráter defeituoso do produto). A inversão do ônus da prova consistia no dever do demandado de mostrar o caráter não defeituoso do produto.[134]

A responsabilidade objetiva aparecia no art. 28 da LGCU, o qual estabelecia que a responsabilidade nascia do descumprimento da *obrigação* de garantia. Esse artigo dispunha que a responsabilidade objetiva se vislumbrava se o consumidor fizesse um uso correto do produto. Em vista disso, o fabricante e o comerciante deveriam advertir e informar o consumidor. Além disso, também é importante observar que o fabricante não era obrigado a advertir o consumidor sobre os riscos ou perigos óbvios.[135]

Depois da Diretiva 85/374, houve a regulação especial da responsabilidade por produtos defeituosos pela Lei 22/1994 (LRPD de

---

[132] DIÉZ-PICAZO, 2011, p. 466.

[133] Ibid., p. 467.

[134] Ibid., p. 468.

[135] GARCÍA CACHAFEIRO, 2006, p. 238.

6 de julho de 1994).[136] A LRPD transpôs para o ordenamento espanhol a Diretiva 85/374, estabelecendo um regime de responsabilidade extra-contratual objetiva pelos danos pessoais causados por produtos defeituosos.[137]

Mesmo com essa legislação específica, é possível notar que na Espanha os litígios contra fabricantes não são tão frequentes se comparado a outros países como os EUA, por exemplo, (o valor das indenizações também não é tão elevado como nos EUA). Enquanto nos EUA as ações indenizatórias são praticamente a única ferramenta que a vítima tem para enfrentar o problema dos produtos defeituosos, na Europa, as vítimas contam com um sistema de seguridade social que garante a reparação dos prejuízos sofridos e evita o recurso aos Tribunais, o que acaba justificando o número reduzido de ações indenizatórias contra fabricantes.[138]

Na LRPD, a responsabilidade do fabricante é objetiva, cabendo à vítima somente provar que o dano decorre de produto defeituoso (art. 1º). Todo e qualquer sujeito pode figurar como legitimado ativo desde que tenha sofrido um dano como consequência do defeito de um produto, sem que haja a necessidade de existir um vínculo contratual com o fabricante (exposição de motivos da LRPD).[139]

O art. 1º da LRDP dispõe que: "Los fabricantes y los importadores serán responsables, conforme a lo dispuesto en esta Ley, de los daños causados por los defectos de los productos que, respectivamente, fabriquen o importen". Assim os fabricantes são responsáveis pelos produtos que fabricam, e os importadores, por aqueles produtos que importarem. A interpretação desse artigo gera controvérsia na doutrina.

Díez-Picazo refere que na Espanha existe grande discussão a respeito do conceito de fabricante, porque o conceito econômico de fabricante nem sempre é suficiente, ainda mais considerando que certos produtos contam com a participação de vários empresários. Para tanto, o art. 4º da Lei LRDP se serve do conceito legal de fabricante e importador.[140]

Assim, fabricante é aquele considerado como o que fabrica produto terminado, um elemento integrado em um produto terminado

---

[136] MALLO, Albert Azagra. *La tragedia del aminato y el derecho español*. Barcelona: Atelier, 2007, p. 122.

[137] GARCÍA CACHAFEIRO, op. cit., p. 250.

[138] Informação disponível no *site*: <http://civil.udg.es/normacivil/estatal/resp/lrp.html>. Acesso em: 19 set. 2012.

[139] DÍEZ-PICAZO, 2011, p. 475.

[140] VELA SÁNCHEZ, 2004, p. 20 *et seq.*

(a regra vale para produtos complexos no qual vai ser considerado responsável o fabricante do elemento integrado quando o dano tenha sido causado por defeito desses elementos integrados), aquele que produz matéria-prima (no que se refere à matéria-prima o raciocínio é o mesmo do elemento integrado) e aquele que se apresenta ao público como fabricante (a responsabilidade se impõe quando não se conhece o fabricante real).[141]

O importador é considerado aquele que traz para a comunidade europeia um produto que é fabricado fora do território europeu. A sua responsabilidade se impõe tendo em vista que ele assume, frente aos adquirentes dos produtos, os eventuais riscos que os produtos possam causar, mas ele pode ajuizar ações de regresso contra o fabricante real.[142]

Essa noção é importante para demonstrar que o importador chama para si a responsabilidade pelo produto defeituoso a partir do momento em que importa o produto e o comercializa.O fato de comercializar o produto, em certa medida, o torna responsável pela garantia de segurança do mesmo.

Malo refere que a ação indenizatória por dano decorrente de produto defeituoso pode ser ajuizada contra o fabricante e os importadores (art. 1º LRDP), e, se eles não puderem ser identificados pelo prejudicado, haveria a possibilidade de mover a ação contra o vendedor ou distribuidor (art. 4º LRPD). Ressalta ainda, que *"em qualquer caso"* os sujeitos são responsáveis solidários, conforme o que determina o art. 7º LRPD.[143]

Essa não é a posição defendida por Cachafeiro ao reconhecer que a responsabilidade dos vendedores importadores é subsidiária em relação ao fabricante, como ocorre no Direito norte-americano, assim a responsabilidade do vendedor e do importador somente se estabelece se o fabricante não puder ser identificado.[144]

Para resolver esse impasse, parece ser mais adequada a noção trazida por Díez-Picazo que esclarece que para a impossibilidade de identificação é usado o conceito de *proveedor* (fornecedor), que é o em-

---

[141] DÍEZ-PICAZO, 2011, p. 476.

[142] MALLO, 2007, p. 123.

[143] GARCÍA CACHAFEIRO, 2006, p. 250.

[144] DÍEZ-PICAZO, op. cit., p. 476. Importante referir o art. 4º, n.3. da LRDP: "Si el fabricante del producto no puede ser identificado, será considerado como fabricante quien hubiere suministrado o facilitado el producto, a menos que, dentro del plazo de tres meses, indique al dañado o perjudicado la identidad del fabricante o quien le hubiera suministrado o facilitado a él dicho producto. La misma regla será de aplicación en el caso de un producto importado, si el producto no indica el nombre del importador, aun cuando se indique el nombre del fabricante."

presário que *suministra* (fornece ou distribui) produtos no mercado. Esse *proveedor* deve ser um empresário que exerce a atividade de distribuição. Existindo assim uma equiparação entre a responsabilidade do fabricante e a responsabilidade do *proveedor* (fornecedor) nos casos em que não é possível identificar o fabricante real.[145]

O art. 4º, n. 3, da LRDP estabelece uma regra de responsabilidade subsidiária do distribuidor final: "Si el fabricante del producto no puede ser identificado, será considerado como fabricante quien hubiere suministrado o facilitado el producto, a menos que, dentro del plazo de tres meses, indique al dañado o perjudicado la identidad del fabricante o quien le hubiera suministrado o facilitado a él dicho producto. *La misma regla será de aplicación en el caso de un producto importado, si el producto no indica el nombre del importador, aun cuando se indique el nombre del fabricante*".[146] (grifou-se)

Essa disposição difere da LGCU na qual a vítima tinha condições de dirigir-se diretamente contra os distribuidores (comerciantes). A disposição do art. 4º, n. 3, da LRPD é mais lógica, porque o distribuidor ou comerciante não é quem gera o risco pelo produto, tendo em vista que normalmente é alheio ao processo de produção e controle de qualidade do produto.[147]

O art. 7º da LRPD[148] trata da responsabilidade solidária, mas não faz menção expressa aos sujeitos responsáveis solidariamente. Diéz-Picazo refere como exemplo a solidariedade que se estabelece entre o fabricante e o importador, entre o fabricante do produto terminado e o fabricante de elementos integrados, sem mencionar a responsabilidade solidária entre o comerciante e o fabricante.[149]

Essa orientação segue o modelo de responsabilidade solidária adotada pelo Código de Defesa do Consumidor brasileiro, no qual a responsabilidade do comerciante pelo fato do produto somente se dá de forma subsidiária, principalmente nos casos em que não se consegue identificar o fabricante.

Ainda é necessário referir que nos casos em que não se têm condições de determinar quem é o causador real do dano, aplicando-se

---

[145] Disponível em: <http://civil.udg.es/normacivil/estatal/resp/lrp.html>. Acesso em: 8 maio 2012.

[146] VELA SÁNCHEZ, 2004, p. 29.

[147] "Las personas responsables del mismo daño por aplicación de la presente Ley lo serán solidariamente."Disponível em: <http://civil.udg.es/normacivil/estatal/resp/lrp.html>. Acesso em: 9 maio 2012.

[148] DÍEZ-PICAZO, 2011, p. 477.

[149] VELA SÁNCHEZ, 2004, p. 32.

estritamente a lei, a vítima ficaria sem reparação. Contudo, se for possível definir o grupo de fornecedores que produz determinado bem, como no caso de medicamentos que são elaborados por diversos laboratórios, a solução mais adequada seria a aplicação do princípio *Market share liability*, no qual bastaria a comprovação de lucro da empresa com a venda do produto para declará-la responsável. O demandante teria condições de exigir a totalidade dos danos à empresa que tivesse mais condições financeiras de reparar a vítima, e aquela poderia posteriormente ajuizar ações regressivas contra os demais fabricantes, repartindo-se o dano proporcionalmente às quotas de mercado.[150]

A incidência da responsabilidade civil restringe-se, no Direito espanhol, à existência de um produto defeituoso (o art. 3º da LRPD define produto defeituoso),[151] mas a legislação espanhola, assim como a Diretiva 85/374, adota uma noção genérica de defeito baseada no § 402 do *Restatement of the Law (Second) Torts (1965)*, que não tem a mesma orientação adotada atualmente pelos Estados Unidos no § 2 do *Restatement of the Law (Third) Torts: Products Liability (1998)* que trata de três classes de defeitos: fabricação, desenho e informação.[152] Cachafeiro afirma que o Direito espanhol e a Diretiva têm aplicado um modelo de responsabilidade estrita mais efetiva do que o que ocorre no país de origem que é os EUA.[153]

Assim, o Direito espanhol não distingue classes de defeitos de produto (art. 3 da LRPD). O critério para definir o produto defeituoso que emprega a LRPD não investiga a conduta do fabricante para determinar se existiam alternativas razoáveis da opção escolhida pelo fabricante. Essa opção da legislação espanhola é considerada positiva pela doutrina, porque o critério de responsabilidade próximo da culpa é mais vantajoso ao empresário, fazendo com que a sua condenação dependa da existência de certo grau de reprovação em sua conduta, o que nem sempre é fácil provar. No sistema espanhol, somente são questionadas as condições de segurança do produto, a partir de circunstâncias como a apresentação do produto, o uso previsível do mesmo e o grau

---

[150] "Artículo 3. Concepto legal de producto defectuoso. 1. Se entenderá por producto defectuoso aquél que no ofrezca la seguridad que cabría legítimamente esperar, teniendo en cuenta todas las circunstancias y, especialmente, su presentación, el uso razonablemente previsible del mismo y el momento de su puesta en circulación. 2. En todo caso, un producto es defectuoso si no ofrece la seguridad normalmente ofrecida por los demás ejemplares de la misma serie. 3. Un producto no podrá ser considerado defectuoso por el solo hecho de que tal producto se ponga posteriormente en circulación de forma más perfeccionada." <http://civil.udg.es/normacivil/estatal/resp/lrp.html>. Acesso em 08 de maio de 2012.

[151] MALLO, 2007, p. 122.

[152] GARCÍA CACHAFEIRO, 2006, p. 252.

[153] Ibid., p. 252

de segurança oferecido pelo produto da mesma série. Assim, pode-se afirmar que na Espanha se aplica um critério objetivo.[154]

A noção de produto defeituoso é composta de dois elementos: 1) que o produto resulte mais perigoso para o adquirente do que um homem razoável poderia esperar dele pelas suas características; e 2) que o dano deve estar fora do razoável. Assim ficam excluídos da responsabilidade civil os danos provocados por produtos que sejam dotados de perigo manifesto (a jurisprudência americana os denomina de *clear danger*).[155]

Importante referir que o art. 5º da LRPD estabelece como pressuposto da responsabilidade civil que a vítima deve provar o defeito do produto, orientação que não aparece no art. 931 do Código Civil brasileiro.

As causas de exclusão da responsabilidade estão no art. 6º da LRPD.[156] Dentre as causas de exclusão, consta o fato de o produto ter sido elaborado conforme as normas imperativas. Isso serve como uma espécie de justificação da ação do fabricante, tendo em vista que o defeito foge ao controle do empresário, já que o produto é elaborado seguindo as normas imperativas determinadas pelos poderes públicos competentes.[157]

Também é importante referir a advertência feita por Diéz-Picazo a respeito do modelo adotado para as causas de exclusão do art. 6º da LRPD, segundo as quais somente se pode responder pelos defeitos controláveis, aqueles previstos ou que deveriam ter sido previstos. Assim, o autor questiona se não se estaria retomando os critérios de responsabilidade pela culpa, já que medir a responsabilidade pelos níveis de

---

[154] DIÉZ-PICAZO, 2011, p. 477.

[155] Artículo 6. Causas de exoneración de la responsabilidad. 1. El fabricante o el importador no serán responsables si prueban: a) Que no habían puesto en circulación el producto. b) Que, dadas las circunstancias del caso, es posible presumir que el defecto no existía en el momento en que se puso en circulación el producto. c) Que el producto no había sido fabricado para la venta o cualquier otra forma de distribución con finalidad económica, ni fabricado, importado, suministrado o distribuido en el marco de una actividad profesional o empresarial. d) Que el defecto se debió a que el producto fue elaborado conforme a normas imperativas existentes. e) Que el estado de los conocimientos científicos y técnicos existentes en el momento de la puesta en circulación no permitía apreciar la existencia de defecto. 2. El fabricante o el importador de una parte integrante de un producto terminado no serán responsables si prueban que el defecto es imputable a la concepción del producto al que ha sido incorporada o a las instrucciones dadas por el fabricante de ese producto. 3. En el caso de medicamentos, alimentos o productos alimentarios destinados al consumo humano, los sujetos responsables, de acuerdo con esta Ley, no podrán invocar la causa de exoneración de la letra e) del apArtado 1 de este Artículo. Informação disponívelno site: <http://civil.udg.es/normacivil/estatal/resp/lrp.html>. Acesso em 10 de maio de 2012.

[156] VELA SÁNCHEZ, 2004, p. 104.

[157] DIÉZ-PICAZO, 2011, p. 483.

conhecimentos científicos ou técnicos estabeleceria um cânone de diligência. Diéz-Picazo refere que a questão do risco do desenvolvimento não pode ser resolvida com critérios somente jurídicos, mas depende de decisões políticas, tendo em vista que o fato de impor a responsabilidade pelo risco do desenvolvimento pode fazer com que isso limite o avanço tecnológico.[158]

O art. 6.3 da LRPD estabelece que a exclusão da responsabilidade pelos danos decorrentes dos riscos do desenvolvimento não se aplica a produtos alimentícios destinados ao consumo humano e aos medicamentos.

Mesmo que na Espanha tenha se admitido a responsabilidade pelos riscos do desenvolvimento no caso de alimentos e medicamentos, a opção feita pelo legislador de excluir a responsabilidade civil derivada dos riscos do desenvolvimento pelos outros produtos é objeto de crítica na doutrina. A LRPD estabeleceu um regime de responsabilidade do produtor pelos produtos que lança no mercado, independentemente do momento em que se apresente o defeito. Por isso, essa exclusão da responsabilidade seria considerada uma desvirtuação do sistema objetivo da responsabilidade civil e também uma violação à expectativa legítima de segurança aos consumidores, consagrada pelo art. 3°, 1°, da LRPD.[159]

Posteriormente, a Lei 22/1994 LRPD foi revogada pelo Decreto Real Legislativo 1/2007, que aprovou o Texto Refundido da Lei Geral para Defesa dos Consumidores e Usuários e outras leis complementares. A finalidade original do texto era colocar em um único texto as normas existentes, entretanto, acabou introduzindo reformas que não estavam aprovadas.

O texto refundido praticamente repete as disposições da LRDP, mas difere dela pelo fato de incluir, de forma expressa em seu texto, a responsabilidade por produtos defeituosos tanto no que se refere aos consumidores como a outros usuários.[160]

O tratamento da matéria dado pelo Direito espanhol, embora não seja idêntico ao tratamento dado pelo art. 931 do Código Civil brasileiro, serve de reflexão e apoio na sua interpretação.

Isso se vislumbra pelo fato de o Texto Refundido aproximar-se da redação do art. 931 do Código Civil brasileiro, que não se dirige somen-

---

[158] VELA SÁNCHEZ, 2004, p. 106.

[159] DÍEZ-PICAZO, 2011, p.486-494.

[160] Como o fez o Texto Refundido que depois de estabelecer a excludente da responsabilidade logo após dispõe sobre a "exceção da exceção".

te à proteção dos consumidores, mas dos usuários também. Essa noção é importante para considerar que o art. 931 do Código Civil brasileiro, apesar de não ter previsto de forma expressa, segue o regime espanhol de direcionar a proteção pelos danos decorrentes do fato do produto a todos os usuários, sejam consumidores ou não.

O art. 931 não disciplina de forma expressa as causas de exclusão da responsabilidade civil, e nada menciona a respeito dos riscos do desenvolvimento. Já o Texto Refundido estabelece as causas de exclusão da responsabilidade e excepciona a responsabilidade civil pelos riscos do desenvolvimento.

A esse respeito é importante considerar que o Texto Refundido inclui a responsabilidade civil pelos riscos do desenvolvimento no que se refere aos danos decorrentes de medicamentos e alimentos, demonstrando a necessidade de responsabilizar os fabricantes por esses danos (em regra, a maioria dos produtos sujeitos aos riscos do desenvolvimento se referem a medicamentos e alimentos). Esse aspecto não pode ser ignorado na interpretação do art. 931, porque mostra a preocupação que o Direito espanhol dirigiu ao tratamento da responsabilidade civil no caso de danos decorrentes dos riscos do desenvolvimento.

O fato de o art. 931 não excluir a responsabilidade pelos riscos do desenvolvimento de forma expressa[161] faz com que se considere viável o seu reconhecimento, já que o legislador não se manifestou a respeito da matéria.

É importante perceber que o Código Civil brasileiro entrou em vigor bem depois dos debates que ocorriam na Europa sobre a matéria, portanto, não se pode supor que a ausência de tratamento da excludente da responsabilidade seria atribuída a um descuido, ou porque o legislador não teria se dado conta desse aspecto. O fato é que o dispositivo está no Código Civil brasileiro e é com a redação que se apresenta hoje na legislação que o intérprete deverá se preocupar.

No Direito espanhol, a vítima tem que provar o defeito do produto. Essa noção de defeito é importante para a imputação da responsabilidade civil naquele país, havendo referência expressa na legislação nesse sentido.

Já no Código Civil brasileiro, a vítima não tem que provar o defeito do produto. Nem mesmo a prova do defeito é considerada como

---

[161] Antes da Diretiva 85/374 faltava no Direito italiano uma normativa especial que disciplinasse a responsabilidade do produtor por danos derivados da circulação dos produtos. A doutrina menciona que houve dificuldade de introduzir a responsabilidade objetiva do produtor no Direito Italiano e, mesmo depois da Diretiva, poucos foram os casos resolvidos com base na Diretiva. (VILLANI, Livia. Il danno da prodotto tra la Directiva CEE n. 374/1985, Il DPR n. 224/1988 e il Codice del Consumo. *Responsabilità Civile e Previdenza*, n. 5, maggio 2007, p. 121-122).

requisito da responsabilidade civil, já que o nexo de imputação da responsabilidade não está no defeito em si, e sim, no dano decorrente do fato do produto posto em circulação. Assim, no regime de responsabilidade civil do Código Civil brasileiro, o fabricante não se exime da responsabilidade civil pela prova de inexistência de defeito do produto.

Contudo, ao mesmo tempo em que o Texto Refundido difere do Código Civil brasileiro, ele serve de apoio para sua interpretação como forma de corroborar a opção brasileira de não condicionar a responsabilidade civil à prova do defeito do produto. Mas é importante frisar que mesmo a noção de defeito, trazida pelo Direito espanhol, não parte da investigação da conduta do fabricante para determinar se existiam alternativas razoáveis da opção escolhida pelo fabricante. O critério de definição do defeito é objetivo: somente são questionadas as condições de segurança do produto a partir de circunstâncias como a apresentação do produto, o uso previsível do mesmo e o grau de segurança oferecido pelo produto da mesma série.

Essa constatação é relevante para o reconhecimento da responsabilidade civil pelos danos decorrentes dos riscos do desenvolvimento também no Direito brasileiro, já que ao fabricante se impõe a responsabilidade, não se questionando se existiriam ou não alternativas razoáveis para a opção escolhida pelo fabricante, o que poderá ser útil na superação da defesa do afastamento da responsabilidade que é comumente utilizada pelo argumento do estado dos conhecimentos da época em que o produto foi inserido no mercado.

Assim, não se questionaria se a opção feita pelo fabricante foi a melhor ou não, ou se cumpriria com o estado dos conhecimentos. Pelo art. 931 do Código Civil brasileiro, a responsabilidade do fabricante passa a ser imposta pelos danos derivados do produto que insere no mercado, mesmo que o defeito somente possa ser verificado posteriormente. Esse raciocínio somente será viável pela constatação que o produto produziu dano porque é defeituoso.

Nesse sentido, pode ser útil para a interpretação do art. 931 do Código Civil brasileiro a noção de defeito pela insegurança do produto, trazida pelo Direito espanhol: o produto é defeituoso quando causa dano; se fosse seguro, não causaria dano.

O fato de o art. 931 não usar a expressão *produto defeituoso* para a incidência da responsabilidade somente reforça essa ideia, e vai além, conduzindo a mais uma conclusão: a diferença entre o Direito espanhol e o brasileiro consiste na possibilidade do fabricante se eximir da responsabilidade pela prova da inexistência do defeito. Essa prova já era considerada difícil no Direito espanhol em virtude da ideia de que o produto somente causa dano porque é defeituoso. No Código Civil brasileiro, tal prova torna-se inviável ou inútil, havendo sobre o fabricante uma imposição maior do dever de indenizar, pois a sua responsabilidade é imposta pelo dano decorrente do produto que coloca em circulação.

2.3. Direito Italiano

A responsabilidade do produtor por danos causados por produtos defeituosos foi disciplinada na Itália pelo Decreto do Presidente da República (DPR) n. 224, de 24 de maio de 1988, que transpôs a Diretiva 85/374,[162] destinada a tratar da aproximação das regras sobre responsabilidade de produtos defeituosos nos Estados-Membros e também pelo Decreto Legislativo 25, de 2 de fevereiro de 2001, que transpôs a Diretiva 99/34 (normativa dos produtos agrícolas).[163]

Posteriormente, o DPR nº 224/88 foi revogado pelo Código de Consumo (Decreto Legislativo n. 206, de 06 de setembro de 2005),[164] que está em vigor atualmente na Itália, e, a exemplo do Código de Defesa do Consumidor brasileiro, traz regras sobre a responsabilidade civil pelo fato e pelo vício do produto.

Nesse aspecto, o Direito italiano é um dos ordenamentos que mais se aproxima do Direito brasileiro e isso justifica o fato de ser o ordenamento sobre o qual se trará um grande número de informações neste livro.

Além disso, mesmo que a legislação do Direito italiano não tenha apresentado soluções satisfatórias para a responsabilidade pelo fato do produto, a doutrina italiana é muito crítica para algumas das opções feitas pelo legislador italiano, e essas críticas irão contribuir significativamente para a construção da interpretação do art. 931 do Código Civil brasileiro, o que novamente justifica o volume da pesquisa sobre o Direito italiano.

A Diretiva 85/374 seguiu a orientação da Constituição italiana de 1947, que prevê no art. 41, 2º, que a iniciativa econômica privada está li-

---

[162] VISINTINI, Giovanna. *Trattato breve della responsabilità civile*. Padova: CEDAM, 2005, p. 842-843.

[163] VILLANI, op. cit., p. 122.

[164] Art. 41 L'iniziativa economica privata è libera. Non può svolgersi in contrasto con l'utilità sociale o in modo da recare danno alla sicurezza, alla libertà, alla dignità umana. La legge determina i programmi e i controlli opportuni perché l'attività economica pubblica e privata possa essere indirizzata e coordinata a fini sociali.

mitada pela salvaguarda da segurança humana.[165] Assim sendo, é possível notar a convergência da Diretiva 85/374 com o Direito italiano.[166]

O DPR nº 224/88 permitiu que o Direito italiano conservasse a função central desenvolvida pelo Código Civil italiano, e o legislador interno manteve a mesma estrutura formal da Diretiva 85/374, sem fazer variações significativas, renunciando o poder derrogatório que ela havia conferido aos Países-Membros.[167]

A responsabilidade prevista pela Diretiva 85/374 prescinde da prova de culpa e, por conseguinte, é uma responsabilidade objetiva, todavia, segundo Galgano, não é uma responsabilidade pelo risco da empresa. Não é uma responsabilidade gravosa sobre o produto somente enquanto produtor, como ocorre com a responsabilidade prevista no art. 2.049 do Código Civil italiano, que prevê a responsabilidade pelo risco da empresa que se impõe ao patrão ou comitente. Ao contrário disso, é uma responsabilidade coligada ao fato de ter colocado em circulação um produto defeituoso.[168]

Essa constatação conduz a uma forçosa comparação com o Direito brasileiro atual, no qual o art. 931 representa uma responsabilidade civil mais gravosa do que o Direito italiano. No art. 931, a responsabilidade se impõe ao empresário pela condição de ser produtor ou fabricante, daquele que coloca em circulação o produto, não necessitando que o produto seja defeituoso para a configuração da responsabilidade.

Antes da Diretiva 85/374, havia no Direito italiano uma variedade de atitudes ou de tomada de posições em relação à responsabilidade pelos produtos defeituosos.

Quando o Direito italiano não contava ainda com leis que regulamentassem a matéria, a doutrina utilizava o art. 2.054 do Código Civil italiano[169] como fundamento legislativo da responsabilidade civil, pelo menos no que se referia ao dano pela circulação de veículos. A respon-

---

[165] GALGANO, Francesco. *Corso di diritto Civile*. Padova: CEDAM, 2008, p. 139.

[166] SERIO, 1996, p. 479.

[167] GALGANO, op. cit., p. 140.

[168] Art. 2054. Circolazione di veicoli Vedere anche Leggi Speciali su Assicurazioni. Il conducente di un veicolo senza guida di rotaie è obbligato a risarcire il danno prodotto a persone o a cose dalla circolazione del veicolo, se non prova di aver fatto tutto il possibile per evitare il danno. Nel caso di scontro tra veicoli si presume, fino a prova contraria, che ciascuno dei conducenti abbia concorso ugualmente a produrre il danno subito dai singoli veicoli. Il proprietario del veicolo, o, in sua vece, l'usufruttuario (978 e seguenti) o l'acquirente con patto di riservato dominio (1523 e seguenti), è responsabile in solido (1292) col conducente, se non prova che la circolazione del veicolo è avvenuta contro la sua volontà. In ogni caso le persone indicate dai commi precedenti sono responsabili dei danni derivati da vizi di costruzione o da difetto di manutenzione del veicolo.

[169] VISINTINI, 2005, p. 842-843.

sabilidade dava-se de forma objetiva, mas não se dirigia ao fabricante do veículo, e sim, às pessoas indicadas no artigo (proprietário e conducente do veículo).[170]

A legislação italiana não tinha previsto de forma expressa a responsabilidade do fornecedor, no entanto, o fato de ter tratado da responsabilidade pelos danos decorrentes de veículos era interpretado pela doutrina como um comprovante de atenção especial do legislador com esse tipo de dano.[171]

A responsabilidade do produtor foi tradicionalmente tratada como um problema de responsabilidade pelos vícios da coisa vendida. Na experiência americana, a responsabilidade do vendedor foi adaptada para o sistema de cadeia de vendas, pelo princípio segundo o qual a garantia corre com o produto, ampliando, dessa forma, a responsabilidade civil até a última relação contratual, instaurada pelo vendedor ou distribuidor com o adquirente final.[172]

Essa orientação foi seguida na França através da chamada *action directe* e também na Itália no que diz respeito à venda de bem imóvel no qual se usa a expressão da jurisprudência americana: *a garantia corre com o bem.*[173]

Assim, até que a falta de regramento próprio sobre a matéria fosse superada, seguiu-se no Direito italiano a mesma orientação de outros ordenamentos estrangeiros para a solução de conflitos resultantes de produtos defeituosos.

Para os bens móveis, a insegurança ou periculosidade do produto era considerada vício da coisa vendida, desse modo, a solução dos casos de responsabilidade pelo fato do produto estava sujeito à disciplina do art. 1.494, § 2º, do Código Civil italiano[174] que tinha por objeto o tratamento da responsabilidade pelo dano por vícios da coisa vendida. O artigo dispõe que a responsabilidade se impõe no caso de conhecimento do vício e também na ignorância culposa dos vícios.[175]

A ignorância culposa é caracterizada pela ignorância do produtor, que deve conhecer os vícios da técnica no ciclo de produção. A disposição estabelece uma sanção a quem contrata, sabendo da existência do vício, ou de quem se encontra em uma relação com a coisa vendida, por

---

[170] VISINTINI, 2005, p. 843.

[171] GALGANO, 2008, p. 146.

[172] Ibid., p. 146.

[173] Ibid., p. 146.

[174] VISINTINI, 2005, p. 844.

[175] Ibid., p. 844.

parecer inadmissível que haja ignorância da situação material na qual ela se encontra.[176]

O vendedor somente afasta a responsabilidade se provar ter ignorado sem culpa os vícios, porque em relação ao vendedor-fabricante, os vícios são produzidos fora de sua esfera de controle. Já a responsabilidade do art. 2.043 do Código Civil italiano requer a prova, por parte da vítima, da culpa do causador do dano. A disparidade de tratamento entre o adquirente e os sucessivos subadquirentes não operou no Direito italiano, porque os juízes adotaram o art. 2.043 para as exigências de proteção do consumidor e presumiram a culpa do produtor.[177]

Para Visintini, a legislação poderia ser interpretada ampliando a esfera da responsabilidade pelos danos por vício do produto para uma responsabilidade aquiliana (a autora quer se referir à responsabilidade extranegocial, e não propriamente à responsabilidade subjetiva) a título de dolo ou culpa grave profissional pelos danos cometidos em virtude da colocação em circulação de produtos defeituosos. A responsabilidade seria extracontratual no art. 1.494, § 2º, com a finalidade de estender a regra da responsabilidade para os danos cometidos pelo contratante direto do produto aos danos cometidos pelos sucessivos subadquirentes, como acontece nos casos de responsabilidade por ruína de edifício prevista no art. 1.669 do Código Civil italiano. No entanto, os juízes não adotaram essa solução na interpretação do art. 1.494 e preferiram usar a noção de presunção de culpa que está no art. 2.043.[178]

A Jurisprudência italiana também apresentava soluções para os casos de responsabilidade pelo fato do produto em período anterior à Diretiva 85/374, e sobre a matéria podiam verificar-se duas vertentes jurisprudenciais.

Para a primeira corrente, a responsabilidade era fundada no art. 2.043, reduzida à culpa do produtor. Para a outra, o consumidor estaria isento de provar a culpa do produtor, já que a mesma seria considerada como culpa *in re ipsa*, tendo em vista a potencialidade de dano do produto. Poderia ter sido imposta uma responsabilidade objetiva aplicando o art. 2.050 que trata da periculosidade intrínseca dos produtos industriais, mas essa opção acabou sendo relegada para alguns casos sobre cilindros de gás, nos quais a periculosidade intrínseca é incontroversa.[179]

---

[176] GALGANO, op. cit., p. 147.

[177] VISINTINI, op. cit., p. 844.

[178] GALGANO, 2008, p. 148.

[179] Ibid., p. 148.

Havia no Direito italiano dois tipos de responsabilidade a cargo do fabricante: se ele fazia a distribuição do produto, a responsabilidade era atribuída pelo art. 2.050 como executor de atividade perigosa; se as operações eram relativas à distribuição feita por terceiros que não assumem a responsabilidade pelo risco, a responsabilidade do fabricante poderia subsistir na hipótese em que o incidente fosse reconhecível por defeitos de construção dos cilindros, mas com base no art. 2.043.[180]

No Direito italiano, ganhou notoriedade a responsabilidade pelo produto defeituoso a partir do Caso Saiwa (sentença 1.270, de 25 de maio de 1964, pela Corte de Cassação).[181] No Caso Saiwa, um casal consumiu biscoitos e ficou doente em virtude de defeito do produto. A responsabilidade civil em virtude do produto defeituoso foi imposta ao fabricante. A Suprema Corte confirmou a decisão dos juízes de mérito que tinham excluído a culpa do distribuidor ou revendedor da caixa de biscoitos, e tinha deduzido, em via de presunção, pelo defeito do produto. O defeito era preexistente à colocação em circulação e, por consequência, a responsabilidade era do produtor.[182]

A solução usada pela Corte de Cassação, no caso Saiwa, considerou que se fosse configurada a responsabilidade do revendedor, haveria uma "absurda responsabilidade objetiva", já que no ordenamento italiano essa responsabilidade somente se estabelece em casos excepcionais e de forma expressa.[183]

A solução utilizada no caso Saiwa, embora encontre identidade no caso *Donoghue v. Stevenson* (caso inglês do Caracol em 1932) por ter usado a responsabilidade aquiliana, não a utilizou com a mesma função. No caso *Donoghue v. Stevenson*, a responsabilidade se deu com base na culpa pela violação do dever geral de diligência, e na Itália a solução se deu em virtude de um rigoroso critério de causalidade, tendo em vista a existência de uma presunção lógica da defeituosa fabricação do produto.

A responsabilidade foi fundada através da interpretação que era dada ao art. 2.043 do Código Civil italiano,[184] no sentido de ampliar a responsabilidade pela presunção da culpa da empresa, que raramente

---

[180] SERIO, 1996, p. 475.

[181] VISINTINI, op. cit., p. 845.

[182] SERIO, op. cit., p. 475.

[183] Art. 2.043 Risarcimento per fatto illecito. Qualunque fatto doloso o colposo, che cagiona ad altri un danno ingiusto, obbliga colui che ha commesso il fatto a risarcire il danno (Cod. Pen. 185).

[184] VISINTINI, 2005, p. 845.

poderia escapar da responsabilidade provando ter adotado medidas de segurança adequadas ou tecnologias avançadas.[185]

Contudo, as sentenças também passaram a ser inspiradas em critérios de responsabilidade objetiva como os arts. 2.040 e 2.050, principalmente nos danos pelos produtos farmacêuticos defeituosos.[186]

Também se buscava a responsabilidade do produtor através da referência do art. 2.598, nº 3, do Código Civil, que tratava da concorrência desleal.[187] Em vista disso, é possível notar que a defesa do consumidor, vítima dos danos pelo fato do produto, estabelecia-se de forma indireta.

A distribuição de risco entre o fornecedor e a vítima não era feita de forma fácil pela jurisprudência e acabava dependendo de disposição legislativa, como se via no nº 6 do DPR 224/1988,[188] que previa que os riscos pelo desenvolvimento tecnológico e científico deveriam ficar a cargo da vítima, e não a cargo do fabricante.[189]

Desse modo, desde o DPR, ficou consagrada no Direito italiano a exclusão da responsabilidade pelos riscos do desenvolvimento.

Visintini defende que o DPR tinha criado um regime específico de responsabilidade extracontratual objetiva, no qual a exclusão da responsabilidade não estaria submetida à imposição da prova liberatória do art. 2.050 do Código Civil italiano, que dispõe sobre a necessidade de provar que foram adotadas as medidas para evitar o dano. Isso porque, essa modalidade de responsabilidade estaria vinculada ao acolhimento dos riscos do desenvolvimento a cargo da vítima.[190]

Para o produtor livrar-se da responsabilidade pelo risco do desenvolvimento, devia simplesmente demonstrar que o defeito do produto

---

[185] VISINTINI, 2005, p. 845.

[186] Art. 2.598 Atti di concorrenza sleale Ferme le disposizioni che concernono la tutela dei segni distintivi (2563 e seguenti) e dei diritti di brevetto (2584 e seguenti), compie atti di concorrenza sleale chiunque: 1) usa nomi o segni distintivi idonei a produrre confusione con i nomi o con i segni distintivi legittimamente usati da altri, o imita servilmente i prodotti di un concorrente, o compie con qualsiasi altro mezzo atti idonei a creare confusione con i prodotti e con l'attività di un concorrente; 2) diffonde notizie e apprezzamenti sui prodotti e sull'attività di un concorrente, idonei a determinare il discredito, o si appropria di pregi dei prodotti o dell'impresa di un concorrente; 3) si vale direttamente o indirettamente di ogni altro mezzo non conforme ai principi della correttezza professionale e idoneo a danneggiare l'altrui azienda.

[187] 6. Esclusione della responsabilità. 1. La responsabilità è esclusa: e) se lo stato delle conoscenze scientifiche e tecniche, al momento in cui il produttore ha messo in circolazione il prodotto, non permetteva ancora di considerare il prodotto come difettoso; (Disponível em: <http://guide.supereva.it/diritto/interventi/2002/02/91679.shtml>. Acesso em: 27 mar. 2012)

[188] VISINTINI, op. cit., p. 845.

[189] Ibid., p. 849.

[190] Ibid., p. 851.

não era verificável no momento em que o produto foi colocado no mercado, considerando-se a pesquisa científica e técnica.[191]

Essa, no entanto, não é uma orientação unânime. Mario Serio refere que a responsabilidade pelos riscos do desenvolvimento poderia ser resolvida pelo critério da atividade perigosa nos termos do art. 2.050 do Código Civil italiano.[192]

Assim como o DPR, o Código de Consumo Italiano também tratou de prever a exoneração da responsabilidade do produtor pelos riscos do desenvolvimento, o que se vislumbra no art. 118.[193]

O Código de Consumo estabeleceu a responsabilidade do produtor e consequente ressarcimento dos danos condicionados à prova produzida pela vítima do defeito do produto, do dano e da conexão causal entre o defeito e o dano. De outro lado, o produtor (fornecedor) poderia se eximir da responsabilidade demonstrando fatos excludentes previstos no art. 188. Através dessa disposição, o Código de Consumo passou a definir a repartição do ônus probatório entre a vítima e o produtor.[194]

O argumento utilizado no Direito italiano, em favor da determinação legislativa de exclusão da responsabilidade pelos riscos do desenvolvimento, consiste na defesa de que esses riscos não seriam considerados calculáveis, logo, não seriam conciliáveis com a responsabilidade civil, já que a responsabilidade objetiva somente incidiria diante de riscos calculáveis e determináveis.[195] Os riscos do desenvolvimento não seriam considerados calculáveis e, portanto, seriam imprevisíveis.[196]

Esse argumento é considerado por Castronovo como inaceitável. Para o autor, quanto menos calculável é o risco, mais está sujeita a responsabilidade civil daquele que cria a atividade. Antes de propiciar a exoneração da responsabilidade, um risco incalculável impõe a escolha entre a responsabilidade ou a abstenção da atividade imponderável.[197]

---

[191] SERIO, 1996, p. 481.

[192] Art. 118. Esclusione della responsabilita 1. La responsabilita' e' esclusa: e) se lo stato delle conoscenze scientifiche e tecniche, al momento in cui il produttore ha messo in circolazione il prodotto, non permetteva ancora di considerare il prodotto come difettoso;(Disponível em: <http://www.codicedelconsumo.it/index.php?option=com_content&view=Article&id=53&Itemid=57>. Acesso em: 28 set. 2012.)

[193] DI DONNA, Luca. Difeto di inrormazioni e vizzio de fabricazione quali cause di responsabilità del produtore. *La Nuova Giurisprudenza Civile Commentata*, v. 24,n. 7-8, jul./ago. 2008, p. 267.

[194] A ideia é de G. Ponzanelli, e foi citada por NICOLINI, Giovanni. *Danni da prodotti agroalimentari difettosi – responsabilità del produttore,teoria e pratica del diritto*. Milano: Giuffrè, 2006, p. 213.

[195] Ibid., p. 214.

[196] CASTRONOVO, 2006, p. 702.

[197] Ibid., p. 703.

Em vista disso, embora o legislador italiano tenha optado pela exclusão da responsabilidade nos casos de danos decorrentes dos riscos do desenvolvimento, a doutrina italiana já demonstra a preocupação com a matéria, e defende a necessidade de o produtor suportar os danos nesses casos.

Castronovo refere que o sujeito mais idôneo para suportar o custo do dano é o produtor, porque sendo o risco calculável ou não, o produto é introduzido por opção daquele que o cria. Ele salienta ainda que o fato de o consumidor utilizar o produto não poderia ser interpretado como se pretendesse assumir o risco do dano. O autor exemplifica a situação daquele que usa um medicamento que não foi suficientemente experimentado e que constitui a única possibilidade de salvação para quem o assume.[198]

No entanto, essa posição não é unânime, pois parte da doutrina defende a exoneração da responsabilidade pelos riscos do desenvolvimento, mas não com fundamento na incalculabilidade do risco. Nesse sentido, pode ser citada a posição de Nicolini, que defende a exclusão da responsabilidade sob o argumento da segurança do produto no momento de sua colocação no mercado, já que o risco não está previsto e nem seria previsível, não sendo determinável o defeito pelo estado dos conhecimentos e das técnicas do momento.[199]

Assim, o critério utilizado para excluir a responsabilidade do produtor pelos riscos do desenvolvimento, passaria pela verificação da elaboração do produto atendendo aos conhecimentos científicos e às técnicas conhecidas no momento em que foi colocado em circulação.[200]

A exclusão da responsabilidade do produtor pelos riscos do desenvolvimento foi a opção feita pelo Código de Consumo no art. 118 e. A prova liberatória da responsabilidade do produtor passou a ser determinada pelo estado da consciência científica e técnica no momento da circulação do produto no mercado. A exclusão da responsabilidade do produtor ocorreria nos casos em que o estado da consciência científica e técnica não permitisse descobrir a existência do defeito. Essa orientação segue o art. 15 da Diretiva que permitiu a cada Estado-Membro dispor sobre a responsabilidade pelos riscos do desenvolvimento.[201]

---

[198] NICOLINI, op. cit., p. 214.

[199] Ibid., p. 215.

[200] GALGANO, 2008, p. 152.

[201] Fornecedor aqui não entendido nos termos do ordenamento jurídico brasileiro, que é considerado de forma genérica, abrangendo tanto o fabricante como o comerciante, mas entendido como vendedor ou distribuidor do produto.

A matéria em torno dos riscos do desenvolvimento não é a única capaz de gerar debates na doutrina italiana. A viabilidade de reconhecer a responsabilidade objetiva do comerciante também é objeto de discussão.

A esse respeito, Visintini defende que o Direito Comunitário caminha na direção de sustentar a responsabilidade objetiva do produtor e para a extensão do mesmo regime ao fornecedor do produto defeituoso,[202] ou seja, das pessoas que operam na cadeia de distribuição dos produtos.

A autora adverte que o Conselho da União Europeia encontrou em uma Resolução a oportunidade de modificara as Diretivas 85/374 e 1999/34 para estabelecer normas sobre a responsabilidade dos fornecedores, sob as mesmas bases do sistema de responsabilidade dos produtores.[203]

A Resolução a que se refere a autora é a "Resolução do Conselho de 19 de dezembro de 2002 sobre a modificação da Diretiva relativa à responsabilidade por dano por produtos defeituosos" (2003/C 26/02).[204]

A conclusão no sentido de estender a viabilidade de responsabilizar fornecedor (equivalente ao comerciante no Direito brasileiro) ocorreu depois do exame de uma sentença proferida em 25.04.2002 pela Corte de Justiça da Comunidade Europeia (Causa C-52/00, que refere também as Causas C-154/00 e C-183/00).

Essa sentença estabeleceu que contrariaria as normas da Diretiva 85/374 o Estado-Membro que previsse norma nacional admitindo a responsabilidade objetiva do fornecedor nos mesmos moldes que a responsabilidade imputada aos produtores sob pena de violar o objetivo da Diretiva de alcançar a harmonização das disposições legislativas dos Estados. Em vista desse fato, os Estados-Membros não poderiam mais prever normas sobre a responsabilidade dos fornecedores, que são as pessoas que operam na cadeia de distribuição, sob as mesmas bases do sistema de responsabilidade dos produtores.

---

[202] VISINTINI, 2005, p. 850.

[203] Disponível em: <http://eur-lex.europa.eu/LexUriServ/LexUriServ.do?uri=OJ:C:2003:026:0002:0003:IT:PDF>. Acesso em: 24 set. 2012. Merece destaque o trecho que trata da possibilidade de alteração das Diretivas "IL CONSIGLIO RILEVA che, tenuto conto di quanto precede, occorre valutare se la direttiva 85/374/CEE quale modificata dalla direttiva 1999/34/CE debba essere modificata in modo tale da consentire che a livello nazionale siano stabilite norme sulla responsabilità dei fornitori fondate sulle stesse basi del sistema di responsabilità dei produttori previsto dalla direttiva".

[204] CASTRONOVO, 2006, p. 660, nota 3.

Castronovo esclarece que a decisão se relacionava à França, ordenamento no qual a lei de atuação da Diretiva entendeu positivar um direito judicial que resultava disforme com a própria Diretiva, isso porque o art. 13 previa a possibilidade de utilização de normas alternativas em favor do consumidor, desde que fossem preexistentes à Diretiva, e não posteriores.[205]

Todavia, a Resolução adverte que a Diretiva 85/374 não contém disposições sobre a responsabilidade do fornecedor (comerciante), que no art. 3º, 3, da Diretiva somente responderia de maneira subsidiária. A Resolução considera que a possibilidade de prever normas sobre a responsabilidade objetiva aos fornecedores poderia trazer pontos positivos para os consumidores, que teriam condições de intentar ações indenizatórias contra o produtor, os fornecedores sucessivos, incluindo o vendedor do produto, ou todos os intermediários, e isso poderia melhorar a possibilidade de o consumidor obter um efetivo ressarcimento.

Por fim, o Conselho adverte que um dos objetivos gerais da Comunidade é promover os interesses dos consumidores e assegurar um nível elevado de proteção dos consumidores.

Embora essa possa parecer a solução "ideal" sob o ponto de vista dos interesses do consumidor, pode *não ser uma solução viável* sob o ponto de vista do desenvolvimento da atividade econômica do comerciante (fornecedor) e também da fixação de sua responsabilidade civil, já que o comerciante não tem condições de controlar a qualidade dos produtos. A responsabilidade daquele que está na cadeia de circulação das mercadorias pode ser estabelecida de maneira subjetiva (como adverte Calvão),[206] mas jamais de forma objetiva.

Essa também foi a posição adotada pelo Tribunal de Roma, em decisão proferida em 20 de abril de 2002, ao dispor que não incorre na presunção de responsabilidade do art. 1º, § 4º, do DPR nº 224, quem não for produtor (fabricante) de medicamento, mas simples distribuidor do mesmo.[207]

---

[205] O autor refere que o produtor responde em termos objetivos, e o distribuidor (comerciante), em termos subjetivos, e que se várias pessoas forem responsáveis pelos danos poderá se cogitar de responsabilidade solidária nesta única hipótese: o produtor responde sem culta, e o intermediário e o vendedor final somente responderão por atuação culposa conforme já decidido pelo STJ de Portugal Proc. N. 07B4302, e o Acórdão da Relação do Porto Proc. n. 0650794). (SILVA, João Calvão. *Compra e venda de coisas defeituosas:*conformidade e segurança.Coimbra: Almedina, 2008,p. 129).

[206] ALPA, Guido. La responsabilià oggettiva. *Contratto e impresa*, n. 3, sett./dic. 2005, p. 979.

[207] art. 120. Prova 1. Il danneggiato deve provare il difetto, il danno, e la connessione causale tra difetto e danno.

Essas ponderações conduzem à conclusão segundo a qual, ao interpretar o art. 931 do Código Civil brasileiro, o comerciante não é responsável objetivo solidário com o fabricante. A sua responsabilidade solidária somente pode ser cogitada em virtude de seu comportamento culposo, por exemplo, quando ele mantém em circulação produto que sabe ou deveria saber ser defeituoso, essa matéria é uma das proposições interpretativas centrais deste livro, como será desenvolvido no Capítulo V.

Outro aspecto a ser destacado na análise do Direito italiano é a característica segundo a qual o art. 120 do Código de Consumo italiano[208] segue a mesma orientação da Diretiva 85/374 e estabelece que cabe à vítima provar o dano, o defeito[209] e o nexo causal entre o defeito e o dano.[210]

Embora essa seja a orientação legislativa, o Direito italiano experimentou grande evolução jurisprudencial a respeito do questionamento da correta distribuição do ônus da prova da existência do defeito.

A jurisprudência começou a adotar uma postura na qual a prova do defeito do produto passou a coincidir com a prova do evento danoso e também passou a se considerar que a prova do nexo causal entre o defeito e o dano seria fixada mediante o método das presunções do art. 2727 do Código Civil Italiano. A existência do defeito do produto passou a ser obtida pelas concretas circunstâncias nas quais se verificou o evento danoso, considerando-se o defeito como *in re ipsa*.[211]

Nesse sentido, interessante referir importante decisão proferida pelo Tribunal de Caltanisseta, em 14 de outubro de 2008, que reconheceu a responsabilidade do fabricante pelo incêndio de um automóvel Renault Laguna, com a consequente morte de seu condutor. A responsabilidade do produtor foi reconhecida pela simples prova do nexo causal entre os efeitos do defeito do veículo (incêndio do automóvel) e na ofensa à integridade física da vítima. No caso, foi reconhecida a relativização da regra da imposição do ônus da prova a cargo da vítima, em virtude da presunção de defeito do produto.[212]

---

[208] GALGANO, 2008, p. 149-150.

[209] Ibid., p. 140

[210] SANTUCCI, Gian Matteo. La responsablità per danno da prodotto difettoso nella recente esperienza italiana. *Responsabilità Civile e Previdenza,* n. 5, maggio 2010, p. 86.

[211] PERA, Alessandra. Il rogo di una Laguna: la responsabilità da prodotto difettoso della Reanaut S.A. *Danno e Responsabilità,* v. 4, n. 3, 2009, p. 320.

[212] A doutrina italiana refere o famoso caso *montain bike* no qual uma bicicleta era confeccionada com metal frágil (considerado pela perícia técnica como "dolcissimo") e, por conta disso, a bicicleta quebrava com o uso, provocando a queda do ciclista. O Tribunal de Monza, em decisão proferida em 20 de julho de 1993, condenou o produtor a indenizar os danos tendo em vista que

No Direito brasileiro, a responsabilidade imposta pelo art. 931 do Código Civil brasileiro ocorre em virtude do fato do produto posto em circulação, sem fazer referência à existência ou não de defeito do produto.

Os danos por produtos ocorrem no Direito italiano por: a) insegurança implícita na idealização ou concepção do produto, o defeito ocorre na fase de projeto do produto (caso *montain bike*);[213] b) insegurança no processo de fabricação – somente atinge alguns dos exemplares do produto (caso da garrafa de água mineral que explode);[214] c) insegurança por parte do usuário.[215]

Somente em relação às duas primeiras situações se pode cogitar da responsabilidade civil do produtor pelos produtos defeituosos. No último caso, trata-se de falta de cautela do usuário, o que conduz à exclusão da responsabilidade do fornecedor. No entanto, é importante questionar: o dano decorre da falta de informação do fornecedor ou a falta é do usuário que não toma as cautelas devidas?

Para ilustrar a diferença de tratamento nos casos de falta de informação ou de violação dos cuidados por parte da vítima, Galgano refere dois exemplos interessantes. O primeiro trata de um caso em que foi reconhecida a responsabilidade do fornecedor pelos danos decorrentes de inadequada montagem de um beliche pelo usuário. O reconhecimento da responsabilidade civil do produtor baseou-se no argumento segundo o qual a montagem do produto exigia diligência especial, não tendo o produtor fornecido informações precisas sobre os cuidados na montagem.[216]

Diferente é o tratamento que deve ser dado àquele que usa uma chave de fenda como abridor de garrafas e fere as mãos. Nesse caso, o agente não terá o que reclamar contra o fabricante de chave de fenda. Assim, o uso impróprio, desajeitado ou imoderado por parte do usuário interrompe a relação de causalidade entre o fato do produto e o

---

a bicicleta que era projetada para suportar terrenos acidentados e que gerava expectativas de particular robusteza pela publicidade veiculada não poderia ser utilizada fora da estrada. (GALGANO, 2008, p. 148).

[213] "TRIBUNALE DI ROMA; sentenza, 17-03-1998.Il produttore di una bottiglia d'acqua minerale, scoppiata nella mano di un consumatore che l'aveva presa da un bancone *self-service*, è responsabile dei danni da quest'ultimo riportati. Data al natura obbiettiva della responsabilità prevista dal d.p.r. 224/88, il produttore che sia ritenuto responsabile ai sensi di tale normativa non può essere condannato al risarcimento del danno morali." A decisão pode ser consultada na íntegra no *site* <http://www.azionicollettive.info/avvocatideiconsumatori.it/dettagliodecisioni.asp?id=22>. Acesso em: 03 out. 2012.

[214] GALGANO, 2008, p. 148.

[215] Ibid., p. 149.

[216] Ibid., p. 150.

evento danoso. Isso está previsto pelo Código de Consumo no art. 117, b, que considera como excludente da responsabilidade o uso do produto fora do qual pode ser racionalmente destinado.

Galgano critica a decisão proferida a respeito da exclusão da responsabilidade do fabricante por conta do uso inadequado de uma pistola de brinquedo. Na caixa da pistola havia a advertência segundo a qual, no ato de atirar, a pistola deveria sempre ser usada com o braço estendido para evitar qualquer lesão no olho, e a criança não cumpriu com a advertência, posicionou a pistola próxima à vista e sofreu uma lesão no olho. Embora o produto fosse acompanhado de advertências quanto ao seu uso, como o mesmo era destinado a crianças, é muito provável que o seu uso pudesse ser inadequado, o que exigiria informações mais incisivas, com poder de alcançar as crianças, destinatárias do produto em questão.[217]

Para fundamentar a sua crítica, Galgano adverte que o art. 117, a, do Código de Consumo dispõe sobre a necessidade de o fornecedor informar a respeito da apresentação do produto, suas características, instruções e advertências sobre o mesmo. Dessa forma, em tese, a responsabilidade do fornecedor estaria excluída, mas também salienta que o art. 5º do Código de Consumo dispõe que em cada caso devem ser tomadas em conta todas as circunstâncias, por isso, as advertências dadas pelo produtor podem não bastar no caso de o destinatário do produto ser criança.

O autor também refere que a advertência deve ser inteligível em relação à condição social e profissional do usuário (como, por exemplo, um produto destinado a agricultores que podem ter dificuldade de interpretação das instruções de utilização do produto). É por esse mesmo motivo que se estabelece na Itália a Lei nº 126, de 10 de abril de 1991, que veda o comércio de qualquer produto que não se reporte em língua italiana sobre a existência de substâncias nocivas, instruções de uso, e eventuais precauções para que a fruição seja segura.[218]

Além de o Código de Consumo disciplinar a respeito da configuração do defeito para a imputação da responsabilidade civil, ele se preocupou em disciplinar o confronto entre várias normas. O art. 127 do Código de Consumo estabelece que não se excluem ou limitam os direitos que forem atribuídos ao lesado por outras leis. O Código de Consumo foi redigido seguindo a orientação do art. 13 da Diretiva 85/374, segundo o qual a Diretiva não impede que outras normas mais benéficas ao consumidor possam ser utilizadas. Essa orientação determina

---

[217] GALGANO, 2008, p. 152.

[218] Ibid., p. 154.

O Regime da Responsabilidade Civil pelo fato dos produtos postos em circulação

que a responsabilidade do produtor, regulada pelo DPR 224/1988, não se substitui à garantia obtida pelo art. 2.043, mas se acumula com ela. Por essa razão, o lesado poderia escolher o fundamento da responsabilidade do produtor, seja pelo Código de Consumo ou pelo Direito comum. Assim, o art. 127 do Código de Consumo teria a função de neutralizar o princípio segundo o qual a lei especial derroga a lei geral.[219]

Essa posição serve de reforço para demonstrar que o art. 931 do Código Civil de 2002 poderá ser usado nas relações de consumo, sempre que for considerada a legislação mais favorável ao consumidor de acordo com o que dispõe o art. 7° do Código de Defesa do Consumidor. Esse fato ganha importância no que se refere à aplicação da responsabilidade civil pelos riscos do desenvolvimento, tendo em vista que parte da doutrina brasileira defende que pelo Código de Defesa do Consumidor a responsabilidade restaria inviabilizada, como será examinado na segunda parte deste livro.

A utilidade de poder fundamentar a ação indenizatória em mais de uma fonte legislativa é demonstrada pela constatação de Galgano segundo a qual o DPR não cobre todos os possíveis danos produzidos. A título exemplificativo, esclarece que não cobre os danos da empresa do usuário, que tem a sua legitimidade ativa excluída pelo art. 123 do Código de Consumo. Nesses casos, o lesado deverá acionar o produtor com base no art. 2.043 do Código Civil, o qual dispõe sobre a responsabilidade extracontratual.[220]

Nesse sentido, pode-se perceber a grande vantagem da cláusula geral do art. 931 do Código Civil brasileiro, pois dispõe sobre uma regra específica da responsabilidade pela circulação de produtos, mas não destinada exclusivamente aos consumidores.

Como já se referiu acima, mesmo que o Direito italiano não seja idêntico ao Direito brasileiro, o seu estudo contribui para a interpretação do art. 931 do Código Civil brasileiro, e essa contribuição se vislumbra principalmente no estudo dos questionamentos levantados pela doutrina ao modelo de responsabilidade adotado pelo legislador italiano, sendo que a jurisprudência adota soluções por vezes não totalmente afinadas com a legislação, mas têm por finalidade proteger de forma mais efetiva o consumidor.

Assim, mesmo tendo sido afastada de forma expressa a responsabilidade pelos riscos do desenvolvimento na legislação italiana (fato

---

[219] GALGANO, 2008, p. 157.
[220] SERIO, 1996, p. 481.

que difere da legislação brasileira), a doutrina italiana tem alertado para a importância da imposição da responsabilidade do fabricante pelos riscos do desenvolvimento. Nesse sentido, é importante reprisar o posicionamento de Carlo Castronovo já referido anteriormente: quanto menos calculável for o risco, mais estará sujeita a responsabilidade de quem cria a atividade, motivo pelo qual o argumento do desconhecimento da potencialidade de defeitos não afasta a responsabilidade.

Ainda na defesa da responsabilidade pelos riscos do desenvolvimento, é importante referir a posição de Mario Serio, que sugere a fundamentação dessa responsabilidade com base no art. 2.050 do Código Civil italiano.[221]

A matéria foi objeto de exame em julgamento proferido pelo Tribunal de Roma que, em 20 de junho de 2002, reconheceu a responsabilidade civil pelos riscos do desenvolvimento através da aplicação do art. 2.050 do Código Civil italiano. Trata-se de ação na qual o uso de um medicamento antiobesidade (isomeride) teria acarretado isquemia à autora da ação.[222]

Isso serve para demonstrar a importância de uma cláusula geral como o art. 2.050, que nesse aspecto, assemelha-se ao art. 931 do Código Civil brasileiro, tendo em vista as potencialidades interpretativas que o dispositivo oferece. Também serve para demonstrar que o Direito italiano legislado tivesse excluído a responsabilidade pelos riscos do desenvolvimento, a doutrina se apercebe da importância de sua imposição e busca por outros caminhos, a fundamentação dessa modalidade de responsabilidade.

Se é possível verificar a responsabilidade pelos riscos do desenvolvimento em países que excluem de forma expressa da legislação essa responsabilidade, com mais razão, é possível cogitar a viabilidade de tal responsabilidade no Direito brasileiro em virtude do art. 931 e sua interpretação.

Além disso, é necessário perceber a importante lição deixada por Galgano para quem o Direito italiano, seguindo a Diretiva 85/374, adotou um modelo de responsabilidade civil do produtor coligada ao fato de ter ele colocado um produto defeituoso em circulação. Segundo o autor, esse modelo de responsabilidade não é uma responsabilidade gravosa como a que ocorre com a responsabilidade pelo risco da empresa que se impõe ao produtor enquanto produtor.

---

[221] VILLANI, 2007, p. 123.

[222] No Código Civil Português, como consagrado no art. 484º, n. 2., a responsabilidade objetiva fica restrita à responsabilidade do comitente, aos casos de responsabilidade pelos danos provocados por animais, veículos e instalações de energia elétrica e gás. (LEITÃO, 2010, p. 381).

Da lição do autor, pode-se concluir que, no art. 931, a responsabilidade é mais gravosa porque não está fundada na necessidade de constatação de produto defeituoso para a sua incidência, estando vinculado à chamada responsabilidade pelo risco da empresa, na qual o empresário ou a empresa responde enquanto tal, por ter colocado em circulação um produto que causa danos a terceiros.

Como se percebe, o Direito italiano auxilia a refletir sobre as muitas possibilidades interpretativas que o art. 931 do Código Civil brasileiro traz, e nesse aspecto, é importante ressaltar a posição já adotada no Direito italiano segundo a qual o consumidor pode usar em sua defesa o Código de Consumo ou qualquer outra norma que lhe for mais benéfica.

Essa orientação pode ser transplantada para a interpretação do art. 931 do Código Civil brasileiro, no que se refere à utilização do dispositivo como fundamento da responsabilidade do fabricante pelos riscos do desenvolvimento, e isso ganha relevância como ferramenta para afastar o argumento de parte da doutrina segundo o qual a responsabilidade pelos riscos do desenvolvimento estaria inviabilizada pelo próprio Código de Defesa do Consumidor.

Por fim, é importante ter cautela com a posição relativa à viabilidade de se ter no art. 931 do Código Civil brasileiro a possibilidade de responsabilidade solidária do comerciante pelos danos decorrentes do fato do produto.

Essa posição deve ser afastada, e o julgamento do caso Saiwa serve de suporte para esse posicionamento, como se vê da lucidez do argumento utilizado na decisão sobre o caso em tela, segundo o qual a responsabilidade pelo fato do produto estaria dirigida somente ao fabricante, porque, se fosse dirigida ao comerciante de forma solidária, haveria um agravamento absurdo de sua responsabilidade.

2.4. Direito Português

O sistema de responsabilidade civil português não possui cláusulas gerais de responsabilidade civil objetiva. Em Portugal, a responsabilidade objetiva somente ocorre em situações previstas expressamente na legislação.[223] Já no sistema brasileiro, há adoção de uma cláusula geral da responsabilidade objetiva para os danos decorrentes da circulação de produtos que está disciplinada no art. 931 do Código Civil brasileiro.

---

[223] LEITÃO, 2010, p. 381.

O modelo português é criticado por Menezes Leitão por entender que a opção da taxatividade expressa no art. 483, n. 2, do Código Civil português funciona como um "travão ao desenvolvimento jurisprudencial" da responsabilidade objetiva.[224]

A responsabilidade civil por produtos defeituosos segue a orientação da Diretiva 85/374/CEE, que foi transposta pelo Decreto-Lei nº 383/89, da Diretiva 1999/34/CEE, transposta pelo Decreto-Lei nº 131/2001.[225]

O Direito português também recebe as influências do regime das garantias na venda de bens de consumo com a transposição da Diretiva 1999/44, que ocorreu através do Decreto-Lei nº 67/203 (na defesa dos interesses dos consumidores, a lei de transposição portuguesa foi mais ampla que a própria Diretiva, por exemplo, tratou no art. 6º de disposição expressa no sentido de manter a responsabilidade direta do produtor em relação ao consumidor mesmo que essa não fosse a disposição expressa da Diretiva).[226]

A partir da Diretiva 1999/44 teve início em Portugal o debate sobre a criação de um Código do Consumidor. O Anteprojeto do Código do Consumidor foi elaborado seguindo duas preocupações: a primeira de conformidade com as obrigações resultantes da Diretiva 1999/94 e a segunda de que o novo regime não reduzisse o nível de proteção dos compradores-consumidores.[227]

No regime de compra e venda de coisas defeituosas, há uma distinção clara entre a responsabilidade do fabricante e a do comerciante, a exemplo do que se verifica no sistema do Código de Defesa do Consumidor. O comerciante somente responderá de forma subsidiária, e pela via subjetiva. Contudo, no sistema português, a responsabilidade do comerciante se dá de forma subjetiva pela culpa provada ou presumida (art. 483, n. 2, do Código Civil português).[228]

---

[224] CORDEIRO, António Menezes. *Tratado de direito civil português: Direito das Obrigações*. Coimbra: Almedina, 2010, v.2, t.3, p. 690.

[225] MONTEIRO, António Pinto. Garanties dans la vente de biens de consommation – la transposition de la Directive 1999/44/CE dans le Droit Portugais. *Boletim da Faculdade de Direito*,n. 79, 2003, p. 59.

[226] PINTO, Paulo Mota. O Anteprojecto de Código do consumidor e a venda de bens de consumo. *Estudos de Direito do Consumidor*,n. 7, 2005, p. 269.

[227] SILVA, J.C., 2008, p. 129.

[228] ARTIGO 799º (Presunção de culpa e apreciação desta) 1. Incumbe ao devedor provar que a falta de cumprimento ou o cumprimento defeituoso da obrigação não procede de culpa sua. 2. A culpa é apreciada nos termos aplicáveis à responsabilidade civil. Disponível em <http://www.siapolicia.pt/downloads/pdf/codigo_civil.pdf>. Acesso em 21 de abril de 2012.

A doutrina portuguesa sustenta que a responsabilidade do comerciante ou vendedor será subjetiva com culpa presumida porque: 1) o Código Civil português estabelece a responsabilidade subjetiva como regra geral (arts. 483, n. 1, e 798), somente havendo a responsabilidade objetiva nos casos especificados em lei (art. 483, n. 2); 2), o art. 12, n. 2, da Lei 24/96 (Lei de Defesa do Consumidor) responsabiliza o produtor, independentemente de culpa, pelos danos causados pelos defeitos de produtos que vier a colocar no mercado (para a Lei portuguesa, quem coloca o produto no mercado é o produtor, correspondente no Direito brasileiro ao fabricante) e 3) a incidência da responsabilidade do comerciante pelos danos ao consumidor somente se impõe se o comerciante não provar que o cumprimento imperfeito da obrigação não provém de culpa sua, de acordo com o regime da responsabilidade contratual estabelecido no art. 799 do Código Civil português,[229] que estabelece a responsabilidade subjetiva com culpa presumida, nos casos de responsabilidade negocial.[230]

A legislação somente impõe o dever de indenizar de forma objetiva ao produtor (correspondente ao fabricante no Direito brasileiro) de acordo com o que determina a Lei nº 24/96 (Lei de Defesa dos Consumidores) no art. 12, nº 1.[231]

Assim, a responsabilidade civil pelo fato do produto, em relação ao comerciante, será sempre subjetiva e, em relação ao produtor ou fabricante, será objetiva.

Essa orientação se repete no que diz respeito à responsabilidade civil por danos causados por medicamentos defeituosos. A responsabilidade é do produtor do medicamento, e de forma subsidiária, poderá ser imposta ao farmacêutico de oficina pela venda de medicamento defeituoso quando: 1) for considerado produtor presumido ou aparente; 2) o produtor do medicamento não estiver identificado (essa responsabilidade serve para impor aos vendedores o ônus de identificar os seus próprios fornecedores).[232]

No entanto, a legislação portuguesa não é clara quanto à fixação da solidariedade na responsabilidade civil.

O art. 8º, n. 5, da Lei nº 24/96 (Lei de Defesa do Consumidor), que trata do direito à informação, dispõe que: "O fornecedor de bens ou

---

[229] SILVA, J. C. Op. cit., p. 132-133.

[230] MONTEIRO, António Pinto. Sobre o direito do consumidor em Portugal e o anteprojeto do Código do Consumidor. *Estudos de Direito do Consumidor*, n. 7, 2005, p. 251.

[231] SILVEIRA, 2010, p. 294.

[232] Disponível em: <http://www.cm-abrantes.pt/NR/rdonlyres/D358AA97-AA7C-4203-A9EB-BDD104478D7C/20128/Documento2.pdf>. Acesso em: 20 abr. 2012.

prestador de serviços que viole o dever de informar responde pelos danos que causar ao consumidor, sendo solidariamente responsáveis os demais intervenientes na cadeia da produção à distribuição que hajam igualmente violado o dever de informação".[233]

Há uma possibilidade de responsabilidade solidária reconhecida no Direito português no que se refere aos vícios extrínsecos de informação de acordo com o art. 8°, n. 2 e 5, da Lei 24/96 (Lei de Defesa dos Consumidores), que dispõe sobre a responsabilidade solidária do vendedor final e dos demais intervenientes na cadeia comercial (da produção à distribuição) que tenham violado o dever de informação.[234]

O art. 6° do Decreto-Lei n° 383/89 (responsável pela transposição da Diretiva 85/374) dispõe que: "1 – Se várias pessoas forem responsáveis pelos danos, é solidária a sua responsabilidade. 2 – Nas relações internas, deve atender-se às circunstâncias, em especial ao risco criado por cada responsável, à gravidade da culpa com que eventualmente tenha agido e à sua contribuição para o dano".[235]

A redação das duas legislações, seja da transposição da Diretiva Europeia ou da Lei de Defesa do Consumidor, dá a entender que a responsabilidade por aqueles que provocarem danos é solidária. O texto das legislações não é claro porque deixa subentender que no âmbito dos danos causados aos consumidores haveria a responsabilidade solidária entre fabricante (produtor) e comerciante (vendedor).

Essa também é a posição da doutrina portuguesa ao defender que "se várias pessoas forem responsáveis pelos danos – o produtor, mesmo sem culpa, algum intermediário e o vendedor final, por actuação culposa –, é solidária a sua responsabilidade (art. 8°, n° 5, da Lei n° 24/96 e art. 6° do Decreto-Lei n° 383/89 – cfr. o acórdão do STJ, de 24/01/2008 – Proc. n° 07B4302; o acórdão da Relação do Porto, de 27/03/2006 – Proc. n° 0650794)".[236]

Entretanto, esse raciocínio parece não ser adequado à realidade do sistema de responsabilidade civil português, que não tem por característica agravar em demasia a responsabilidade civil do fornecedor.

O sistema português percorreu um longo caminho até alcançar a responsabilidade do fabricante pelo defeito do produto. Originalmente, essa responsabilidade era destinada somente ao vendedor, tendo

---

[233] Disponível em: <http://www.cm-abrantes.pt/NR/rdonlyres/D358AA97-AA7C-4203-A9EB-BDD104478D7C/20128/Documento2.pdf>. Acesso em: 20 abr. 2012.

[234] Disponível em: <http://www.dre.pt>. Acesso em: 20 abr. 2012.

[235] SILVA, J. C., 2008, p. 129.

[236] PINTO MONTEIRO, p. 249.

em vista a relação direta estabelecida com o comprador pela incidência do princípio da relatividade dos efeitos do contrato.[237]

O fato de considerar a responsabilidade solidária entre fabricante e comerciante faz com que haja um agravamento de suas responsabilidades, porquanto o comerciante passa a ser responsável solidário com o fabricante, se agir com culpa. Já o fabricante será responsável solidário com o comerciante, se houver dano e este tiver agido com culpa.

A esse respeito, parte da doutrina portuguesa, em especial João Calvão, que trata do tema com maior profundidade,[238] adverte para a inviabilidade da responsabilidade direta ou solidária do comerciante, tendo em vista que o comerciante não tem influência na produção e nas características dos produtos, "sem *know-how* e possibilidade técnica de controlar e melhorar a sua qualidade ou segurança, enfim se não causa nem pode prevenir o defeito, não se descortina razão válida para estender ao distribuidor, cuja actividade não interfere nas características ou atributos do produto, a aplicação da responsabilidade objectiva, antes se justificando a apreciação de sua não podendo, portanto, prevenir o defeito".[239]

No Direito português existia debate a respeito da responsabilização direta do produtor (fabricante) pelo defeito do produto. Havia a consagração do princípio da relatividade dos efeitos dos contratos, influenciando a orientação segundo a qual o consumidor deveria direcionar a sua ação contra o vendedor, pois a ação direta não estava prevista, e também não era reconhecida pela jurisprudência.

A responsabilidade direta e objetiva do produtor perante o consumidor pelos produtos defeituosos passou a ser consagrada pelo Decreto-Lei nº 383/89.[240] Essa orientação é considerada justificável, porque o fabricante é quem pode exercer "o melhor (ou único) *controlo sobre a qualidade* (podendo segurar-se contra os correspondentes riscos...)". É também o produtor que faz a publicidade exaltando a qualidade do bem e, por isso, deve responder de maneira direta. Essa responsabili-

---

[237] Embora João Calvão seja o principal doutrinador português a tratar do tema, também enfrentam a matéria Diana Montenegro da Silveira, Menezes Cordeiro, Paulo Mota Pinto, Pinto Monteiro, Mario Frota e Menezes Leitão, conforme textos indicados nas referências bibliográficas ao final.

[238] SILVA, J. C., 2008, p. 187.

[239] MONTEIRO, António Pinto; PINTO, Paulo Mota. La protection de l'acheteur de choses défectueses en Droit portuais. *Boletim da Faculdade de Direito*, n. 69, 1993, p. 260.

[240] PINTO, Paulo Mota. Anteprojecto de disciplina a de transposição da Directiva 1999/44/CE para o Direito português exposição de motivos e articulado. *Estudos de Direito do Consumidor*, n. 3, 2001, p. 236.

dade teria efeitos positivos na qualidade dos bens e também tornaria mais fácil ao consumidor obter a reparação.[241]

O art. 6° do Decreto-Lei n° 67/2003, que transpôs a Diretiva 1999/44/CE relativa a certos aspectos da compra e venda de bens de consumo e das garantias a ela relativas, também disciplinou a possibilidade de ação direta do consumidor contra o produtor, embora essa ação seja considerada limitada, tendo em vista as várias hipóteses de o produtor excluir essa ação direta.[242]

No Direito português, há a distinção entre a responsabilidade pelo fato do produto e pelo defeito do produto a exemplo do que ocorre no Direito brasileiro. A responsabilidade pelo fato do produto é objetiva, assenta-se na ideia segundo a qual aquele que aufere os lucros pela circulação de produtos deve suportar os riscos (*ubi commoda ibi incommoda*).

A responsabilidade objetiva é defendida por Calvão, tendo em vista que oferece a vantagem de: 1) disseminar o risco de dano pela sociedade, através da incorporação dos danos pelo produtor nos preços dos produtos; 2) dissuasão e controle do risco por parte do fabricante através da indução do fabricante a fazer mais investimentos na investigação para eliminar ou reduzir o risco de comercializar produtos defeituosos ou perigosos; 3) trazer maior proteção das expectativas do consumidor através da forma como os produtos são apresentados ao público (publicidade); e 4) reduzir custos pela diminuição dos litígios judiciais e estimulação das transações extrajudiciais, considerando que a exigência e a certeza da responsabilidade objetiva tornam mais efetiva a reparação das vítimas.[243]

Também é uma característica apresentada pelo mesmo autor a defesa da *"desfuncionalização do comerciante"*, levando em consideração que pela sofisticação e complexidade dos produtos, o comerciante não tem condições de controlar e melhorar a qualidade do produto. Assim, não dando causa e/ou não podendo prevenir o defeito do produto, não há como responsabilizá-lo objetivamente pelo fato do produto. Por isso, a responsabilidade objetiva deve ficar concentrada no produtor que é o titular do processo produtivo no qual é produzido o produto.

---

[241] MARTÍN LÓPEZ, Manuel Jesús. El carácter vinculante de las declaraciones públicas en la venta de bienes de consumo (en la Directiva1999/44/CE). *Estudos de Direito do Consumidor*, n. 7, 2005, p. 243.

[242] SILVA, J. C., 2008, p. 186.

[243] Ibid., p. 187.

O fabricante é quem tem condições de controlar a fonte de perigo e prevenir os danos potenciais para terceiros.[244]

O reconhecimento da responsabilidade objetiva do produtor pelos danos decorrentes do fato do produto faz com que haja a superação da separação entre responsabilidade contratual ou extracontratual. Isso porque o produtor tem uma obrigação absoluta de não atentar contra a pessoa humana, contra a segurança das pessoas. Essa obrigação absoluta decorre da responsabilidade civil do produtor que não atinge somente aquele que está na qualidade de contratante, mas também aquele que for vítima, na condição de terceiro, e está autorizado através do art. 8º do Decreto-Lei nº 383/89 (que impõe ao produtor o dever de proteção não só do comprador do produto, mas também de qualquer pessoa que for vítima do produto defeituoso) a acionar o produtor.

Essa obrigação de segurança também está expressa no Decreto-Lei 69/2005 (sobre segurança geral dos produtos) nos arts. 4º, n. 1, e 5º, segundo os quais somente podem ser colocados no mercado produtos seguros e que o destinatário da obrigação de segurança é o produtor.[245]

Embora o Direito português não contemple a responsabilidade objetiva pelos riscos do desenvolvimento, incide a responsabilidade subjetiva (culpa provada ou presumida) do produtor se não seguir e vigiar o produto para investigar sobre os riscos do produto e de tomar tempestivamente as medidas apropriadas para evitar os danos, incluindo a sua retirada do mercado.

Outro ponto que Calvão considera importante e que exige o enfrentamento neste livro é a questão dos produtos agrícolas. Em Portugal havia uma legislação, o Decreto-Lei nº 383/89, que no art. 3º, n. 2, excluída da noção de produto os produtos agrícolas (produtos do solo, da pecuária, da pesca e da caça, quando não tenham sofrido qualquer transformação). O Decreto nº 131/2002 revogou a exceção que constava no Decreto-Lei nº 383/89 ao transpor a Diretiva 34/1999, que reconhecia a possibilidade dos Estados para não incluírem na noção de produto os bens agrícolas primários não transformados.

Segundo Calvão, a Diretiva 34/1999 foi editada na época em que a sociedade presenciava a doença da vaca louca; logo, era importante restabelecer a confiança dos consumidores na segurança da produção agrícola.[246]

---

[244] Informação que pode ser consultada no *site* <http://www.iapmei.pt/iapmei-leg-03.php?lei=3346>. Acesso em: 21 set. 2013.

[245] SILVA, J. C., 2008, p. 193.

[246] Ibid., p. 193.

O autor adverte para os problemas de definir o responsável pelos danos nesse caso, tendo em vista que a doença da vaca louca provinha da ração, não havendo a possibilidade de responsabilizar o agricultor em si, e sim, o produtor da ração. A ração era colocada em circulação pelo seu produtor, e sua responsabilidade também seria de difícil constatação, porque de acordo com os riscos do desenvolvimento, a responsabilidade ficaria excluída, pois na época em que o produto foi colocado em circulação, o estado da ciência e da técnica não permitira detectar os danos, o que somente foi revelado ulteriormente com a evolução dos conhecimentos.[247]

No Direito português, o produtor pode se eximir da responsabilidade civil nas hipóteses previstas no art. 5º do Decreto-Lei nº 383/89.[248]

Os casos de exclusão de responsabilidade são muito amplos, e a doutrina considera "especialmente criticável" a alínea *e*, que trata dos riscos do desenvolvimento tendo em vista que essa excludente se aproxima muito de uma responsabilidade por culpa.[249]

Essa preocupação da doutrina portuguesa pode ser utilizada para afirmar a viabilidade da responsabilidade civil pelos riscos do desenvolvimento no art. 931 do Código Civil brasileiro, por dois aspectos. O primeiro está relacionado ao fato de a responsabilidade civil pelos riscos pelo desenvolvimento não ter sido afastada de maneira expressa como ocorreu no Direito português.

O outro aspecto a ser considerado é que a responsabilidade civil pelo fato do produto é objetiva, e pode ser imposta mesmo nos casos de riscos do desenvolvimento. A alegação de atender as cautelas ou os cuidados necessários conforme o conhecimento técnico e científico não serve para afastar a responsabilidade do fornecedor. Isso seria demonstrar não ter agido com culpa, argumento irrelevante nos casos de responsabilidade objetiva.

---

[247] "Artigo 5º Exclusão de responsabilidade. O produtor não é responsável se provar: a) Que não pôs o produto em circulação; b) Que, tendo em conta as circunstâncias, se pode razoavelmente admitir a inexistência do defeito no momento da entrada do produto em circulação; c) Que não fabricou o produto para venda ou qualquer outra forma de distribuição com um objectivo económico, nem o produziu ou distribuiu no âmbito da sua actividade profissional; d) Que o defeito é devido à conformidade do produto com normas imperativas estabelecidas pelas autoridades públicas; e) Que o estado dos conhecimentos científicos e técnicos, no momento em que pôs o produto em circulação, não permitia detectar a existência do defeito; f) Que, no caso de parte componente, o defeito é imputável à concepção do produto em que foi incorporada ou às instruções dadas pelo fabricante do mesmo." Disponível em <http://www.dre.pt>. Acesso em 02 de maio de 20012.

[248] LEITÃO, 2010, p. 414. O autor ainda refere que Finlândia e Luxemburgo não aceitam o risco do desenvolvimento como exclusão de responsabilidade.

[249] Ibid, p. 410.

A discussão em torno da culpa, no que se refere à responsabilidade do fornecedor, deve ser repudiada, uma vez que, para demonstrar a culpa do fornecedor, a vítima teria de provar o conhecimento do processo de fabricação ou da concepção técnica do produto, o que em geral o consumidor não tem.[250]

À vista disso, mesmo no que se refere à responsabilidade pelos riscos do desenvolvimento, é necessário considerar a incidência da responsabilidade com base na responsabilidade objetiva e não subjetiva.

Embora o tratamento dado à responsabilidade pelo fato do produto no Direito português não seja o mesmo que a conferida pelo Código Civil brasileiro, o estudo comparativo entre os dois ordenamentos é relevante para este livro através da reflexão das críticas que são levantadas pela doutrina portuguesa à legislação.

Além disso, algumas soluções adotadas pelo Direito português podem ser utilizadas na fixação das possibilidades interpretativas do art. 931 do Código Civil brasileiro.

Nesse caso, tem grande relevância a constatação oferecida pela doutrina portuguesa do fenômeno da desfuncionalização do comerciante, que pela sofisticação e complexidade dos produtos comercializados, não tem condições de controlar e melhorar a sua qualidade. Essa desfuncionalização do comerciante funciona como um argumento para demonstrar a inviabilidade de considerar a responsabilidade objetiva solidária do comerciante com o fabricante, e esse argumento é viável também na interpretação do art. 931 do Código Civil brasileiro.

A construção doutrinária portuguesa demonstra que somente haveria a responsabilidade solidária do comerciante pelo fato do produto quando tivesse agido de forma culposa, o que se verifica nos casos em que ele mantém o produto em circulação, apesar de ter conhecimento da sua condição defeituosa. Assim, o nexo de imputação da responsabilidade civil pelo fato do produto é distinto para o fabricante e para o comerciante.

A doutrina portuguesa reconhece que o fundamento da responsabilidade pelo fato do produto se assenta no princípio *ubi commoda ibi incommoda* impondo àquele que aufere lucros o dever de suportar os riscos pela circulação do produto. Esse argumento é relevante para a interpretação do art. 931 do Código Civil brasileiro para corroborar a responsabilidade do fabricante pelos riscos do desenvolvimento no

---

[250] PELET, Stéphanie. Responsabilité du fait des produits défectueux: une nouvelle étape pour le droit français. *Revue Européenne de Droit de laConsommmation,*n. 1, 2002, p. 27.

Direito brasileiro, uma vez que não adotou, de forma expressa, a exclusão da responsabilidade civil por tais riscos.

Além disso, é importante referir que mesmo o Direito português, não dispondo de cláusulas gerais da responsabilidade objetiva e tendo excluído, de forma expressa, a responsabilidade civil pelos riscos do desenvolvimento, a doutrina portuguesa levanta fortes críticas ao seu ordenamento jurídico.

Com base nesse contexto, é possível incluir, entre as possibilidades interpretativas do art. 931, a responsabilidade do fabricante pelos riscos do desenvolvimento, tendo em conta que o Código Civil brasileiro, ao contrário do Direito português, possui cláusulas gerais da responsabilidade objetiva e não exclui, de forma expressa, a responsabilidade pelos riscos do desenvolvimento.

2.5. Direito Francês

A França foi o último país pertencente à União Europeia a transpor a Diretiva 85/374 para o Direito interno. A transposição ocorreu através da Lei nº 98/389, de 19 de maio de 1998, que introduziu no Código Civil Francês a Diretiva 85/374.[251]

Esse atraso na transposição da Diretiva é atribuído aos embates entre fabricantes e associações de consumidores a respeito das matérias deixadas em aberto pela Diretiva, sobretudo no que diz respeito aos riscos do desenvolvimento.[252] O ardor dos debates foi marcado fortemente pelas crises do sangue contaminado e da vaca louca.[253]

Além desse aspecto, também são elencadas como justificativas para o atraso na transposição duas constatações importantes: 1) a responsabilidade de direito comum, como se mostrava evidente na jurisprudência, já havia trazido uma proteção eficaz para as vítimas de danos dos produtos defeituosos, de maneira que não havia nenhuma urgência na transposição da diretiva; e 2) a Diretiva trazia a exoneração da responsabilidade pelos riscos do desenvolvimento, e essa causa de

---

[251] GHESTIN, Jacques. Le Nouveau Titre IV bis du Livre III du Code Civil de la responsbilitité du fait des produits défectuex:l'application en France de la directive défectueux après l'adoption de la Loi n. 98-389 du mai 1998. *La semaine Juridique*, n. 27, 1º jul. 1998, p. 1202.

[252] THOUROT, Patrick. Le Risque de développement. *SCOR Papers*, n. 11, déc. 2010. Disponível em: <http://www.scor.com/images/stories/pdf/scorpapers/scorpapers11_fr.pdf>. Acesso em: 10 out. 2012.

[253] BACACHE-CIBEILI, Mireille. Les obligations: la responsabilité civile extracontratuelle.In: *Traité de Droit Civil*. 2. ed. Paris: Economica, 2012, v. 5, p. 767.

exclusão de responsabilidade civil tradicionalmente era ignorada pelo Direito francês.[254]

Mesmo com esse atraso legislativo, a Diretiva já tinha influenciado a jurisprudência da Corte de Cassação francesa antes de sua transposição. Por esse motivo, o retardo do processo legislativo não traduziu um atraso na adoção das soluções essenciais que impôs o texto comunitário.[255]

No entanto, a aplicação da Diretiva, pela ação da jurisprudência, não impediu que a França fosse condenada pela Corte de Justiça das Comunidades Europeias, em 13 de janeiro de 1993, ao pagamento de uma astreinte de valor elevado, por não ter cumprido o prazo de transposição da Diretiva.[256]

A Corte de Justiça das Comunidades Europeias havia determinado que, nos países nos quais ainda não tivesse ocorrido a transposição, os juízes nacionais deveriam interpretar a lei do Direito interno, de acordo com o texto e a finalidade da Diretiva, toda vez que fossem chamados a se pronunciar sobre matéria correlata às disposições constantes na Diretiva.[257]

Essa orientação foi seguida pela Corte de Cassação francesa, que introduziu no Direito interno, desde o final dos anos 80, muitas soluções novas inspiradas na Diretiva. Assim, antes mesmo de o legislador francês ter introduzido a Diretiva no Direito interno, a jurisprudência já tinha assimilado as suas disposições mais importantes, o que levou a doutrina francesa a questionar o interesse prático da lei de transposição no Direito francês.

A evolução jurisprudencial demonstra que o retardo na transposição da Diretiva "não acusa um divórcio entre a lei francesa e a Diretiva". Como já mencionado, a Diretiva foi utilizada pela Corte de Cassação francesa, e isso demonstra a aproximação do Direito francês com o texto da Diretiva.[258]

Ao contrário da opção tomada por outros países europeus que consagraram leis especiais para a transposição da Diretiva, o legislador francês optou por incluir o novo texto no Código Civil.[259]

---

[254] VINEY, 2006, p. 861.

[255] Essa penalização justifica a existência da lei de transposição, mesmo que a doutrina, ao comparar o texto da lei com a evolução jurisprudencial pela qual o país já tinha passado, questione a sua utilidade.

[256] BACACHE-CIBEILI, 2012, p. 767.

[257] VINEY, 2006, p. 866.

[258] PELET, 2002, p. 29.

[259] GHESTIN, p. 1202.

A Lei 98-389 de 1998 foi redigida depois de grande evolução no Direito francês, que teve início com um anteprojeto de 17 de junho de 1987.[260] Esse anteprojeto foi elaborado por uma comissão presidida pelo Professor Jacques Ghestin e era considerado muito ambicioso, porque propunha uma reforma do direito da responsabilidade dos fabricantes e dos vendedores profissionais, incluindo as consequências do defeito e do defeito de segurança.[261]

Assim o anteprojeto tinha por missão propor uma reforma sobre a segurança dos produtos e também sobre a sua conformidade e vícios ocultos.[262] O anteprojeto também visava substituir o Direito atual e não possibilitava a opção em favor do direito comum que seria descartado pelo novo regime.[263]

A partir de 15 de junho de 1988, o Ministério da Justiça retirou do projeto a seção relativa à conformidade. Posteriormente, o Parlamento suprimiu uma parte que fazia referência à Diretiva, e os últimos textos relativos aos vícios ocultos foram removidos pelo Senado, já que a Diretiva tinha por fim regular as vendas destinadas aos consumidores. Desse modo, a inserção da lei nova no Código Civil tornou-se contestável, mas ela facilitou o conhecimento e a aplicação prática.

A Lei de 1998 traz três adições importantes: 1) extensão do âmbito de aplicação da lei nova a todos os vendedores, locadores e fornecedores, estando mais adequada à orientação da Diretiva que visa essencialmente aos produtores; 2) a reparação dos danos causados às pessoas e a todos os bens, ao passo que a Diretiva somente se dirige aos bens dos consumidores; 3) consideração do que acontece com os produtos posteriormente à sua colação em circulação, impondo a obrigação de tomar medidas adequadas depois da descoberta posterior de defeitos que não eram detectáveis pelo estado do conhecimento da época em que o produto foi colocado em circulação.[264]

Em vista desses aspectos, percebe-se que a lei amplia o campo de aplicação da responsabilidade pelo fato do produto defeituoso aos produtores, vendedores e distribuidores. A Lei 98/389 trata também da responsabilidade aos danos causados a todos os bens e estabelece uma responsabilidade fundada sobre a noção de defeito independentemente da existência de um contrato entre os interessados.

---

[260] VINEY, op. cit., p. 865.

[261] GHESTIN, 1998, p. 1202.

[262] VINEY, op. cit., p. 865.

[263] GHESTIN, 1998, p. 1202.

[264] BACACHE-CIBEILI, 2012, p. 801.

Todavia, a doutrina francesa critica a Lei 98/389, por defender que ela deveria absorver a ação criada pela jurisprudência antes da Diretiva, em particular, no que concerne à responsabilidade do produtor pelos riscos do desenvolvimento e ao prazo da responsabilidade do produtor de dez anos a contar da colocação em circulação do produto. A exoneração da responsabilidade civil pelos riscos do desenvolvimento não era reconhecida na França antes da Lei de Transposição, porque o vício da coisa, apesar de indetectável, não poderia ser considerado como causa de exoneração, já que faltaria exterioridade dessa causa em relação ao responsável. O defeito interno do produto fornecido, mesmo que imprevisível ou irresistível, não é exterior ao produtor, assim a jurisprudência francesa não admitia a exoneração da responsabilidade pelo vício indetectável do produto fornecido, o que se vislumbrava de maneira expressa nos casos de sangue contaminado em que se descartou a exoneração da responsabilidade dos centros de transfusão pelo vírus HIV ou pela hepatite C.[265]

A doutrina ainda critica a legislação por ser tímida e por ter perdido a oportunidade de colocar em ordem um ramo do Direito complexo, em virtude da diversidade de inspiração das fontes nacionais e internacionais e da sua inspiração pela jurisprudência.[266]

A timidez da Lei nº 98/389 é atribuída ao fato de regulamentar somente as matérias que foram deixadas a cargo dos Estados-Membros. Segundo a doutrina, a lei não precisou certas noções que mereciam ser expandidas pelo campo de aplicação do regime novo, como a providência de incluir certos profissionais, que não referidos pela Diretiva.[267]

O anteprojeto da Lei nº 98/389 pretendia introduzir a lei nova no Código Civil e tinha por ambição remodelar o conjunto de regras da responsabilidade aplicável aos fabricantes e aos vendedores profissionais, incluindo o regime da venda e, em particular, aquele da garantia contra os vícios ocultos. Essa ambição inicial foi abandonada por conta dos debates polarizados entre aqueles que defendiam e os que hostilizavam a exoneração da responsabilidade pelos riscos do desenvolvimento.[268]

Assim, foi inserido no Código Civil francês um regime novo de responsabilidade que é opcional e facultativo à vítima, e isso tem conduzido à sua inaplicabilidade, como ocorre também com as leis especiais dos países membros. Esse fato faz com que se considere que a Lei

---

[265] GHESTIN, 1998, p. 1201.

[266] VINEY, 2006, p. 869.

[267] Ibid., p. 868.

[268] Ibid., p. 868.

nº 338/98, está fadada ao desuso imediato, e os Tribunais continuam aplicando as regras que eles mesmos implementaram e que, em certos pontos, estariam em contradição com o Direito escrito, notadamente no que se refere à exoneração dos riscos do desenvolvimento e dos prazos prescricionais.[269]

A Lei estabelece no art. 21 que as disposições do Título IV do Livro III são aplicáveis aos produtos postos em circulação posteriores à entrada em vigor da lei, mesmo que o contrato entre as partes tenha sido firmado antes dela. Dessa forma, o Direito francês considera importante a discussão a respeito da colocação em circulação dos produtos.[270]

A Convenção de Estrasburgo, de 1977, tinha definido no art. 2º, a noção de colocação em circulação, segundo a qual o produto é colocado em circulação quando o produtor o remete a outrem. Essa noção não foi repetida na Diretiva 85/374, e tal fato foi criticado pela doutrina francesa porque conduz à falta de precisão técnica já que é difícil definir quando o produto é introduzido no mercado, sobretudo, nos casos em que é conservado em estoque por um tempo considerável (podendo ser em um armazém do próprio produtor ou então de um terceiro).[271]

Para superar esse problema, Ghestin havia sugerido, antes mesmo da Lei nº 98-389, que a colocação em circulação fosse juridicamente definida como o momento em que o produtor transfere voluntariamente o produto. Essa orientação foi seguida pela Lei nº 98-389 no art. 1386-5. Assim, a lei exige que o produtor tenha colocado o produto em circulação, e a responsabilidade não pode ser imputada a ele quando o produto for conservado ou guardado para uso pessoal do produtor ou com a finalidade de proceder aos últimos testes.[272]

O art. 1.386-3 define de maneira ampla a noção de produto como um bem móvel, compreendidos os produtos da caça e da pesca. A eletricidade também é considerada como um produto.[273]

A Lei 98-389 traz o produtor como o principal agente da produção e o mais apto a garantir a responsabilidade.[274] Além da responsa-

---

[269] BACACHE-CIBEILI, 2012, p. 769.

[270] Diferente do que ocorria com a Convenção de Estrasburgo de 1977, a Diretiva 85/374 leva mais em consideração os interesses dos produtores. (GHESTIN, 1998, p. 1202-1203).

[271] Ibid., p. 1203.

[272] BACACHE-CIBEILI, 2012, p. 768.

[273] Orientação que foi confirmada pela CJCE, no caso julgado em 10 de janeiro de 2006, que dispôs sobre a necessidade de não se tratar o produtor (fabricante) e o fornecedor (comerciante) a não ser em casos excepcionais como nos quais não for possível identificar o fabricante. (PIRE, Véronique. Les limites dela responsabilité du fournisseur au sens de la directive 85/374/CEE relative à la responsabilité du fait des produits défectueux. *European Consumer Law Journal*, n. 4, 2005, p. 350)

[274] GHESTIN, op. cit., p. 1204.

bilidade do produtor, a lei traz também a responsabilidade de certos indivíduos, alargando o conceito daqueles que são considerados responsáveis, incluindo o importador e, de forma subsidiária, o fornecedor (no Direito brasileiro, seria adequada à figura de distribuidor), se ele não revelar a identidade do produtor ou do importador. A lei também inclui como responsável o produtor de uma matéria-prima, o fabricante de uma parte componente, aquele que importa um produto para a Comunidade Europeia e aquele que se apresenta como produtor. A lei afasta a responsabilidade dos produtores de bens imóveis (construtores por responderem a um regime específico). Ao contrário da Diretiva, a lei francesa inclui como responsáveis os vendedores, locadores e fornecedores profissionais.[275]

A lei também estabelece que a responsabilidade pelo dano decorrente do produto defeituoso se impõe a todas as vítimas, sejam elas ligadas ou não por um contrato.[276]

A convenção de Estrasburgo estabelecia como limite de indenização os danos causados por morte e lesões corporais. A Diretiva 85/374 não havia incluído entre os danos indenizáveis os danos aos bens dos consumidores. Já a lei francesa, no seu art. 1.386-2, estabeleceu a responsabilidade por todos os danos cometidos às pessoas ou aos bens, excluídos os danos resultantes ao produto. Em relação aos danos aos bens, a lei de transposição tinha adotado uma posição mais ampla que a Diretiva 85/374 e em virtude disso foi condenada pela CJCE, em 25 de abril de 2002, por não limitar os danos aos bens, assim, a Lei de transposição francesa foi modificada em 9 de dezembro de 2004 e incluiu um limite para a reparação dos danos causados aos bens, fixado atualmente em 500 euros.[277]

O art. 1.386-18 do Código Civil francês repete o art. 13 da Diretiva que dispõe sobre a possibilidade de a vítima invocar em sua defesa as normas da responsabilidade contratual ou extracontratual ou do título que trata do regime especial da responsabilidade civil, sempre tendo em conta o que for mais benéfico ao lesado (o regime especial de responsabilidade seria aplicável mesmo se fosse existente no momento da notificação da Diretiva 85/374, o que autorizou a Alemanha a manter o regime específico de proteção aos consumidores no setor farmacêutico e demonstra a ausência de efeito direto da Diretiva em relação ao Direito anterior).[278]

---

[275] BACACHE-CIBEILI, op. cit., p. 779.

[276] Ibid., p. 772.

[277] GHESTIN, 1998, p. 1205.

[278] A esse propósito ver DELEBECQUE, Philippe. L'évolution de la responsabilité en France. *Europa e Diritto Privato*, n. 2, 1999, p. 397.

O art. 1.369-1 do Código Civil francês repete a orientação dada pela Diretiva e dispõe a responsabilidade civil do produtor pelo produto defeituoso, ficando a vítima isenta da prova de culpa, bastando provar o dano, o defeito e o nexo de causalidade entre o defeito e o dano.[279]

A respeito do defeito, a doutrina francesa adverte sobre a diferença de tratamento dado pela Convenção de Estrasburgo e pela Diretiva. Na Convenção de Estrasburgo, é estabelecida certa ligação com a garantia dos vícios ocultos. Já na Diretiva, a noção de defeito não está ligada à ideia de um produto impróprio para o uso, mas sim de um defeito de segurança que o grande público pode esperar, conforme se vê do art. 6º da Diretiva. O art. 1.368-4 do Código Civil Francês repete a orientação dada pela Diretiva. O art. 1.368-4 também orienta sobre os critérios a serem usados para que se defina a segurança do produto, tendo em vista que quem define se o produto apresenta segurança é o juiz. Essa noção de defeito derivada da fórmula "segurança que se pode legitimamente esperar", já foi usada no Direito francês pelo art. 1º da Lei 21 de julho de 1983 sobre a segurança dos consumidores, que inspirou o Código da Consumação.

O art. 1.368-11 repete a disposição contida no art. 7º da Diretiva sobre as causas de exclusão da responsabilidade civil, e a respeito do ônus da prova, que recai sobre o produtor, tendo em vista que ele tem mais condições de demonstrar que o seu produto não tem defeitos. Essa solução é considerada pela doutrina como favorável às vítimas.

É importante mencionar que o art. 1.386-11 repete a orientação dada pela Diretiva consistente na exclusão da responsabilidade do produtor pela prova da vinculação da existência do defeito em virtude do cumprindo das regras imperativas emanadas dos poderes públicos. No entanto, o Código Civil francês traz uma regra expressa (art. 1.368-10) sobre a responsabilidade do produtor pelo defeito, mesmo que o produto tenha sido fabricado de acordo com as regras da Arte ou das normas existentes ou que tenha sido objeto de uma autorização administrativa. Além disso, o Código Civil francês dispõe (1.386-12) que o produtor não poderá usar as modalidades de exoneração se, na presença de um defeito encontrado dentro de dez anos após o lançamento do produto, não tiver tomado as medidas adequadas para evitar consequências danosas.[280]

O exame dessas disposições serve para demonstrar a preocupação da legislação francesa com as causas de exclusão da responsabilidade, uma vez que precisam ser excepcionais.

---

[279] Disponível em: <http://www.legifrance.gouv.fr/>. Acesso em:31 maio 2012.

[280] THOUROT, 2010.

Outra matéria que recebe um tratamento distinto no Código Civil francês é a relativa aos riscos do desenvolvimento. O art. 1.386-11, 4°, do Código Civil repete o art. 7° da Diretiva, consagrando a regra da exoneração da responsabilidade civil nos casos em que o produtor não consegue detectar a existência de defeito do produto, levando em consideração o estado dos conhecimentos científicos e técnicos quando o produto é colocado em circulação. A opção do legislador francês foi no sentido de criar em favor do produtor um benefício, colocando os riscos do desenvolvimento a cargo das vítimas.

A matéria foi objeto de muitas discussões no Direito francês. Em 1990, o Governo submeteu à Assembleia Nacional um projeto que imputava às vítimas os riscos do desenvolvimento. Posteriormente, foi apresentado ao Senado um novo relatório pelo presidente do Instituto Nacional da Consumação, afirmando a necessidade de impor a responsabilidade dos fabricantes pelos riscos do desenvolvimento. Em 15 de dezembro de 1992, mesmo que a Comissão Mista Parlamentar tivesse alterado o texto legislativo, o governo não aceitou que os fabricantes fossem privados da exoneração da responsabilidade autorizada pela Diretiva, e reconheceu que os riscos do desenvolvimento devem ser suportados pelas vítimas, e não pelos fabricantes.[281]

A doutrina francesa refere que a maior parte dos países pertencentes à Comunidade Europeia admitem a exoneração da responsabilidade dos produtores pelos riscos do desenvolvimento. Em virtude disso, fundamenta a exclusão da responsabilidade do fabricante, por acreditar que seria muito difícil submeter os produtores franceses a um regime mais severo que o de seus concorrentes.[282]

Contudo, o legislador francês estabelece limites para a aplicação da exoneração de responsabilidade pelos riscos do desenvolvimento que estão dispostos no art. 1.386-12 (produtos derivados do corpo humano e quando o fabricante não toma as medidas adequadas para evitar as consequências danosas, desde que o defeito tenha sido revelado num prazo de 10 anos a contar da colocação em circulação de um produto).[283]

A doutrina francesa alerta sobre as posições distintas a respeito da transposição da Diretiva ao Direto francês. Nesse sentido, M^{mme}Catala, autora da proposição da Lei de 1993, considera que a transposição era necessária, e que o texto adotado não prejudicava as vítimas, ao contrário, poderia ser considerada como uma terceira via de Direito mais

---

[281] BACACHE-CIBEILI, 2012, p. 802.

[282] GHESTIN, 1998, p. 1210.

[283] Ibid., p. 1211.

simples do que as vias do Direito tradicional como a responsabilidade contratual e extracontratual. M. Fauchon, relator do Senado, entendia que a transposição não era benéfica, principalmente no que concerne à matéria relativa aos riscos do desenvolvimento, pois as vítimas isoladas restariam sacrificadas, e as vítimas numerosas praticamente serão indenizadas pelo Estado.[284] [285]

Além dessa crítica, M. Fauchon demonstra a sua preferência pelo sistema do seguro que poderia permitir que se fizesse pesar sobre os produtores o risco do desenvolvimento, preservando-se as consequências dos vícios que não podem ser detectados.

Ghestin advertia a respeito do fato de a Lei nº 98-389 poder influenciar a jurisprudência já construída pela Corte de Cassação, no que concerne à responsabilidade dos fabricantes e dos vendedores profissionais pela segurança dos produtos. A posição da Corte de Cassação anterior à Lei nº 98-389 foi de reconhecer uma ação autônoma da existência da relação contratual a fim de reparar os danos causados às pessoas e aos bens pelos defeitos do produto e estabelecer uma obrigação de segurança que pesava sobre os fabricantes e os vendedores profissionais. Assim, inicialmente, a Corte de Cassação afirmou que a responsabilidade civil se daria por conta do fundamento da responsabilidade contratual pelas violações à obrigação de segurança que recaem sobre o vendedor profissional. Depois evolui no sentido de considerar que o vendedor profissional teria que entregar produtos isentos de vícios ou de defeitos de fabricação que pudessem acarretar um perigo para as pessoas e para os bens. Posteriormente, foi incluída a essa noção a ideia segundo a qual o fabricante é responsável tanto em relação ao adquirente como em relação a terceiros.[286]

Esse estudo mostra que a jurisprudência francesa evoluiu para considerar não só que a responsabilidade do produtor se impõe, independentemente da existência de uma relação contratual, mas também passou a reconhecer a responsabilidade do vendedor profissional, e não somente do fabricante. Essa posição derivou da conclusão segundo a qual o vendedor dispõe de uma ação regressiva que obedece às mesmas regras exercidas pela vítima direta.[287]

---

[284] Esse fato foi o que ocorreu no Brasil com as vítimas da talidomida que gozam de pensão especial por força da Lei nº 7.070, de 20 de dezembro de 1982.

[285] GHESTIN, 1998, p. 1206.

[286] Ibid., p. 1205.

[287] SCHWENZER, Ingebord. L'adaptation de la directive communautaire du 25 juillet 1985 sur la responsabilité du fait des produits défectueux en Allemagne fédérale. *Revue Internationale de Droit Comparé*, Paris, v. 43, n. 1, p. 57-74, jan./mars 1991, p. 57.

As soluções utilizadas pela Corte de Cassação não foram levadas em consideração para a elaboração da Lei nº 98-389 e isso reflete nas críticas levantadas pela doutrina francesa, aspecto que é relevante para a interpretação do art. 931 do Código Civil brasileiro.

No Direito francês, adotou-se a exclusão taxativa da responsabilidade civil pelos riscos do desenvolvimento, e são duras as críticas da doutrina a essa opção. Essas críticas servem de apoio para ancorar a admissão da responsabilidade pelos riscos do desenvolvimento no Direito brasileiro, seja pelo fato de o Código Civil brasileiro não ter optado pelo modelo de exclusão da responsabilidade, seja pela gravidade da matéria muito bem situada na doutrina francesa.

Ainda a esse respeito, é importante ponderar que a posição jurisprudencial francesa, mesmo depois do advento da Lei nº 98/389, continuou sendo no sentido de reconhecer a responsabilidade pelos riscos do desenvolvimento, porque, segundo Viney, os Tribunais continuam a aplicar as regras que eles haviam instituído antes da lei, notadamente no que se refere à responsabilidade pelos riscos do desenvolvimento. Isso demonstra que a jurisprudência está em contradição manifesta com o Direito escrito.

No Brasil, essa contradição não terá lugar, porque o art. 931 autoriza a responsabilidade pelos riscos do desenvolvimento. Somente haverá contradição manifesta ao Direito escrito se os Tribunais brasileiros não se utilizarem do dispositivo para fundamentar a responsabilidade pelos riscos do desenvolvimento, o que, em certa medida, é o que infelizmente vem ocorrendo pelo fato de não se explorarem adequadamente as possibilidades interpretativas do dispositivo.

2.6. Direito Alemão

Na Alemanha, a Diretiva 85/374 foi transposta para o Direito interno pela Lei de responsabilidade pelo fato dos produtos, editada em 1989, e que entrou em vigor a partir de 1º de janeiro de 1990.[288]

Antes da Lei de transposição da Diretiva, o fundamento da responsabilidade civil do fabricante de mercadorias se encontrava no § 823, alínea 1, do BGB.[289] A jurisprudência havia estabelecido uma

---

[288] O BGB não conta com dispositivo que trate de forma genérica a respeito da responsabilidade objetiva, como se vê em: AGUIAR, Roger Silva. *Responsabilidade Civil – a culpa, o risco e o medo*. São Paulo: Atlas, 2011, p. 142. O mesmo autor refere que a doutrina alemã tem ponderado a respeito da criação com um parágrafo que discipline a responsabilidade objetiva pela prática de atividade naturalmente arriscada, a exemplo do Parágrafo único do art. 927 do Código Civil brasileiro.

[289] SCHWENZER, 1991, p. 58.

inversão do ônus da prova da culpa para a incidência da responsabilidade civil, considerando a dificuldade que as vítimas tinham para demonstrar a culpa do fabricante.[290]

A ideia de inversão do ônus da prova se admite na Alemanha desde 1968, a partir do julgamento do caso Hünherpest, no qual se reconheceu a responsabilidade de empresa produtora de vacinas para animais por ter produzido vacina defeituosa, levando à infecção de 4.000 galinhas de um aviário.[291]

A responsabilidade pelo fato do produto era considerada extracontratual, e a responsabilidade pelos defeitos do desenvolvimento ou dos defeitos indetectáveis era rejeitada, em virtude do estado dos conhecimentos científicos e técnicos, no momento da colocação do produto no mercado. Essa orientação decorria da posição alemã de fixação da responsabilidade pela existência de um defeito detectável.[292]

O Direito alemão também foi palco de grande discussão a respeito dos produtos defeituosos, através da Lei do Medicamento que já vigorava antes mesmo da Diretiva 85/374, desde 24 de agosto de 1976. A Lei regulava a responsabilidade decorrente dos danos causados por medicamentos defeituosos, e todas as matérias concernentes a esses produtos, desde a regulação da produção e comercialização dos medicamentos, até os procedimentos relativos à autorização de colocação no mercado e a fármaco vigilância.[293]

A Lei do Medicamento prevê no § 84 a responsabilidade dos produtores farmacêuticos pelo fato do risco criado,[294] e a responsabilidade é imposta mesmo nos casos de defeitos do desenvolvimento,[295] ou seja, pelos riscos do desenvolvimento.

Ao lado da Lei do Medicamento, que tinha estabelecido na Alemanha a responsabilidade pelo fato do risco criado, está a Lei de Transposição da Diretiva 85/374, Lei sobre a Responsabilidade pelo Fato dos Produtos Defeituosos.

---

[290] LEITÃO, 2010, p. 411.

[291] SCHWENZER, op. cit., p. 58. A inversão do ônus da prova para a imputação da responsabilidade civil trazia ao Direito alemão uma realidade segundo a qual o fabricante dificilmente conseguiria excluir essa responsabilidade.

[292] SILVEIRA, 2010, p. 171-172.

[293] Essa noção do risco criado é importante para o desenvolvimento das ideias defendidas nesta obra, tendo em vista que, a exemplo do legislador alemão, o legislador brasileiro no art. 931 do Código Civil adota a mesma concepção.

[294] SCHWENZER, 1991, p. 60.

[295] Ibid., p. 60 e 64.

Essa lei praticamente transcreveu a Diretiva, e por isso passou a receber muitas críticas da doutrina alemã, em virtude de não ter trazido modificações ou contribuições ao Direito alemão, e, principalmente, por não ter aproveitado a oportunidade oferecida pelo art. 15 da Diretiva de derrogar a regra da exclusão da responsabilidade pelos riscos do desenvolvimento.[296] A lei alemã manteve as causas de exclusão da responsabilidade civil previstas na Diretiva 85/374.[297]

Assim, a exoneração da responsabilidade pelos riscos do desenvolvimento foi admitida pela Lei de Transposição, de 1º de janeiro de 1990, somente sendo descartada no que concerne aos medicamentos, em virtude da Lei especial de 1976, que teve a sua aplicação mantida. Essa aplicação é contrabalanceada no Direito alemão pela "obrigação de seguir" da jurisprudência alemã e que impõe ao produtor o dever de informar-se sobre a evolução dos conhecimentos científicos e técnicos relativos aos produtos colocados no mercado, e essa evolução permite revelar um defeito que era indetectável anteriormente, e de informar os consumidores e usuários e, se for necessário, de fazer o *recall* do produto.[298]

A lei de transposição alemã sepultou qualquer dúvida a respeito da sua aplicação quanto aos danos provocados por medicamentos defeituosos, porque, através do seu § 15, determinou de forma expressa que tal lei não se aplicaria aos medicamentos defeituosos que estivessem no âmbito de aplicação da Lei do Medicamento.[299]

Essa orientação fez com que se questionasse a respeito de a disposição ser compatível com o art. 13 da Diretiva que dispõe sobre a possibilidade de a vítima escolher o regime de responsabilidade por produtos defeituosos nos casos de medicamentos.

Parte da doutrina acreditava que o § 15 da Lei de Transposição era contrário à Diretiva, porque uma responsabilidade emanada de uma lei particular somente poderia ser mantida se conferisse à vítima uma proteção melhor que a dada pela Diretiva, mas ela não poderia diminuir as precauções previstas pela Diretiva. Esse posicionamento é ancorado na ideia que a responsabilidade prevista na lei de transposição alemã traz, em alguns aspectos, uma defesa mais efetiva dos interesses

---

[296] SCHWENZER, 1991, p. 60.

[297] VINEY, 2006, p. 862.

[298] SILVEIRA, 2010, p. 173.

[299] SCHWENZER, 1991, p. 73. Essa superioridade da Lei de Transposição é reconhecida mesmo considerando que a Lei do Medicamento prevê uma responsabilidade pelo risco criado (como na lei de transposição) e ainda que em relação à Diretiva 85/374 e à lei de transposição ela tenha estabelecido a responsabilidade pelos riscos do desenvolvimento.

do consumidor, porque a lei do medicamento possui alguns dispositivos que podem ser vistos como limitação da responsabilidade civil.[300]

Entre esses dispositivos está o § 84, que dispõe sobre a limitação da responsabilidade do fabricante ao uso que ele determina do produto, excluindo, dessa forma, o uso que pode ser racionalmente esperado do medicamento. Também a lei não abrange todas as lesões corporais, mas somente as que não forem consideradas insignificantes. Além disso, a Lei do Medicamento limita o número de legitimados responsáveis, determinando que somente a empresa farmacêutica distribuidora do medicamento será responsável, mas não o fabricante que não colocou o seu nome no produto ou ainda o fabricante de uma matéria-prima base.[301]

Embora em alguns aspectos a Lei de Transposição seja mais benéfica que a Lei do Medicamento, esta traz alguns pontos importantes que servem para discussão neste livro.

A Lei do Medicamento dispõe que o produtor farmacêutico somente tem o dever de indenizar a vítima quando a) o dano for causado pelo uso correto do medicamento, e desde que esse dano seja superior considerado ao que a vítima tenha que suportar ou tolerar, segundo o que entender a ciência médica; ou b) que o dano tenha se produzido como consequência das advertências de informações ou instruções de uso que não correspondam aos conhecimentos da ciência médica.[302]

Além disso, a Lei do Medicamento traz importante noção a respeito do critério risco-utilidade do medicamento para avaliar o seu caráter defeituoso. O medicamento é considerado defeituoso quando os riscos superam a sua utilidade terapêutica. Esse critério implica a ponderação da frequência e gravidade dos riscos do medicamento, da sua utilidade terapêutica e da existência de medicamento alternativo viável e mais seguro.[303]

Assim, haverá o dano quando a vantagem terapêutica do medicamento for menor que a sua utilidade.

Contudo, mesmo que a utilidade terapêutica seja maior que os efeitos colaterais, o paciente deve ser informado sobre a possibilidade de incidência desses efeitos; caso contrário, haverá também o dever de indenizar, mas não em virtude da violação da regra risco-utilidade e, sim, porque o fornecedor do medicamento deixa de cumprir com o dever de informação, o que não se confunde com os riscos do desenvolvimento.

---

[300] SCHWENZER, 1991, p. 74.

[301] SILVEIRA, 2010, p. 174.

[302] Ibid., p. 174.

[303] Ibid., p. 178.

A responsabilidade pelos riscos do desenvolvimento não se confunde com a desproporção entre os danos e a utilidade do medicamento. Pode ocorrer que a proporção entre o risco e a utilidade do medicamento seja atendida e que, ainda assim, tenha ocorrido um dano derivado de um efeito colateral que não era detectável pelo fabricante na época em que o produto foi colocado em circulação. Se tal efeito pudesse ser detectado e informado ao usuário do medicamento, talvez ele pudesse optar pela utilização de outro medicamento.

É preciso também ponderar que a imposição da responsabilidade do fabricante nesses casos é legítima, como forma de incentivar a continuação da investigação científica para que o medicamento não ocasione nenhum efeito colateral, ainda que tenha sido cumprido o critério risco-utilidade.

Portanto, o critério risco-utilidade e o dever de informação são importantes para determinar a fixação da responsabilidade civil e, principalmente, para determinar casos em que não se trata de riscos do desenvolvimento, os quais se direcionam aos defeitos indetectáveis no momento em que o medicamento é colocado em circulação.

Além desses aspectos, a Lei do Medicamento alemã foi alterada em 2002 pela Lei de modificação de danos do Direito alemão. Essa modificação trouxe uma ampliação da responsabilidade por medicamentos e melhorou a proteção das vítimas em caso de lesões à integridade física. A reforma estabeleceu ao usuário do medicamento maior acesso às informações que lhes são pertinentes; a inversão do ônus da prova do defeito do produto que passou a ficar a cargo do produtor; e também, a presunção limitada de causalidade, prevendo que o produtor poderá romper o nexo de causalidade se provar que não foi o seu medicamento que provocou o dano ou que existe outra causa idônea que gerou o dano.[304]

Essa posição mostra a relevância do reconhecimento da responsabilidade pelos medicamentos, o que não pode ser ignorado na interpretação do art. 931 do Código Civil brasileiro.

A posição da doutrina alemã a respeito das críticas feitas à lei de transposição ao Direito interno serve de suporte para fundamentar a relevância de incluir na interpretação do art. 931 do Código Civil brasileiro a responsabilidade pelos riscos do desenvolvimento. Ao contrário

---

[304] Esta obra faz uma proposta de interpretação para a cláusula geral do art. 931 do Código Civil tomando como pressupostos o conjunto de ideias e premissas construídas pela Jurisprudência e Doutrina para a aplicação de uma cláusula geral, sem pretender com isso, discutir ou examinar diferentes posturas metodológicas, que são objeto das áreas do Direito que se preocupam com a hermenêutica.

do que se vê no Direito brasileiro, a opção feita pelo legislador alemão, na transposição da Diretiva 85/374, foi de exonerar a responsabilidade pelos riscos do desenvolvimento, e isso tem sido objeto de crítica. No Código Civil brasileiro, a regra é justamente no sentido oposto, pois não trata da exoneração da responsabilidade pelos riscos do desenvolvimento, por isso, essa responsabilidade mostra-se viável.

Capítulo III – A responsabilidade civil pelo produto posto em circulação no Código Civil de 2002: formação, paradigmas e pressupostos

Para um estudo a respeito da responsabilidade pelo produto posto em circulação no Código Civil de 2002, é necessário considerar as modificações feitas na legislação civil que culminaram na alteração da estrutura da responsabilidade civil, principalmente pela inclusão de cláusulas gerais da responsabilidade objetiva, e, em especial, no que diz respeito à responsabilidade civil do empresário pelos produtos postos em circulação.

Este estudo precisa passar pela constatação que o Código Civil brasileiro trouxe para o seu bojo a noção de empresário que repercute na interpretação do art. 931. Além disso, é importante situar o dispositivo, considerando o processo evolutivo de sua tramitação até se chegar à redação atual.

Por fim, como o art. 931 não é a primeira norma a tratar da responsabilidade pelo fato do produto no Direito brasileiro, é necessário comparar essa modalidade de responsabilidade civil com a disciplinada no Código de Defesa do Consumidor para demonstrar que o art. 931 não se resume a uma repetição da legislação consumerista.

3.1. Estrutura da responsabilidade civil no Código Civil brasileiro 2002 (cláusulas gerais, integração com a Constituição, diretrizes teóricas)[305]

O Código Civil brasileiro de 2002 modificou a estrutura da responsabilidade civil brasileira positivada. Essa modificação pode ser relacionada ao fato de ter obedecido lógica metodológica distinta da

---

[305] ANDRADE, Fábio Siebeneicler de. O Código Civil de 2002: influências e funções atuais. *Manual de Teoria Geral do Direito Civil*. TEIXEIRA, Ana Carolina Brochado e RIBEIRO, Gustavo Pereira Leite Coord., Belo Horizonte: Del Rey, 2011, p. 92.

prevista no Código Civil de 1916, porque evitou a pretensão da totalidade normativa.[306]

Essa totalidade normativa era afinada a um conceito oitocentista de Código, representando um modelo superado que precisou ser substituído pelo modelo central de Código.[307] Esse modelo central, que não dispensa leis especiais, deve ser estruturado em princípios, *standards* ou cláusulas gerais correspondentes a um sistema aberto ou móvel contraposto ao sistema do Código Civil anterior que obedecia a um sistema fechado.[308]

As cláusulas gerais representam papel importante no Direito Civil em virtude da mobilidade do sistema como já referido acima, mas também podem servir para que Constituição Federal possa ter efeitos no Direito Civil,[309] e podem ser utilizadas como instrumentos de extensão de direitos fundamentais às relações privadas.[310]

Contudo, é importante referir que a adoção das cláusulas gerais na legislação não terá, por si só, o condão de representar grande evolução ao ordenamento jurídico.

Nesse sentido, é oportuna a crítica de Gustavo Tepedino a respeito do risco dessas cláusulas gerais, por dependerem de alto grau de discricionariedade do intérprete, suscitem desconfiança como já aconteceu no passado (podendo ser lembrados os casos dos Códigos Civis de Alemanha e Itália, que apresentavam em seu texto cláusulas gerais as quais demoraram anos para serem efetivamente aplicadas),

---

[306] Essa já era a defesa feita por Fábio S. de Andrade, em obra publicada antes mesmo da entrada em vigor do Código Civil de 2002, conforme segue: "Advoga-se, portanto, o estabelecimento de um modelo central de código, em substituição ao do século passado. Abandona-se a pretensão de totalidade vigente nos modelos do século XX, para construir um modelo em que o código possui uma função intergrativa dentro do quadro complexo do sistema jurídico". ANDRADE, Fábio Siebeneicler de. *Da Codificação – crônica de um conceito*. Porto Alegre: Livraria do Advogado Editora, 1997, p. 155.

[307] ANDRADE, 1997, p. 152 – 157.

[308] ANDRADE, 2011, p. 94.

[309] CACHAPUZ, Maria Cláudia. As Cláusulas Gerais e a Concreção de Direitos Fundamentais. *In Novos Direitos*. NICOLAU JÚNIOR, Mauro. Coord., Curitiba: Juruá, 2007, p. 388 -389. A autora refere que essa orientação foi seguida pelo Tribunal Constitucional Federal da Alemanha no caso Lüth, ao reconhecer que as cláusulas gerais têm a missão de estenderem a todo o ordenamento jurídico as ideias valoradas no corpo de uma Constituição conforme segue: "Os direitos fundamentais servem primeiramente para protegerem o cidadão do Estado, mas como elencados numa Constituição, eles também incorporam uma escala objetiva de valores que se aplica, como matéria de direito constitucional, a todo o ordenamento jurídico. A matéria dos direitos fundamentais é expressa, indiretamente, nas normas do direito privado, tornando-se evidente por meio de tutelas mandamentais e efetivas pelo uso judicial das cláusulas gerais".

[310] TEPEDINO, Gustavo. Crise de fontes normativas e técnica legislativa na Parte Geral do Código Civil de 2002. *In A Parte Geral do Novo Código Civil – Estudos na Perspectiva Civil-Constitucional*. Rio de Janeiro: Renovar, 2ª ed. 2003, p. XIX e XX.

e por dependerem de construção doutrinária com a finalidade de lhe atribuir conteúdo menos subjetivo, por vezes podem ser reduzidas a "letra morta". Assim, o autor refere que as cláusulas gerais dispostas no Código Civil somente trarão grandes alterações ao Ordenamento brasileiro se forem lidas e aplicadas segundo a lógica da solidariedade constitucional e da técnica interpretativa contemporânea.[311]

Em virtude disso, justifica-se a proposição interpretativa deste livro para evitar que as cláusulas gerais da responsabilidade civil, sobretudo o art. 931, sejam mal aplicadas ou passem a ser consideradas "letra morta", como referiu Tepedino.

A opção adotada pelo Código Civil de 2002, que em certa medida já era tradicional no Direito brasileiro pela redação do art. 159 do Código Civil de 1916,[312] estruturou a responsabilidade civil a partir de um conjunto de cláusulas gerais,[313] criando um modelo jurídico, que exige do intérprete nova postura para o exame da lei.

Assim, mesmo que alguns artigos possam dar a impressão de ser repetição de dispositivos do Código Civil de 1916,[314] o sistema das ilicitudes estabelecido no Código Civil de 2002 apresenta inovações, precisando ser lido e interpretado com esse espírito (pois, em alguns pontos, a redação do Código Civil de 2002 está à frente da doutrina),[315] sob pena

---

[311] É importante frisar que o art. 159 do Código Civil 1916, por ser verdadeira cláusula geral, foi responsável pela ampliação da responsabilidade civil, em uma época em que a indenização pelos danos extrapatrimoniais ainda não estava albergada pela Constituição Federal de 1988 (nesse sentido ver COUTO E SILVA, Clóvis do. *Principes fondamentaux de la responsabilité civile en droit brésilien et comparé*, Curso ministrado à Faculdade de Direito e Ciências Políticas de St. Maur (Paris, XII). 1988, Mimmeo, p. 61.). Assim, pode se afirmar que a indenização por dano moral não foi criação da Constituição Federal de 88, orientação que também é corroborada por Sérgio Severo, que traz em sua obra a descrição de decisões que datam de 1913 (antes do Código Civil de 1916) sobre a indenização do dano moral (SEVERO, Sérgio. *Danos extrapatrimoniais*. São Paulo: Saraiva, 1996). Interessante mencionar, o alerta feito por Clóvis do Couto e Silva, para quem ainda que se considerasse existente no ordenamento brasileiro os permissivos para o reconhecimento da indenização pelo dano moral por conta do próprio art. 159 que era uma cláusula geral, não havia no Direito brasileiro uma pacificação em torno da matéria, o que somente ocorreu depois da Constituição Federal de 88, que tornou admissível, de maneira inquestionável no ordenamento brasileiro, a indenização por dano moral e a compreensão segundo a qual o conceito de dano do art. 159 do Código Civil de 1916 também admitia a noção de "dano moral". Daí a importância dos incisos V e X do art. 5º da Constituição Federal, que sepultaram as discussões em torno da viabilidade da indenização pelo dano moral (COUTO E SILVA, Clóvis do. O conceito de dano no direito brasileiro e comparado. *Revista dos Tribunais, São Paulo*, n. 667, p. 7-16, maio 1991).

[312] Adverte Fábio de Andrade que a técnica das cláusulas gerais não é nova, sendo conhecida inclusive de alguns códigos do século XIX, como o BGB. (ANDRADE, 2011, p. 93)

[313] E em especial deve se ter cuidado com o art. 187, que não é repetição do art. 160, II, do Código Civil de 1916, MARTINS-COSTA, Judith. Os avatares do abuso do direito e o rumo indicado pela boa-fé. In: NICOLAU JÚNIOR, Mauro (Org.). *Novos direitos*. Curitiba: Juruá, 2007, p. 211.

[314] Ibid., p. 211.

[315] VINEY, 2006, p. 95.

de reproduzir a interpretação utilizada no Código Civil de 1916 a uma legislação nova.

Como menciona Viney, a adoção da técnica legislativa das cláusulas gerais, em matéria de responsabilidade civil, permite a atualização e reforma das hipóteses, sem que haja a necessidade de alteração da lei.[316]

Segundo a autora, essa atualização é importante, porque a vida social e econômica complexa como a atual acarreta uma multiplicidade de danos decorrentes de atividades diversificadas e uma gama de legitimados, exigindo que as reformas se inspirem em princípios genéricos para permitir a construção de um Direito Comum, capaz de fornecer soluções satisfatórias e harmonizadas às questões que não precisam de um estatuto particular.

Nesse sentido, é necessário perceber que o estudo da estrutura da Responsabilidade Civil no Código Civil 2002 deve partir do pressuposto segundo o qual não há mais utilidade em considerar-se a distinção entre a responsabilidade negocial ou extranegocial como a *summa divisio* da responsabilidade civil, já que a estrutura da responsabilidade civil atual, segundo as ideias de Geneviève Viney, está baseada na divisão entre regimes gerais e regimes especiais de responsabilidade civil,[317] o que se vislumbra também no atual Código Civil.[318]

A autora reforça a tendência radical de elaboração de textos dotados de regimes legais que, ignorando a distinção entre as relações contratuais e extracontratuais, tratam todas as vítimas da mesma maneira. Exemplificando a ocorrência dessa tendência, cita a Diretiva 85/374, por ter criado um sistema de responsabilidade pelo fato dos produtos defeituosos aplicável a todas as vítimas.[319]

A referência a essa superação da distinção entre o regime contratual e extracontratual, no que concerne à responsabilidade pelo fato dos produtos defeituosos, também pode ser vislumbrada nas ideias de Philipe Malinvaud e Dominque Fenouillet.

---

[316] VINEY, 2006, p. 659. A referência da Viney se liga à contraposição entre o modelo de enumeração casuística dos tipos de ação/omissão danosa e imputável que levam ao dever de indenizar – como o BGB – e um modelo baseado numa cláusula geral de responsabilidade – como no Code Civil, art. 1134 e no nosso Código Civil, antigo art. 159 e, agora, 927. No Direito Brasileiro não era comum o modelo da casuística como modelo de regulação geral da Responsabilidade Civil. O Direito Brasileiro, assim como o Francês, se estruturou sobre a cláusula geral da Responsabilidade Subjetiva e nas exceções pontualmente marcadas para os casos de Responsabilidade Objetiva.

[317] TARUTUCE, Flávio. *Responsabilidade Civil Objetiva e Risco – A Teoria do Risco Concorrente*. São Paulo: Método, 2011, p. 57.

[318] VINEY, 2006, p. 667 *et seq.*

[319] MALINVAUD, Philippe; FENOUILLET, Dominique.*Droit des obligations.*12.ed. [s.n.]: Lexis Nexis, 2012, p. 529.

Os autores defendem que a ação decorrente dos danos oriundos de produtos defeituosos escapa da distinção clássica entre responsabilidade contratual ou extra. Isso se deve ao fato de o art. 1.386-1 do Código Civil francês ter disciplinado essa modalidade de responsabilidade, estando ou não as partes ligadas por um contrato.[320]

Assim, o estudo da estrutura da responsabilidade deve considerar a ruptura do Código Civil de 2002 com o modelo de "tipos de responsabilidade" e a adoção dos "regimes de responsabilidade", mediante a instituição de um sistema de ilicitudes ancorado em cláusulas gerais, tanto da responsabilidade subjetiva quanto objetiva.[321]

No entanto, é necessário perceber que a adoção da técnica das cláusulas gerais não recebe aprovação unânime. Exemplo disso é a posição do alemão Dieter Medicus, que, familiarizado a um sistema que tem a tradição de regular a responsabilidade civil por meio da enumeração casuística, apontou os inconvenientes da cláusula geral, quais sejam: 1) com a cláusula geral, a característica da antijuridicidade requer uma precisão. Não se pode partir da suposição que todo dano é antijurídico. 2) A cláusula geral delitiva leva também a dificuldades na determinação dos titulares da ação.[322]

A doutrina pondera outro aspecto a respeito das cláusulas gerais. Elas somente recebem o seu conteúdo definitivo na hora da aplicação ao caso concreto, por isso teriam o formato de um sistema incompleto, que somente se completa com a declaração do Judiciário.[323]

---

[320] Sobre a importância e estrutura das Cláusulas Gerais no Código Civil brasileiro, ver, entre outros, MARTINS-COSTA, Judith; BRANCO, Gerson Luiz Carlos. *Diretrizes teóricas do novo Código Civil Brasileiro.*São Paulo: Saraiva, 2002 e MARTINS-COSTA, Judith.*O direito privado como um "sistema em construção":* as cláusulas gerais no Projeto do Código Civil brasileiro.Disponível em: <http://jus2.uol.com.br/doutrina/texto.asp?id=513&p=1>. Acesso em: 18 jun. 2009b.

[321] MEDICUS, Dieter. *Tratado das relações obrigacionais.* Barcelona: Bosch, 1995, v. 1, p. 725. Embora essa posição precise ser referida, impende referir que os inconvenientes da cláusula geral são percebidos principalmente quando ela é mal aplicada, como se pode perceber através de uma pesquisa jurisprudencial a respeito das decisões proferidas depois da entrada em vigor do Código Civil de 2002.

[322] "Em outras palavras, as chamadas 'cláusulas gerais' somente receberão seu conteúdo definitivo na hora da aplicação ao caso concreto, no momento da concretude. Ou seja, como todo sistema aberto, o Código Civil, de 2002, se instrumentaliza por meio dessas normas gerais e indeterminadas, formando um sistema dito incompleto, que somente se completará com a declaração do judiciário. Há, a partir de então, a atuação de duas vontades para que se chegue à integração da norma: a da lei e a do juiz". LOPEZ, Teresa Ancona. Principais Linhas da Responsabilidade Civil no Direito Brasileiro Contemporâneo. *Revista da Faculdade de Direito da Universidade de São Paulo,* vol. 101, jan./dez., 2006, p. 119). A esse respeito, também importante referir advertência de Fábio de Andrade para quem a cláusula geral "outorga ao juiz um poder bem maior do que aquele que a visão clássica lhe atribuiu, pelo qual, na fórmula de Montesquieu, deveria apenas pronunciar a palavras da lei" (Andrade, 2011, p. 93)

[323] O legislador de 2002 deu tratamento distinto à matéria da responsabilidade civil ao reconhecer de existência de ilícito (ato antijurídico) desvinculado da ideia de culpa, como se percebe da inclusão no rol de atos ilícitos da figura do abuso do direito previsto no art. 187. (Ibid., p. 113).

Muito embora seja necessário tomar conhecimento da existência de críticas ao modelo de cláusulas gerais, é também forçoso reconhecer que a opção do legislador de 2002 foi de fazer uso generoso de cláusulas gerais, principalmente no que concerne à matéria da responsabilidade civil, e isso representa grande vantagem ao Ordenamento brasileiro, porque esse sistema poderá acompanhar a evolução da realidade social, podendo ser mudada a interpretação dos dispositivos legislativos conforme a evolução da sociedade.

Por consequência dessas cláusulas gerais, o Código Civil de 2002 modificou o modelo jurídico da responsabilidade civil vigente no Código de 1916, que era baseado num único paradigma da responsabilidade, fundado na culpa, e acrescido por regimes de responsabilidade excepcionais. A legislação atual instituiu quatro novos paradigmas disciplinados nos arts. 186, 187, 927, parágrafo único, e 931, que são equivalentes por estarem estruturados sob a forma de cláusulas gerais, mas que têm âmbitos de incidência distintos.

Em virtude disso, o sistema das ilicitudes do Código Civil de 2002 é composto por cláusulas gerais, que podem ser separados em regimes tradicionais de ilicitude, nos quais estão a ilicitude pela violação de um direito e pelo abuso do direito;[324] e em novos regimes da ilicitude, fundados no risco, que deixaram de ser uma regra específica para ganhar o *status* de regime geral.[325]

Houve o abandono do sistema de ilicitude que era consagrado no Código Civil de 1916, o qual prestigiava a culpa como principal nexo de imputação da responsabilidade civil. Essa constatação é essencial para compreenderem-se as regras gerais que autorizam a responsabilidade objetiva imputada pelo risco da atividade ou pelo risco do empreendimento.

A substituição do sistema de responsabilidade civil objetiva, fundada na casuística, pelo modelo de cláusulas gerais da responsabilidade objetiva, que está disciplinado nos arts. 927, Parágrafo Único, e 931, pode ser considerada a grande inovação trazida pelo atual Código Civil, pois o modelo fundado na tipificação impedia o desenvolvimento da jurisprudência.[326]

---

[324] Essa orientação já foi defendida pela autora em publicação anterior a esta, a se ver: WESENDONCK, Tula. Transformações no sistema de ilicitudes no Código Civil de 2002. *Revista da Ajuris*, Porto Alegre, n. 116, dez. 2009.

[325] SANSEVERINO, 2010, p. 49.

[326] Se o dispositivo não for considerado uma cláusula geral da responsabilidade objetiva, traz uma regra clara de imputação objetiva para incidência da responsabilidade.

Assim, o Código Civil vigente apresenta um novo regime de responsabilidade civil, disciplinado na responsabilidade subjetiva (art. 186) e também objetiva (arts. 927, parágrafo único, e 931)[327] através de cláusulas gerais. Além disso, o Código Civil cuidou de disciplinar outra modalidade de ato ilícito, o abuso de direito, que está prevista no art. 187.[328]

Além de o Código Civil positivar uma regra a respeito da responsabilidade pelo abuso do direito,[329] manteve a regra geral da responsabilidade civil subjetiva, como já ocorria no Código Civil de 1916.

Embora o legislador de 2002 tenha repetido boa parte do art. 159 do Código Civil de 1916 no art. 186 do novo diploma, estabeleceu algumas distinções sutis que uma comparação mais atenta dos dispositivos demonstra a existência de modelo distinto de ilicitude do previsto no Código Civil revogado.

O art. 186 vinculou a incidência da responsabilidade civil à ocorrência de dano, como se vê na sutil substituição da conjunção **OU** do art. 159 do Código Civil de 1916, pela conjunção **E**, que está no seu dispositivo correspondente no Código Civil de 2002, o art. 186.

O Código Civil de 1916 estabelecia que aquele que, por ação ou omissão dolosa ou culposa, violasse direito ou causasse prejuízo a outrem seria obrigado a reparar o dano causado. O Código Civil de 2002 substitui a conjunção **OU** por **E**.

Com essa substituição, o Código Civil vigente passou a dispor que, para ocorrer ação humana ilícita, é necessário que haja violação de um direito. O ilícito passou então a comportar dois elementos: a violação de um direito em contradição com o ordenamento (antijuridicidade) e a sua imputação ao agente a título de dolo ou culpa (culpabilidade).[330]

Eugênio Facchini Neto defende que a nova redação dada ao art. 186 do Código Civil deixou claro que a responsabilidade civil somente

---

[327] Esse dispositivo que trata de uma modalidade de ilicitude não tem a culpa como seu elemento integrante, no entanto a ultrapassagem dos limites impostos pela boa-fé, bons costumes e finalidade econômica e social, valores ético-sociais consagrados pela norma e que não estão relacionados com a culpa, mas sim com a funcionalização dos modelos jurídicos em relação aos fins determinados pelos valores que estruturam o sistema do Código.

[328] Não é o objetivo principal deste livro fazer um exame exaustivo do abuso do direito, mas, em virtude da relevância da matéria, cabe referir pelo menos, que o art. 187 do Código Civil tem fonte no art. 334 do Código Civil português e por isso adota a orientação objetiva no que se refere à sua interpretação afastando-se da orientação subjetiva que exigiria atos de emulação para a configuração do abuso do direito. (LOPEZ, 2006, p. 117)

[329] NORONHA, 2007, p. 364.

[330] FACCHINI NETO, Eugênio. Da responsabilidade civil no novo Código. In: SARLET, Ingo Wolfgang (Org.). *O novo Código Civil e a Constituição*. Porto Alegre: Livraria do Advogado editora, 2003a, p. 164.

será incidente se causar dano a outrem. E isso reforça a orientação segundo a qual a função da responsabilidade civil é de natureza reparatória, compensatória, não tendo a punição efeito primordial.[331]

A redação dada pelo Código Civil brasileiro é parecida com a do Código Civil Italiano que prevê a cláusula geral da responsabilidade civil subjetiva disciplinada no art. 2.043 e dispõe que é fato ilícito todo fato doloso ou culposo que ocasiona a outro um dano injusto.[332]

O art. 186 prestigiou a culpa como elemento nuclear de uma das suas cláusulas gerais em virtude da existência de um vasto campo de aplicabilidade da responsabilidade subjetiva fundada na culpa.

É importante destacar no entanto, que o Código Civil de 2002 também acolhe a responsabilidade, independentemente de culpa, que se denomina objetiva.[333] No Código Civil brasileiro atual, tal como ocorre no Código Civil italiano, convivem cláusulas gerais de responsabilidade subjetiva com cláusulas gerais de responsabilidade objetiva, sendo expressiva, no Direito Civil italiano, a redação do art. 2.050.[334]

A opção feita pelo Código Civil de 2002 acompanhou a evolução pela qual passou a responsabilidade civil que deixou de ser fundada somente na culpa.

Esse fenômeno pode ser percebido de forma marcante no Direito francês que, mesmo tendo consagrado no Código Civil a culpa como fundamento privilegiado da responsabilidade civil, experimentou, a partir da metade do século XIX, uma extensão da responsabilidade civil, que foi marcada pela objetivação e pela coletivização da responsabilidade civil.[335]

A objetivação da responsabilidade no Direito francês ocorreu por três causas principais. A primeira foi a transformação da sociedade,

---

[331] GALGANO, Francesco. *Diritto Privato*. 11. ed. Padova: CEDAM, 2001, p. 366.

[332] Sob a forma de responsabilidade pelo risco, como refere COSTA, Mário Júlio de Almeida. *Direito das Obrigações*. 9. ed. Coimbra: Almedina, 2001, p. 484.

[333] "Aquele que emprega na atividade produtiva ou na vida privada meios que são fonte de perigo aceita com isso a eventualidade de ocasionar danos aos outros, deve por consequência assumir o risco de dever-lhe ressarcir também se não lhe tenha ocasionado por culpa". Galgano adverte, a esse propósito que, embora a responsabilidade tenha por princípio geral a ilicitude situada em um elemento subjetivo, esse princípio geral admite exceções, e as exceções são tantas que, na prática, a relação entre regra e exceções revela um quadro peculiar: quantitativamente seria muito maior a área dos casos de responsabilidade objetiva que a da responsabilidade subjetiva. O princípio geral termina assim como um princípio residual destinado a regular somente as situações nas quais não vige uma das tantas regras de responsabilidade objetiva (GALGANO, 2008, p. 375.). É interessante referir que na Itália existe norma parecida com a do art. 927, parágrafo único, que é o art. 2050 com será visto mais adiante.

[334] JOURDIN, Patrice. *Les principes de la responsabilité civile*. 8. ed. Paris: Dalloz, 2010, p. 9.

[335] Ibid., p. 10.

que a partir do século XIX passou a ser mais industrializada e mecanizada, o que resultou na multiplicação e no agravamento dos danos. Além disso, o século XX foi marcado pelo progresso técnico, o que fez surgir os riscos tecnológicos que, por sua vez, deram origem a novos danos, danos em série ou de massa, e o Direito passou a enfrentar a necessidade de indenização desses novos danos. A segunda causa foi a valorização da pessoa humana, marcada por uma sociedade que, ao presenciar o crescimento de atividades perigosas, passou a tolerar menos os "golpes do destino". A terceira causa foi a compaixão social, levando à reflexão que a culpa não poderia ser mais considerada como o único fundamento da responsabilidade civil, porque não teria condições de conferir indenização a todas as vítimas e, a partir de 1870, alguns autores passaram a ponderar a possibilidade de substituir a culpa pela ideia do risco.[336]

No Direito francês, a evolução da culpa para o risco ocorreu pela jurisprudência e também pela legislação.

A partir de 1885, a Corte de Cassação passou a considerar a responsabilidade objetiva pelos danos causados por animais. No julgado Teffaine, de 1896, a responsabilidade do guardião de uma coisa passou a ser imposta pelo art. 1.384 do Código Civil francês, mesmo no caso de vícios ocultos, havendo a possibilidade de excluir a responsabilidade somente pela prova de caso fortuito.[337]

A partir de 1911, a Corte de Cassação passou a considerar integrada no contrato de transporte de pessoas uma obrigação de segurança, garantindo à indenização das vítimas viajantes o mesmo tratamento que era dado ao guardião pelo fato da coisa. Hoje em dia, a jurisprudência tende a colocar, a cargo do profissional, obrigações pesadas (garantia, segurança, informação e conselho) que aumentam a responsabilidade.[338]

O legislador francês também criou regimes especiais de responsabilidade ou de indenização independentes da verificação de culpa do responsável, para os casos em que os acidentes são frequentes. Em 1898, foi criada a lei sobre os acidentes do trabalho que garantiu aos empregados uma indenização automática de seus danos (embora fosse fixa e limitada).

---

[336] LAMBERT-FAIVRE, Yvonne. L'évolution de la responsabilité civile d'une dette de responsabilité à une créance d'indemnisation. *Revue Trimestrielle de Droit Civil*, n. 1, janv./mars. 1987, p. 4.

[337] JOURDIN, 2010, p. 11-12.

[338] LAMBERT-FAIVRE, op. cit., p. 7.

A partir de 1985, a situação das vítimas passou a melhorar nos acidentes de circulação, pois foi reconhecido o direto à indenização de seus danos, sendo assegurada uma reparação integral e sistemática.[339]

Em 1998, foi transposta a Diretiva 85/374 que trata da responsabilidade pelo fato dos produtos defeituosos. A sociedade também reclamou do legislador a indenização automática de danos imputáveis às vacinações obrigatórias ou ao doador de sangue e também a indenização daqueles que sofrem danos em virtude de pesquisas biomédicas. Em 2002, foi criado um regime autônomo de indenização dos acidentes médicos não culposos para os danos de certa gravidade.[340]

Esse estudo evolutivo do Direito francês serve para corroborar a constatação doutrinária, percebida também no Direito brasileiro, segundo a qual a culpa passou a ser insuficiente para justificar a responsabilidade civil, pois deixava lacunas a respeito da indenização de alguns danos causados, consequentemente, a culpa "não poderia mais atuar solitária no cenário da responsabilidade civil".[341]

Houve, assim, uma reformulação jurídica que foi impulsionada pela valorização da pessoa humana, pela preocupação de não se deixar o dano sem indenização, e de minimizar o número de vítimas sem ressarcimento.[342]

E é nesse sentido que se devem interpretar as alterações trazidas pelo Código Civil 2002 no âmbito da responsabilidade civil, sobretudo no que diz respeito ao art. 931, sempre considerando que os tempos são outros, e o olhar sobre o Direito deve também ser outro, não podendo faltar espírito crítico comprometido com a realidade que o acompanha e com os ideais que reclamam justiça.[343]

A interpretação do art. 931 do Código Civil deve ser feita não somente considerando a evolução do seu processo legislativo, mas também o tratamento que é dado à responsabilidade civil no Código Civil atual.

Uma leitura breve dos dispositivos legais é suficiente para perceber que a responsabilidade civil recebeu atenção especial do legislador e isso é confirmado pelo uso generoso de cláusulas gerais, o que permite a interpretação da legislação conforme o avanço social, também

---

[339] BACACHE-GIBEILI, 2012, p. 813.

[340] HIRONAKA, Giselda Maria F. Novaes. *Responsabilidade pressuposta*. Belo Horizonte: Del Rey, 2005, p. 130.

[341] HIRONAKA, 2005, p. 130.

[342] Ibid., p. 114.

[343] Essa expressão já foi utilizada pela autora em Artigo de sua autoria (WESENDONCK, 2009).

o Código Civil é marcado por realizar verdadeiras transformações no sistema de ilicitudes brasileiro.[344]

Ao interpretar as normas que tratam da responsabilidade civil, não se pode esquecer que a defesa da pessoa humana passou a ser o centro de atenção de um novo direito, cujos primados da dignidade e da cidadania, elevados ao nível constitucional, exigem o desvio da atenção do indivíduo para uma preocupação com a efetivação dos direitos fundamentais.[345]

Essa orientação ganha maior interesse ao se interpretar o art. 931 do Código Civil. É necessário perceber que o dispositivo é uma nova cláusula geral da responsabilidade civil objetiva, e, se não houver um compromisso com a exploração das possibilidades interpretativas do dispositivo, isso pode prejudicar a efetivação da defesa dos direitos fundamentais e, por consequência, a efetividade do próprio art. 931 do Código Civil.

Nesse sentido, é importante lembrar que a própria Constituição Federal de 1988 teve uma preocupação com a inclusão de dispositivos dedicados a tratar da responsabilidade civil, dada a relevância da matéria, o que se vê através do art. 5°, nos incisos V (assegura o direto de resposta proporcional ao agravo e também a indenização por dano material, moral ou à imagem) e X (trata da inviolabilidade dos direitos personalíssimos e o direito à indenização), art. 7°, XXVII (dispõe sobre a indenização civil nas hipóteses de acidente do trabalho, alargando o entendimento da Súmula 229 do STF que a admitia apenas nas hipóteses de dolo ou culpa grave), art. 21, XXIII, "c" (estabelece a responsabilidade civil por danos nucleares independe da existência de culpa) e art. 37, § 6° (trata da responsabilidade objetiva do Estado).[346]

Com essa técnica de redação, a Constituição Federal de 1988 substituiu a supremacia da proteção da liberdade pela proteção da dignidade da pessoa humana. E isso exige que o intérprete não só reflita sobre a Constituição Federal, mas também esteja comprometido com a transformação do Direito, que foi trazida pela própria Carta Magna, uma vez que deixa de seguir o modelo de tutela do Código Civil de 1916, que era restrito à tutela do indivíduo e passa ter uma tutela da dignidade da pessoa humana.[347]

---

[344] HIRONAKA, op. cit., p. 116.

[345] CASILLO, João. Dano e indenização na Constituição de 1988. *Revista dos Tribunais*, São Paulo, v. 37, n. 660, 1990.

[346] MORAES, Maria Celina Bodin de. Constituição e direito civil: tendências. *Revista dos Tribunais*, São Paulo, n. 779, set. 2000, p. 47 *et seq.*

[347] A esse respeito impõe-se a consulta da obra de LUTZKY, Daniela Courtes. *A reparação de Danos Imateriais como Direito Fundamental*. Porto Alegre: Livraria do Advogado Editora, 2012, na qual a autora defende o direito à reparação dos danos existenciais como verdadeiro direito fundamental,

A Constituição respondeu aos anseios de uma sociedade ansiosa pelo tratamento da matéria de forma mais efetiva (tendo em conta que o modelo tradicional de responsabilidade fundada na culpa e no dano patrimonial já estava superado em virtude dos novos danos experimentados pela sociedade).

A responsabilidade civil passou a ser inserida na Constituição Federal, recebendo a proteção do manto constitucional, e isso exige mais esforço no exame e interpretação da matéria disciplinada no Código Civil, sob pena de que a determinação constitucional se torne letra morta. Isso não pode ocorrer, porque o objetivo da Constituição Federal, ao tratar da matéria, foi de conferir a ela proteção da norma constitucional, passando a ser objeto de competência de exame do STF, que é o guardião da Constituição.[348]

Essa noção é corroborada por Ingo Sarlet para quem o tratamento dado aos direitos fundamentais na Constituição Federal de 1988 faz com que, mesmo tendo sido referidos os direitos da personalidade no Código Civil de 2002, e a sanção pela sua violação, há utilidade em continuar usando o fundamento constitucional para a proteção desses direitos, tendo em vista que "as normas definidoras de direitos e garantias fundamentais têm aplicação imediata (art. 5.º, § 1º, da Constituição Federal de 1988), o que, por si só, já bastaria para demonstrar o tratamento diferenciado (e privilegiado) que os direitos fundamentais reclamam no âmbito das relações entre Constituição e Direito Privado. Se a influência sobre a ordem jurídico-privada não é, por certo, prerrogativa dos direitos fundamentais, também não há como negligenciar que existem fortes razões a sustentar uma natureza qualitativamente diferenciada".[349]

Assim, deve ser feita uma interpretação da legislação civil integrada à Constituição Federal[350] para que não ocorra o seu esvaziamento e se tenha o efeito de irradiação da Constituição Federal. Em suma, os direitos fundamentais, além de vincularem o legislador privado, vinculam os juízes e Tribunais a aplicarem o Direito Privado à luz da Constituição e dos direitos fundamentais.[351]

---

sob o argumento tratar-se a reparação dos danos imateriais uma resposta à violação dos direitos fundamentais.

[348] SARLET, Ingo Wolfgang. Direitos fundamentais e direito privado: algumas considerações em torno da vinculação dos particulares aos direitos fundamentais. *Revista de Direito do Consumidor*, São Paulo, n. 36, 2000, p. 54 *et seq.*

[349] FREITAS, Juarez. *A interpretação sistemática do direito.* São Paulo: Malheiros, 2010.

[350] SARLET, 2000, p. 54 *et seq.*

[351] Ibid., 54 *et seq.*

Vale lembrar que a "Constituição portuguesa de 1976 que, em seu art. 18/1, consagrou expressamente uma vinculação das entidades privadas aos direitos fundamentais; a nossa Constituição de 1988 sequer previu, a despeito de consagrar o princípio da aplicabilidade imediata das normas definidoras de direitos e garantias fundamentais (art. 5º, § 1º, Constituição Federal de 1988)".[352]

Por isso, é importante considerar que a responsabilidade civil não está somente voltada a um direito da personalidade e de sua violação prevista no Código Civil, mas também de um direito fundamental e de sua violação prevista na Constituição Federal, e isso porque aí se terá o efeito da eficácia imediata dos direitos fundamentais, conforme já dispôs Ingo Sarlet: "não vislumbramos razão para afastar, desde logo, uma vinculação direta dos particulares – seja qual for a natureza do direito fundamental em questão – a não ser quando se cuide de direitos fundamentais que tenham por destinatário precípuo o Poder Público".[353]

Isso conduz a uma "eficácia irradiante" e a um "dever geral de respeito" (...) "autorizando e impondo ações do Poder Público no sentido de proteger os direitos fundamentais também contra agressões oriundas de particulares, poderosos ou não". E não é demasiado destacar: "Todas as normas de Direito Privado, independentemente de sua qualidade, podem e devem ser consideradas para efeitos de uma interpretação embasada nos direitos fundamentais".[354]

Por conseguinte, é importante perceber que a responsabilidade civil deve ser interpretada aliada à Constituição Federal, porque, embora seja evidente que o Código Civil tenha dado nova feição à responsabilidade civil,[355] o que se deve em grande medida pela consolidação na legislação civil das orientações já preconizadas pela Constituição Federal de 1988, esse aspecto não pode ser considerado como determinante para o sepultamento das discussões a respeito da constitucionalização do Direito Privado; pelo contrário, deve servir como estímulo para

---

[352] SARLET, 2000, 54 *et seq.*

[353] Ibid., p. 54 *et seq.*

[354] O que pode ser percebido, entre outros aspectos, pela inclusão da regra geral da responsabilidade objetiva e pela preocupação em estabelecer a proteção aos direitos da personalidade.

[355] Essa posição pode ser percebida nas ideias apresentadas por Eugênio Facchini Neto em duas importantes publicações conforme segue: FACCHINI NETO, 2003a. FACCHINI NETO, Eugênio. Reflexões histórico-evolutivas sobre a constitucionalização do direito privado. In: SARLET, Ingo Wolfgang (Org.). *Constituição, direitos fundamentais e direito privado.* Porto Alegre: Livraria do Advogado, 2003b, p. 11-60.

reacender o debate em torno da matéria, considerando a utilidade que isso representa para explorar as hipóteses interpretativas do art. 931.[356]

Assim, o Código Civil estabeleceu cláusulas gerais de responsabilidade civil objetiva que se encontram no art. 927, Parágrafo Único, e no art. 931. Essas cláusulas gerais foram inseridas para alcançar princípio preconizado por Reale: o causador do dano deixa de se esconder atrás do escudo da culpa.[357]

O art. 927, Parágrafo Único, é um dos dispositivos mais importantes – e, igualmente, de maior dificuldade de compreensão e aplicação – do Código Civil, pois está marcado pela concepção culturalista, assentada na noção de estrutura social. Não se trata, portanto, da comum responsabilidade pelo risco. O legislador estabelece que a aplicação dessa forma de responsabilidade dependerá da análise da "atividade normalmente exercida pelo autor do dano que implique risco", com o que se possibilita ao intérprete definir qual regime de responsabilidade será aplicado.[358]

O Direito abandona o sistema estático, caracterizado pela tipificação das exceções à regra geral da responsabilidade subjetiva e passa a utilizar um sistema dinâmico, a depender da caracterização, ou não, da atividade como estrutura social "normalmente desenvolvida" pelo autor do dano como uma atividade geradora de riscos para os direitos alheios.

Esse modelo de responsabilidade objetiva, como regra geral para o tipo de atividade nela previsto, não é criação exclusivamente brasileira, outros ordenamentos também se serviram de formas aproximativas, como é o caso do Direito italiano[359] e do português.[360]

---

[356] Isso também representou a elevação da pessoa como centro de irradiação de seu sistema, perdendo, ou minimizando sensivelmente, o centralismo patrimonialista que dominava o Código Civil revogado, o que pode ser explicado pelo princípio da socialidade, diretriz básica do Código Civil de 2002. (REALE, Miguel. *O projeto do novo Código Civil*. São Paulo: Saraiva, 1999).

[357] MARTINS-COSTA, Judith. Os diretos fundamentais e a opção culturalista do novo Código Civil In: SARLET, Ingo Wolfgang (Org.). *Constituição, direitos fundamentais e direito privado*. Porto Alegre: Livraria do Advogado, 2006a, p. 83.

[358] A respeito da responsabilidade objetiva por atividade perigosa Pontes de Miranda questionava a utilidade da inserção de uma norma na legislação que tratasse de forma expressa sobre a previsão de regra geral da responsabilidade objetiva. Segundo o autor se a atividade é provavelmente perigosa, a ocorrência de dano estabelece a presunção *hominis*. Assim segundo o autor a previsão legislativa ou seria da responsabilidade objetiva, o que o autor considerava radical ou da transformação da presunção *hominis* em presunção *iuris tantum*. O autor referia a opção do legislador italiano pela presunção *iuris tantum* no art. 2050 do Código Civil. O autor defendia que no dispositivo italiano a responsabilidade era subjetiva com culpa presumida. (PONTES DE MIRANDA, Francisco Cavalcanti. *Tratado de Direito Privado*. Tomo LIII, São Paulo: Revista dos Tribunais, 1974, § 5501.)

[359] Embora na Itália e em Portugal haja um sistema semelhante ao brasileiro, na Alemanha não existe uma cláusula geral para a responsabilidade objetiva. A matéria é tratada em causas limita-

No Código Civil italiano, o art. 2050 dispõe: "Aquele que emprega na atividade produtiva ou na vida privada meios que são fonte de perigo aceita com isso a eventualidade de ocasionar danos aos outros, deve por consequência assumir o risco de dever-lhe ressarcir também se não lhe tenha ocasionado por culpa".[361] Mas admite-se uma prova liberatória que consiste na possibilidade de se isentar da responsabilidade com a prova de ter adotado todos os meios idôneos. Assim, a atividade perigosa deve ser exercida nas condições de máxima segurança com a adoção de todas as estratégias que a técnica oferece. Se ainda assim o evento danoso se verifica, isso será um evento inevitável e, dessa maneira, não tem relação de causalidade como o desenvolvimento da atividade perigosa.[362]

Embora o Código Civil português não tenha uma regra geral sobre a responsabilidade objetiva, pois o seu art. 493 dispõe que somente existe responsabilidade independentemente de culpa quando a lei o especifique, no art. 493, n. 2, aparece de forma sutil uma modalidade de objetivação da responsabilidade (se não considerada como responsabilidade objetiva de forma expressa, tal posicionamento pode derivar da inversão do ônus da prova operada em decorrência de uma presunção de culpa).

Mário Júlio de Almeida Costa refere que diante de um crescimento desordenado da responsabilidade pelo risco haveria uma tendência de o ordenamento português criar uma cláusula geral da responsabilidade objetiva, situação que ainda não teria acontecido no Direito Português.[363] A regra fica circunscrita ao disposto no art. 493, n. 2, prevendo que aquele que causar danos a outrem no exercício de uma atividade perigosa por sua própria natureza ou pela natureza dos meios utilizados é obrigado a repará-los, exceto se mostrar que empregou todas as providências exigidas pelas circunstâncias com o fim de preveni-los.

---

das de responsabilidade que estão no BGB e em leis especiais. Além de não ter uma cláusula geral sobre a responsabilidade objetiva, a jurisprudência não permite uma interpretação analógica dos dispositivos especiais tipificados. Os casos tipificados são de responsabilidade pelo detentor do animal, do veículo, do empresário de ferrovias, das instalações e conduções de energia, por aeronaves, energia nuclear, por medicamentos. (MEDICUS, 1995, p. 775).

[360] GALGANO, 2008, p. 376.

[361] Ibid., p. 377.

[362] COSTA, 2001, p. 560.

[363] O autor cita o posicionamento de Massimo Bianca no mesmo sentido. BELARDO, Leonardo de Faria. A responsabilidade civil no parágrafo único do art. 927 do Código Civil e alguns apontamentos do direito comparado. *Revista de Direito Renovar*, São Paulo, n. 29, maio/ago. 2004, p. 75 -77.

Portanto, é possível concluir que o autor não considerava o dispositivo como uma regra geral da responsabilidade objetiva, e sim como uma regra da responsabilidade subjetiva com culpa presumida.

Esse também é o posicionamento adotado por Leonardo de Faria Belardo, que refere que o Código Civil italiano, no art. 2.050, e o português, no art. 493, contemplam uma regra geral da responsabilidade objetiva, admitindo a possibilidade de se eximir da responsabilidade, provando que empregou todas as providências exigidas com o fim de prevenir os danos, o autor entende que no caso haveria uma culpa presumida.[364]

A esse respeito é interessante citar a posição encontrada no livro de José de Aguiar Dias, edição revisada, atualizada e ampliada por Rui Berford Dias. Segundo o atualizador, o Parágrafo Único do art. 927, Código Civil, que tem sido "aclamado como novidade", em verdade, não representa novidade, pois foi inspirado nos arts. 2.050 e 493 do Código Civil italiano e do português, respectivamente, e nesses dispositivos consagrava-se a presunção de culpa, e não a responsabilidade objetiva.[365]

Contudo, é preciso notar-se que mesmo que a redação do Parágrafo Único do art. 927 tivesse sido inspirada na legislação italiana e na portuguesa, a redação adotada no Brasil suprimiu a parte final dos dispositivos, que estabelecia a presunção de culpa. Em virtude disso, o modelo de legislação brasileira passou a considerar nesse dispositivo a responsabilidade como sendo objetiva, trazendo uma norma da responsabilidade objetiva, enquanto o modelo de responsabilidade objetiva, adotado anteriormente, era tipificado pelo arrolamento de exceções expressas à cláusula geral da responsabilidade por culpa, assim dependendo de definição expressa pelo legislador.[366]

O Parágrafo Único do art. 927 do Código tem sido interpretado com reservas, seja pelo fato de se criticar a redação extremamente genérica do dispositivo, seja porque a redação de origem foi travestida.

Algumas das críticas que têm sido levantadas ao dispositivo podem ter por fundamento o fato de o Parágrafo Único estar subordinado

---

[364] DIAS, José de Aguiar. *Da responsabilidade civil*. 10. ed. rev., atual. ampl. de acordo com o Código Civil de 2002 por Rui Berford Dias. Rio de Janeiro: Renovar, 2006, p. 636.

[365] Ibid., p. 652.

[366] Segundo Roger Silva Aguiar, a responsabilidade prevista no art. 927 Parágrafo único é uma norma aberta que permite a imputação da responsabilidade para preservar a expectativa de segurança da sociedade, não apenas da vítima, por uma existência mais segura. AGUIAR, 2011, p. 234.

ao *caput* do art. 927, que estabelece o dever de indenizar quando ocorrer ato ilícito, e o mesmo artigo se refere aos arts.186 e 187.

Isso pode induzir o intérprete ao posicionamento que o sistema da responsabilidade civil no Direito brasileiro continua subordinado à ideia da regra geral da responsabilidade subjetiva, seja pelo fato de o dispositivo usar o termo *ilícito* – como se viu, às vezes, se traça a associação de ilícito com culpa – ou pelo fato de o dispositivo se referir expressamente ao art. 186 que é a regra geral da responsabilidade subjetiva.

O fato é que o Código Civil de 2002 adota a teoria do "risco criado" em sua regra geral do art. 927, parágrafo único,[367] estando a responsabilidade civil vinculada à existência de risco, e não de perigo como descrito nos Códigos italiano e português.[368]

A responsabilidade pelo risco criado ocorre quando alguém exerce uma atividade criadora de perigos, devendo responder pelos danos que ocasione a terceiros como uma espécie de contrapartida das vantagens que aufere pelo exercício da atividade. O dever de indenizar resulta de uma conduta perigosa do responsável. Existem atividades humanas que envolvem o risco de causar prejuízos a terceiros, mas que a lei não as proíbe em virtude de serem socialmente úteis ou não reprovadas pelo consenso geral. Apenas são responsabilizadas as pessoas que as exercem perante os danos que eventualmente venham a produzir, ainda que sem culpa.[369]

Embora, nos casos de responsabilidade objetiva, para que haja a imputação da responsabilidade, não seja relevante questionar a culpa do agente e sua gravidade, no Direito português, elas ganham interesse na definição do limite quantitativo (arts. 508 e 510 do Código

---

[367] Interessante referir que essa ser parece uma diferença sutil, mas não é. No Código Civil brasileiro, não é requisito para a imputação da responsabilidade a atividade de perigosa. Assim, é possível a aplicação do dispositivo de maneira mais ampla. Para esse raciocínio, é necessário diferenciar as situações de atividade de risco (o que exigiria a noção de perigo) da expressão risco de atividade (riscos possíveis). Para elucidar a matéria é interessante transcrever a lição que segue: "Deve ficar claro que o risco é o conceito mínimo. Por óbvio, as atividades perigosas, mais do que arriscadas, estão abarcadas pelo dispositivo aqui estudado. Se o menos – o risco – gera responsabilização objetiva, o mais – o perigo também o faz. Em suma, o risco é o piso mínimo para incidência da norma. A conclusão não seria esta se o Código Civil Brasileiro tivesse adotado a mesma expressão – perigo – que consta dos Códigos Italiano e Português. Por certo, caso se responda objetivamente pelo perigo – conceito maior e mais agravado –, não se pode deduzir que a se responda da mesma forma pelo risco, que é conceito mentor e menos agravado." (TARTUCE, 2011, p. 195). Também sugere-se a consulta do Enunciado 38 da I Jornada de Direito Civil do Conselho da Justiça Federal: "a responsabilidade fundada no risco da atividade como prevista na segunda parte do parágrafo único do art. 927 do novo Código Civil, configura-se quando a atividade normalmente desenvolvida pelo autor do dano causar a determinada pessoa um ônus maior do que aos demais membros da coletividade".

[368] COSTA, 2001, p. 562.

[369] Ibid., p. 562

Civil português), no caso de vários responsáveis (arts. 500, 501 e 507) e também no caso de concorrência de culpa do lesado na produção ou agravamento do dano (art. 570). O art. 494 do Código Civil português possibilita a graduação equitativa da indenização em hipóteses de culpa e é aplicável à responsabilidade pelo risco (art. 499 do Código Civil português).[370] Esse também é o posicionamento de Paulo de Tarso Sanseverino.[371]

Para Noronha, a responsabilidade objetiva ou pelo risco – obrigação de reparar os danos independentemente de culpa ou dolo – nasce da prática de fatos meramente antijurídicos, geralmente relacionados com determinadas atividades, então denominadas riscos de atividades normalmente desenvolvidas pelo autor do dano, conforme determina o art. 927, parágrafo único, do Código Civil. A antijuridicidade tem natureza objetiva e existe sempre que o fato ofende direitos alheios de modo contrário ao direito, independentemente de qualquer juízo de censura que também possa estar presente e ser referido a alguém.[372]

A grande dificuldade que se encontra no art. 927, parágrafo único, é definir o que é risco da atividade.[373] Tentando explicar a matéria, Facchini arrola alguns casos da jurisprudência italiana consagrados como atividade perigosa: manipulação de explosivos, uso de serra elétrica, atividades envolvendo metais incandescentes, produção e distribuição de metano, serviço de abastecimento de gás para uso doméstico, circulação de veículos automotores, atividades de caça e parques de diversões.[374]

---

[370] SANSEVERINO, Paulo de Tarso Vieira. *Responsabilidade civil no Código do Consumidor e a defesa do fornecedor*. 2. ed. São Paulo: Saraiva, 2007, p. 287.

[371] NORONHA, 2007, p. 484.

[372] A esse respeito é cabível a advertência feita por Teresa Ancona Lopez, "é preciso não confundir atividade ou mesmo ato, com produto, que é o resultado de uma atividade (resultado da produção). Essa diferença também é fundamental, pois a atividade pode não ser perigosa, não pôr em risco os direitos de outrem, mas o seu produto pode ser perigoso para a segurança ou a saúde de quem o consome. Como exemplo, temos o caso do tabaco. A fabricação de cigarros ou charutos é extremamente segura e não põe em risco nem os operários, nem as pessoas do meio social. Os cigarros, já está provado, podem ser nocivos ou perigosos à saúde do consumidor. [...] O próprio Código Civil, de 2002, admite essa diferença ao cuidar da responsabilidade por fato do produto em outro dispositivo. Segundo o art. 931, 'ressalvados outros casos previstos em lei especial, os empresários individuais e as empresas respondem independentemente de culpa pelos danos causados pelos produtos postos em circulação'. Portanto, também adotou a teoria objetiva na esteira do Código de Defesa do Consumidor, para a responsabilidade pelo risco do produto. [...] essa diferença vai ter importância não-só para o Direito Comercial, mas também para o Direito do Consumidor e agora para o Direito Civil." LOPEZ, 2006, p. 125-126.

[373] FACCHINI NETO, 2003a, p. 166.

[374] GOMES, Luiz Roldão de Freitas. A responsabilidade civil subjetiva e objetiva no novo Código Civil. In:ALVIM, Arruda; CERQUEIRA, Joaquim Portes de; ROSAS, Roberto (Coord.). *Aspectos controvertidos do novo Código Civil*. São Paulo: Revista dos Tribunais, 2003, p. 457.

A respeito do tema ainda é necessário frisar que o atual Código Civil não se filiou à teoria do risco proveito, e sim à teoria do risco criado. Em vista desse fato, é necessário questionar se é desenvolvida uma atividade que cria risco para outrem; pouco importando que o causador do dano tire proveito ou não da atividade, a repercussão de um resultado bom ou ruim para o agente é irrelevante. Para a incidência da responsabilidade basta a verificação do dano, imputando àquele que exerce a atividade o dever de responder.[375]

É preciso também confrontar o Código Civil e o Código de Defesa do Consumidor. Sobre essa matéria, Sanseverino ensina que o Código Civil não revoga as normas do Código de Defesa do Consumidor, como indica de forma expressa o art. 931 do Código Civil.[376]

O regime do Código de Defesa do Consumidor protege de modo mais amplo o consumidor, assim sendo, a tendência é que, havendo relação de consumo, irá se buscar a aplicação do Código de Defesa do Consumidor, e não do Código Civil, conforme em virtude das vantagens que o sistema consumerista irá trazer.[377]

Dentre as vantagens, é possível referir o prazo prescricional do Código de Defesa do Consumidor é de cinco anos, enquanto o do Código Civil é de três anos. Além disso, é possível ponderar que no Código de Defesa do Consumidor aplica-se o princípio da reparação integral, não havendo a possibilidade de diminuir o valor da indenização, tendo em vista o grau da culpa, e o parágrafo único do art. 944 traz a possibilidade de redução da indenização.

Além da distinção entre o sistema consumerista e o civilista, é necessário estabelecer os requisitos para a configuração do art. 927, parágrafo único.

A atividade referida no dispositivo deve representar um perigo excepcional. Toda atividade enseja algum tipo de risco, mas a atividade somente poderá ser considerada como elemento de responsabilização quando as circunstâncias evidenciarem que a conduta adotada era inadequada ao risco oferecido por essa mesma atividade. Dessa forma, o taxista que exerce atividade normalmente de risco não pode ser condenado a reparar todo dano que causar, com fundamento na responsabilidade civil objetiva.[378]

---

[375] SANSEVERINO, 2010, p. 56.

[376] Ibid., p. 57.

[377] AGUIAR JÚNIOR, Ruy Rosado. Responsabilidade civil no novo Código Civil: conferência. *Revista do Tribunal de Contas do Estado do Rio Grande do Sul*, Porto Alegre, v. 36, p. 86- 90, maio 2004, p. 88.

[378] BELARDO, 2004, p. 67.

Alguns doutrinadores entendem que atividade significa prestação de serviço, de forma organizada, habitual, reiterada e profissional, e não de forma isolada por alguém. Tome-se como exemplo uma sociedade que tem como objeto a venda de flores e plantas e tem um gerador de energia movido a diesel para, no caso de falta de energia, poder manter refrigerado o seu estoque; se o gerador explode, acarretando danos aos prédios vizinhos, não é possível aplicar o art. 927, parágrafo único, do Código Civil.[379]

Assim, é necessário considerar que toda atividade pode implicar algum tipo de risco a terceiros, mas não é toda atividade que o legislador pretendeu abranger no parágrafo único do art. 927, mas apenas aquelas em que o risco é inerente, pois alude às atividades que implicam "por sua natureza" risco para os direitos de outrem. Não basta que a atividade desenvolvida pelo autor do dano crie risco a terceiros, sendo imprescindível que na natureza da sua atividade exista potencialidade lesiva fora dos padrões normais.[380]

Além desses aspectos, é necessário referir que a atividade deve acarretar risco para os direitos de outrem. A execução da atividade é que dever acarretar o risco, e não de qualquer ação ou omissão.

Atividade é o serviço profissional desenvolvido por alguém, pode ser uma atividade empresária ou não empresária, pois pode haver atividade de risco não empresária e que seja "normalmente desenvolvida" (por exemplo, atividade desenvolvida com cunho científico que, por manipular produtos explosivos ou radioativos, gera probabilidade de dano art. 966, parágrafo único) e atividade empresária que não implique, por sua natureza, risco (por exemplo, loja especializada na venda de balas e chocolates). É exemplo claro de atividade de risco aquela que tem correlação com produto inflamável,[381] explosivo,[382] tóxico, trabalho em minas ou subsolo, produtos nucleares, ou radioativos, armas de fogo, explosivos, manuseio de energia elétrica (sobretudo

---

[379] O autor cita Massimo Bianca para explicar a matéria, esclarecendo que se trata da "atividade que por sua própria natureza ou por características dos meios utilizados contém uma intensa possibilidade de provocar um dano em reação de sua acentuada potencialidade lesiva fora dos padrões normais". O autor critica Cavalieri, que nesse ponto entende que somente se restringiria a atuação do art. 927, parágrafo único, ao caso de obrigações de resultado. Ibid., p. 69.

[380] Nesse sentido pode ser citado o exemplo de pessoa que está passando na via pública e ocorre uma explosão dentro de um posto de gasolina nas proximidades, causando-lhe ferimentos. BELARDO, 2004, p. 79.

[381] Caso de sociedade que transporta combustível e não está na cadeia do consumo, não se podendo aplicar o art. 17 do Código de Defesa do Consumidor, se ocorrer qualquer acidente com o líquido, incide o art. 927, Parágrafo Único NICOLAU, 2006, p. 240.

[382] A direção de veículos, por si só, traz riscos para terceiros, mas não pode ser considerada como uma atividade como é o caso de transporte de pessoas ou de coisas. BELARDO, 2004, p. 72.

acima das casas das pessoas),[383] e ações no exercício de atividade agrícola que podem ensejar danos a terceiros como pulverização de lavouras[384] ou queimadas.[385]

Risco não quer dizer incerteza, mas probabilidade de dano. Atividades de risco são as que criam para terceiros um estado de perigo, a probabilidade de sofrer um dano, probabilidade maior do que a normal, derivadas das outras atividades.[386]

A esse respeito o Tribunal de Justiça do Rio Grande do Sul considerou atividade perigosa o transporte de valores, impondo a responsabilidade à empresa transportadora de valores a lesão a terceiros numa troca de tiros.[387] A própria empresa transportadora de valores reconhece

---

[383] RESPONSABILIDADE CIVIL Indenização por danos morais e materiais Alergia decorrente de contato com defensivos agrícolas pulverizados em lavoura canavieira Dever de indenizar configurado Responsabilidade pelo desempenho de atividade de risco Comprovação do nexo causal – Aplicação do art. 927, parágrafo único, do CC – Dano material comprovado – Sentença reformada Recurso parcialmente provido. (TJ-SP – APL: 9079712422007826 SP 9079712-42.2007.8.26.0000, Relator: Luís Francisco Aguilar Cortez, Data de Julgamento: 08/05/2012, 2ª Câmara de Direito Privado, Data de Publicação: 08/05/2012)

[384] Direito Civil e Processual Civil. Apelação Cível. Preliminar de nulidade de sentença por ausência de fundamentação suscitada pela apelante. Rejeição. Ação de indenização por danos morais e materiais. Nexo causal entre a conduta da empresa apelante e o evento danoso devidamente comprovado. Empresa que explora atividade canavieira, com a plantação e queima da plantação. Queimada que atingiu a propriedade vizinha, causando prejuízos ao autor/apelado. Responsabilidade objetiva. Ineficácia das alegações de culpa exclusiva de terceiro com excludente de culpabilidade e de responsabilidade. Teoria do risco da atividade (art. 927, parágrafo único do CC/2002. Quantum indenizatório carente de razoabilidade e proporcionalidade. Ajuste que se impõe. recurso conhecido e parcialmente provido. (101657 RN 2010.010165-7, Relator: Des. Dilermando Mota, Data de Julgamento: 18/10/2011, 1ª Câmara Cível)

[385] Ibid., p. 70.

[386] É de conhecimento geral que o transporte de valores é alvo constante de investidas criminosas, motivo pelo qual não se pode alegar a imprevisibilidade, tampouco inevitabilidade em assalto perpetrado contra os funcionários da empresa do ramo. 2. Tiroteio entre assaltantes e funcionários da empresa transportadora de valores em praça de alimentação de movimentado *shopping center*. Autor alvejado no joelho por um projétil de arma de fogo. 3. Atitude negligente do estabelecimento comercial ao permitir que funcionários da transportadora circulassem com malotes de valores em local público, de grande concentração de clientes. Igualmente responsável a empresa incumbida do transporte de valores, tendo em vista que aufere lucros desta atividade, eminentemente de risco. Negaram provimento às apelações das rés, e deram provimento parcial à apelação do autor. Unânime. (RIO GRANDE DO SUL. Tribunal de Justiça. Apelação Cível Nº 70011760774. Nona Câmara Cível. Relator: Odone Sanguiné. Julgado em: 24 ago. 2005).

[387] "É responsável aquele que causa dano a terceiro no exercício de atividade perigosa, sem culpa da vítima. 2. Ultimamente vem conquistando espaço o princípio que se assenta na teoria do risco, ou do exercício de atividade perigosa, daí há de se entender que aquele que desenvolve tal atividade responderá pelo dano causado. 3. A atividade de transporte de valores cria um risco para terceiros. Neste quadro", conforme o acórdão estadual, "não parece razoável mandar a família do pedestre atropelado reclamar, dos autores não identificados do latrocínio, a indenização devida, quando a vítima foi morta pelo veículo da ré, que explora atividade sabidamente perigosa, com o fim de lucro". Inexistência de caso fortuito ou força maior. BRASIL. Superior Tribunal de Justiça. REsp 185659/SP; RECURSO ESPECIAL 1998/0060138-4. Terceira Turma. Relator: Ministro Carlos Alberto Menezes Direito. Relator(a) p/ Acórdão Ministro Nilson Naves. Órgão Julgador Data do Julgamento 26/06/2000 Data da Publicação/Fonte DJ 18.09.2000 p. 126 RSTJ vol. 150 p. 262.

o perigo de sua atividade, pois os guardas estão fortemente armados e usam coletes à prova de balas.

No mesmo sentido foi a decisão proferida pelo Superior Tribunal de Justiça, ainda na vigência do Código Civil de 1916, que reconheceu a responsabilidade da empresa transportadora de valores pelo atropelamento de pedestre em momento de troca de tiros com assaltantes.[388]

Também é aventada a responsabilidade objetiva das instituições financeiras por cheques falsos ou sem fundos.[389] Mesma orientação é aplicada no caso concessão de cartão de crédito mediante a apresentação de documento falso que acarreta prejuízo para o suposto titular do cartão.[390]

Outra matéria que tem gerado discussão é a incidência do dispositivo às indenizações civis decorrentes de acidentes de trabalho. A doutrina já tem aventado a possibilidade de atribuir essa aplicação tendo em vista que a posição seria mais favorável ao empregado.[391] [392]

A doutrina defende que em algumas situações, desde que cumpridos os pressupostos do art. 927, parágrafo único, a responsabilidade do empregador pelos acidentes de trabalho poderia ser considerada objetiva, tendo em vista o diálogo das fontes, entre o Código Civil e a Constituição Federal, necessário para superar as antinomias, no qual ficaria evidente que o Código Civil poderia ter uma norma de proteção do empregado mais efetiva que a própria Constituição Federal.[393]

---

[388] BELARDO, 2004, p. 79.

[389] Responsabilidade Civil. Contratação com o autor. Fato não comprovado. Concessão de cartão de crédito com uso de documento falso. Excludente do fato de terceiro. Não configuração. Risco da atividade. Ausência de prova de cautela na contratação. Responsabilidade configurada. Cano moral caracterizado. Valor da indenização. manutenção. Recursos desprovidos. Sem prova da autenticidade da contratação e ausente a excludente de responsabilidade baseada em fato de terceiro, tem-se como ilegal a restrição em nome do autor em cadastro de devedores, fato suficiente para gerar dano moral. A indenização fixada com razoabilidade a de acordo com as peculiaridades do caso concreto não comporta alteração. (TJ-PR – AC: 6175762 PR 0617576-2, Relator: Vitor Roberto Silva, Data de Julgamento: 12/05/2011, 10ª Câmara Cível, Data de Publicação: DJ: 640)

[390] NICOLAU, Gustavo Rene. Efetiva aplicação da teoria do risco no Código Civil de 2002. In: DELGADO, Mario Luiz; ALVES, Jones (Coord.). *Novo Código Civil:* questões controvertidas responsabilidade civil. São Paulo: Método, 2006, v. 5, p. 239.

[391] No mesmo sentido, RIZZARDO, Arnaldo. *Responsabilidade civil*. Rio de Janeiro: Forense, 2005, p. 500-502.

[392] KIRCHNER, Felipe A responsabilidade civil objetiva no art. 927, parágrafo único, do CC/2002. *Revista dos Tribunais*, São Paulo, v. 871, maio 2008, p. 46.

[393] Nesse sentido merece referência alguns julgados conforme segue:
RECURSO DE REVISTA. ACIDENTE DE TRABALHO. RESPONSABILIDADE CIVIL OBJETIVA. INDENIZAÇÃO POR DANOS MORAIS E ESTÉTICOS. ART. 927, PARÁGRAFO ÚNICO, DO CÓDIGO CIVIL. ART. 7º , *CAPUT* E INCISO XXVIII, DA CONSTITUIÇÃO FEDERAL. O texto constitucional (art. 7º, *caput* e XXVIII) abraça a responsabilidade subjetiva, obrigação de a empresa indenizar o dano que causar ao trabalhador mediante comprovação de culpa ou dolo, e o Código Civil (art. 927), a responsabilidade objetiva, na qual não se faz necessária tal comprovação, pois fundada na teoria do risco da atividade econômica. A primeira, norma constitucional, trata de

garantia mínima do trabalhador e não exclui a segunda, que, por sua vez, atribui maior responsabilidade civil à empresa, perfeitamente aplicável de forma supletiva no Direito do Trabalho, haja vista o princípio da norma mais favorável, mais o fato de o Direito Laboral primar pela proteção do trabalhador e à segurança e medicina do trabalho, institutos destinados a assegurar a dignidade, integridade física e psíquica do empregado no seu ambiente de trabalho (arts. 1°, III, 7°, XXII, e 225 da Constituição Federal). É certo que a responsabilidade objetiva deve ser excluída quando houver culpa exclusiva da vítima, caso fortuito, força maior e fato de terceiro. Não prospera, porém, a alegação de que teria havido culpa exclusiva da vítima.No caso dos autos, o Regional consignou que, no dia do acidente, a empresa não fiscalizou a utilização dos equipamentos de proteção, configurando, portanto, a culpa concorrente da reclamada. Não fosse a incidência da responsabilidade objetiva, estaria a recorrente na contingência de ser condenada por culpa. Recurso de revista conhecido e não provido.

DANOS MORAIS E ESTÉTICOS. FUNÇÃO DE ELETRICISTA. EMPRESA DE ENGENHARIA. PERDA DA VISÃO DE UM DOS OLHOS. FIXAÇÃO DO VALOR DA INDENIZAÇÃO. A atribuição de valor para a reparação por dano moral e estético somente atenta contra o princípio da proporcionalidade e razoabilidade quando o valor fixado é irrisório ou excessivamente elevado, não sendo essas as hipóteses dos autos. A indenização por danos morais não tem como único objetivo a compensação da dor sofrida pelo trabalhador, mas também de servir como uma razoável carga pedagógica a fim de inibir a reiteração de atos do empregador que afrontem a dignidade humana. No caso, diante das premissas fáticas evidenciadas nas decisões da instância ordinária, tais como função de eletricista em atividade de risco de empresa de engenharia; capacidade econômica da reclamada; gravidade da lesão; inobservância das normas de segurança e proteção relativa à fiscalização do uso de EPI; entende-se razoáveis e proporcionais os valores fixados para a indenização por danos morais e estéticos. Recurso de revista não conhecido.

HONORÁRIOS ADVOCATÍCIOS. AÇÃO DE INDENIZAÇÃO POR DANOS MORAIS E MATERIAIS DECORRENTES DE ACIDENTE DE TRABALHO. AJUIZAMENTO DA AÇÃO NA JUSTIÇA DO TRABALHO. APLICAÇÃO DA SÚMULA 219 DO TST. SIMPLES SUCUMBÊNCIA. IMPOSSIBILIDADE. Em razão das ações iniciadas na Justiça Comum e remetidas posteriormente a esta Justiça Especializada, surgiu discussão quanto aos requisitos necessários para concessão dos honorários advocatícios. Assim, esta Corte editou a Instrução Normativa n° 27/2005, a qual reporta-se aos procedimentos aplicáveis ao processo do trabalho em decorrência da ampliação da competência dessa Justiça Especializada. Observa-se que o deferimento dos honorários advocatícios pela mera sucumbência na Justiça do Trabalho, nos termos do art. 5° da IN 27/2005 do TST, refere-se apenas às ações originárias da Justiça Comum e remetidas para esta Justiça Especializada em razão da ampliação da competência material, consoante preconizado na Orientação Jurisprudencial n° 421 da SBDI-1/TST. No caso, a presente ação foi ajuizada diretamente na Justiça do Trabalho, sendo, portanto, indevida a condenação ao pagamento de honorários advocatícios por mera sucumbência. Recurso de revista conhecido e provido. (TST – RR: 18024420105110004 1802-44.2010.5.11.0004, Relator: Augusto César Leite de Carvalho, Data de Julgamento: 16/10/2013, 6ª Turma, Data de Publicação: DEJT 18/10/2013).

AGRAVO DE INSTRUMENTO. RECURSO DE REVISTA – DESCABIMENTO. ACIDENTE DE TRABALHO. DANO MORAL. A CARACTERIZAÇÃO DE RESPONSABILIDADE OBJETIVA DEPENDE DO ENQUADRAMENTO TÉCNICO DA ATIVIDADE EMPREENDIDA COMO SENDO PERIGOSA. ARTIGO 927, PARÁGRAFO ÚNICO, DO CÓDIGO CIVIL. TRABALHO COM MOTOCICLETA. 1 . Condenação ao pagamento de indenização por dano moral, baseada na aplicação da responsabilidade objetiva, pressupõe o enquadramento técnico da atividade empreendida como sendo perigosa. 2. Os trabalhadores que se utilizam de motocicletas como condição para a prestação de serviços enfrentam , cotidianamente , grandes riscos com a falta de estrutura da malha rodoviária brasileira . O perigo de acidentes é constante, na medida em que o trabalhador se submete, sempre, a fatores de risco superiores àqueles a que estão sujeitos o homem médio. Nesse contexto, revela-se inafastável o enquadramento da atividade como de risco, o que autoriza o deferimento do título postulado com arrimo na aplicação da responsabilidade objetiva conforme prevista no Código Civil. No caso, a atividade normalmente exercida pelo empregado, que se servia de motocicleta para a prestação de serviços, submetia-o, diariamente, a superlativos fatores de risco . Precedentes. Agravo de instrumento conhecido e desprovido. (TST – AIRR: 15653820115180082 1565-38.2011.5.18.0082, Relator: Alberto Luiz Bresciani de Fontan Pereira, Data de Julgamento: 22/05/2013, 3ª Turma, Data de Publicação: DEJT 24/05/2013).

O Regime da Responsabilidade Civil pelo fato dos produtos postos em circulação

Embora esse tenha sido um caso referido pela doutrina, é necessário alertar-se que o principal obstáculo para a aplicação da responsabilidade objetiva é o art. 7º, XXVII, da Constituição Federal que prevê que o empregador somente será obrigado a reparar quando proceder com dolo ou culpa. Tendo em vista que a norma constitucional traz de forma expressa a fixação da responsabilidade subjetiva, a orientação de enquadrar a situação como sendo objeto de responsabilidade objetiva poderia ser considerada inconstitucional, tornando a tese de responsabilidade objetiva questionável.

Porém, a orientação majoritária da doutrina e da jurisprudência atuais defende que esse argumento não deve prosperar pelo raciocínio segundo o qual a Constituição Federal teria previsto um patamar mínimo de responsabilidade do empregador, podendo ser ele ampliado por legislações posteriores, como é o caso do art. 927, parágrafo único, do Código Civil.[394]

Cabe referir também que a esse respeito se manifestou o Superior Tribunal de Justiça,[395] reconhecendo a possibilidade de aplicação do art. 927, parágrafo único, do Código Civil nos casos de acidente de trabalho defendendo que a regra constante do art. 7º, XXVIII, da Constituição Federal não pode ser considerada como intransponível tendo em vista que o *caput* desse artigo tem por objetivo conceder melhoria das condições de trabalho aos trabalhadores. Assim, defendeu a

---

[394] "O art. 7º da CF se limita a assegurar garantias mínimas ao trabalhador, o que não obsta a instituição de novos direitos – ou a melhoria daqueles já existentes – pelo legislador ordinário, com base em um juízo de oportunidade, objetivando a manutenção da eficácia social da norma através do tempo. – A remissão feita pelo art. 7º, XXVIII, da CF, à culpa ou dolo do empregador como requisito para sua responsabilização por acidentes do trabalho, não pode ser encarada como uma regra intransponível, já que o próprio caput do Artigo confere elementos para criação e alteração dos direitos inseridos naquela norma, objetivando a melhoria da condição social do trabalhador. – Admitida a possibilidade de ampliação dos direitos contidos no art. 7º da CF, é possível estender o alcance do art. 927, parágrafo único, do CC/02 – que prevê a responsabilidade objetiva quando a atividade normalmente desenvolvida pelo autor do dano implicar, por sua natureza, risco para terceiros – aos acidentes de trabalho. – A natureza da atividade é que irá determinar sua maior propensão à ocorrência de acidentes. O risco que dá margem à responsabilidade objetiva não é aquele habitual, inerente a qualquer atividade. Exige-se a exposição a um risco excepcional, próprio de atividades com elevado potencial ofensivo. – O contrato de trabalho é bilateral sinalagmático, impondo direitos e deveres recíprocos. Entre as obrigações do empregador está, indubitavelmente, a preservação da incolumidade física e psicológica do empregado no seu ambiente de trabalho. – Nos termos do art. 389 do CC/02 (que manteve a essência do art. 1.056 do CC/16), na responsabilidade contratual, para obter reparação por perdas e danos, o contratante não precisa demonstrar a culpa do inadimplente, bastando a prova de descumprimento do contrato. Dessa forma, nos acidentes de trabalho, cabe ao empregador provar que cumpriu seu dever contratual de preservação da integridade física do empregado, respeitando as normas de segurança e medicina do trabalho. Em outras palavras, fica estabelecida a presunção relativa de culpa do empregador. Recurso especial provido."(BRASIL. Superior Tribunal de Justiça. Recurso Especial 2008/0136412-7, Terceira Turma. Relator: Sidnei Beneti Relator para Acórdão: Ministra Nancy Andrighi. Julgado em: 26 maio 2009. *DJe* 25 jun. 2009).

[395] NICOLAU, 2006, p. 240.

Ministra Nancy Andrighi que seria possível considerar a responsabilidade do empregador como objetiva nos casos em que a atividade desenvolvida pelo empregado fosse considerada perigosa.

No entanto, ainda que a ementa consultada faça referência expressa à responsabilidade objetiva do empregador, vê-se no final da ementa que o caso, na verdade, foi julgado com base no reconhecimento de culpa presumida do empregador que ficaria com a incumbência de provar que "cumpriu seu dever contratual de preservação da integridade física do empregado, respeitando as normas de segurança e medicina do trabalho".

Por isso, muito embora tenha sido usado o art. 927, parágrafo único, do Código Civil como fundamento da decisão, a mesma trata da responsabilidade subjetiva com culpa presumida, e não da responsabilidade objetiva.

Também se questiona a possibilidade de considerar objetiva a responsabilidade do profissional liberal nos casos em que ocorrer situação de risco, situação em que poderia se vislumbrar a aplicação do art. 927, parágrafo único, do Código Civil.[396]

Essa situação merece atenção redobrada, pois o art. 14 do Código de Defesa do Consumidor considera a responsabilidade do profissional liberal subjetiva, com fundamento na culpa;[397] por isso a tese da responsabilidade objetiva do profissional liberal é questionável, ainda mais se considerando que o Código Civil não revoga o Código de Defesa do Consumidor, tendo em vista que o primeiro é lei genérica e que segundo, mesmo sendo anterior, continua em vigor por ser lei específica.[398]

A responsabilidade pela condução de veículos automotores e de transporte é outra matéria polêmica. Já existe na doutrina orientação no sentido de reconhecer que a condução de automóvel é atividade perigosa.[399] No entanto, é necessário considerar que a direção de veículos, por si só, traz riscos para terceiros, mas não pode ser considerada como uma atividade.[400] O reconhecimento dessa responsabilidade somente poderá se dar nos casos em que a atividade for exercida de maneira

---

[396] A razão do dispositivo consumerista consiste no fato de não poder ser caracterizada massificada a relação estabelecida entre o profissional liberal e o consumidor, pois pela própria natureza do serviço prestado pelo profissional liberal a relação contratual é individualizada.

[397] Em sentido contrário, defendendo a responsabilidade do profissional liberal, pode ser citado KIRCHNER, 2008, p. 47.

[398] Nesse sentido, GONÇALVES, 2013, p. 25 e PEREIRA, Caio Mário da Silva. *Instituições de direito civil*. 11. ed. Rio de Janeiro: Forense, 2004, v. 3, p. 563.

[399] BELARDO, 2004, p. 72

[400] Nesse sentido KIRCHNER, 2008, p. 50.

profissional, para que se atendam os requisitos estabelecidos no art. 927, parágrafo único do Código Civil.[401]

Além da cláusula geral da responsabilidade objetiva tratada no parágrafo único do art. 927, também há no Código Civil um dispositivo relacionado ao fato do produto que está prevista no art. 931 do Código Civil.

O dispositivo não tem sido objeto de estudo como o art. 927, parágrafo único, mas é de extrema relevância, principalmente considerando que traz grande inovação no que se refere aos legitimados para responder no caso de acidente de consumo. Essa referência aos legitimados tem feito com que parte da doutrina sustente a possibilidade de o comerciante deixar de ser responsável subsidiário para passar a ser responsável solidário,[402] como será visto na segunda parte deste texto.

Essa interpretação decorre da leitura do dispositivo que estabelece a responsabilidade dos empresários pelos produtos postos em circulação. A disposição do Código Civil não repetiu a disposição do Código de Defesa do Consumidor, que no art. 12 somente responsabiliza o fabricante, produtor, construtor e incorporador pelo fato do produto, havendo assim uma clara subsidiariedade em relação aos legitimados, pois, em regra, o comerciante foi excluído da via principal.

Já no sistema adotado pelo Código Civil, como não houve essa orientação expressa da subsidiariedade, e o art. 931 se refere às figuras do empresário e da empresa sem definir qual a atividade por eles exercida (fabricante ou comerciante), a interpretação literal do dispositivo abriria as portas para a regra da solidariedade, e é com base nesse fundamento que a doutrina sustenta que o comerciante estaria legitimado para figurar na ação indenizatória mesmo estando o fabricante identificado.[403]

O artigo também serve como mecanismo de defesa daquela empresa ou do empresário individual que foi obrigado a indenizar em virtude dos danos decorrentes do produto posto em circulação.

Além disso, é possível aplicar a responsabilidade objetiva para os casos nos quais a vítima do produto não é um consumidor, como já

---

[401] Nesse sentido, MIRAGEM, 2008.

[402] Interessante salientar que isso tem causado uma certa inquietude nos meios acadêmicos, já que, aplicando-se o Código Civil de 2002, o empresário seria responsável sobre a qualidade e segurança das mercadorias, mesmo das que recebe lacradas.

[403] RIO GRANDE DO SUL. Tribunal de Justiça. Apelação Cível n. 70022074371. Relator: Paulo Roberto Lessa Franz.Julgado em: 10 jul. 2008. "Responsabilidade da empresa fornecedora de botijões de gás por botijões apreendidos na revenda dos autores em desconformidade com as prescrições legais. Responsabilidade Objetiva. Incidência do disposto no art. 931 do Código Civil".

decidiu de forma acertada o Tribunal de Justiça do Rio Grande do Sul ao julgar um caso em que a empresa fornecedora de botijões de gás foi considerada responsável pelos danos que o revendedor teve, em virtude de oferecer no mercado botijões com peso incompatível com o anunciado.[404]

Vê-se que, nesse caso, muito embora não seja reconhecida a relação de consumo, a responsabilidade civil objetiva se impõe, tendo em vista a responsabilidade do fornecedor do produto, que, por ter fornecido produto com peso inferior ao indicado, acabou acarretando danos ao revendedor que respondeu por processo crime, tendo em vista a incidência do art. 7º, II e IX, do Código de Defesa do Consumidor c/c art. 29 do CP.

Também foi reconhecida a incidência do art. 931 do Código Civil no caso de danos decorrentes de automóvel adquirido com partes provenientes de furto (mesmo sem o conhecimento do vendedor), o que gerou ao seu adquirente constrangimento junto ao DETRAN. No caso concreto, o autor da ação indenizatória não alegou a existência de relação de consumo, somente referiu a incidência do art. 931 do Código Civil o que foi reconhecido pelo Tribunal de Justiça de Minas Gerais.[405]

O art. 931 trata de uma figura denominada risco do empreendimento, segundo a qual todo e qualquer produto posto em circulação que causar dano a outrem obriga o causador do dano a reparar, independentemente de se tratar de relação de consumo ou não.

O grande questionamento que se coloca no caso em questão diz respeito aos casos nos quais se irá aplicar o instituto trazido pelo art. 931.

Sobre isso, manifesta-se Ruy Rosado de Aguiar Jr. entendendo que somente seria cabível a sua aplicação nos casos de inexistência de lei específica sobre a matéria. Por exemplo, não seria incidente aos casos de responsabilidade decorrente de energia nuclear, relações de consumo e atividade profissional. Para o autor, o artigo somente seria incidente Assim, toda vez que não existir relação prevista em lei, e o empresário colocar um produto em circulação, passará a responder pelo dano

---

[404] Apelação Cível – Ação Indenizatória por Dano Moral e Material – Veículo com Partes Provenientes de Furto – Dano Moral Configurado – Parcial Provimento ao Recurso. Se o indivíduo adquire de revenda de automóveis um veículo com partes registradas como provenientes de furto, e somente no ato da transferência no Departamento de Trânsito é descoberta tal origem ilícita, deve ser reparado pelo dano moral sofrido. (TJ-MS – AC: 14468 MS 2006.014468-5, Relator: Des. Luiz Tadeu Barbosa Silva, Data de Julgamento: 04/06/2009, 5ª Turma Cível, Data de Publicação: 16/07/2009)

[405] AGUIAR JÚNIOR, 2004, p. 89.

decorrente da circulação, que significa pôr o produto em contato com terceiros, porque exposto, entregue, transportado.[406]

Alguns exemplos têm sido trazidos pela doutrina em defesa da aplicação do art. 931 do Código Civil, como é o caso da explosão de depósito de fogos de artifício, que embora não tenha provocado morte ou ferimento de ninguém, causou prejuízo ao proprietário, tendo sido apurado pela perícia que não aconteceu nenhum defeito de estocagem, que pudesse dar causa à explosão, restou apenas a imputação da responsabilidade do fabricante dos fogos de artifício. Antes do Código Civil de 2002, a responsabilidade seria subjetiva e agora passa a ser objetiva.[407]

Outro exemplo é o caso do estouro de pneu de transportadora de carga que leva a graves prejuízos – ação de regresso do prestador de serviço, que tendo respondido objetivamente face ao consumidor pode receber do fornecedor do produto aquilo que teve de indenizar.[408]

Além desses aspectos, deve-se atentar para os danos provenientes dos riscos do desenvolvimento que são aqueles que não podem ser cientificamente conhecidos no momento do lançamento do produto no mercado, sendo descobertos somente após certo período de uso do produto e do serviço.[409] O defeito é desconhecido e imprevisível na época em que o produto é posto em circulação. Como exemplo disso, podem ser citados os danos provenientes de medicamentos, como foi o caso dos danos provocados pela talidomida,[410] que provocavam má

---

[406] DIREITO; CAVALIERI FILHO, 2007, p. 222.

[407] Ibid., p. 222.

[408] Dada a relevância da matéria, esse assunto será tratado com mais profundidade mais adiante, quando serão exploradas as hipóteses interpretativas do art. 931.

[409] SANSEVERINO, 2010, p. 329.

[410] Interessante ressaltar a esse respeito a decisão proferida no dia 16 de julho de 2009 pelo TRF da 3ª Região – São Paulo, que reconheceu a responsabilidade da União pelo fato de ter demorado para tirar de circulação o medicamento que continha Talidomida, conforme segue: Quanto ao mérito, cuida-se de pretensão à indenização por dano moral em favor das pessoas representadas pela autora, ASSOCIAÇÃO BRASILEIRA DOS PORTADORES DA SÍNDROME DA TALIDOMIDA (ABPST), vítimas de deformações físicas provocadas pelo uso materno, durante a gestação, do medicamento conhecido como Talidomida , distribuído nas décadas de 1950 e 1960 pelo laboratório alemão "Chemie Grunenthal". 13. Os interessados estão inseridos no grupo denominado "vítimas de primeira geração", nascidas no período de 1957 a 1965. 14. No que diz respeito à prescrição, precedentes desta Corte e do Superior Tribunal de Justiça assentaram a imprescritibilidade dos denominados "direitos da personalidade", como no caso de danos morais por violação de direitos humanos. 15. A grave omissão do Estado em zelar pela saúde dos seus cidadãos, como no caso em julgamento, compromete seriamente o seu direito à vida plena, de forma violar o inciso III da Declaração Universal dos Direitos Humanos (1948), segundo o qual toda pessoa tem o direito à vida. 16. As deformações e limitações produzidas pelo uso inadequado da Talidomida, sem dúvida alguma, afetam seriamente os direitos da personalidade, cuja reparação goza da imprescritibilidade. 17. Desta maneira, fica afastada a alegação de prescrição, não se aplicando as disposições do Decreto 20.910/32. 18. É irrefutável que as pessoas representadas pela parte autora são vítimas de deformações causadas pelo uso materno do medicamento Talidomida, visto que integram rol de beneficiários da pensão

formação do feto e prejudicavam o crescimento dos membros superiores e inferiores nos bebês – os casos mais comuns eram os de pessoas que nasciam sem os dedos ou com dedos nos punhos.[411]

3.2. A noção de empresário contida no Código Civil e a sua importância para a imputação da responsabilidade civil

Como o Código Civil brasileiro não conceitua empresa,[412] a sua definição precisa ser extraída da conjugação dos arts. 966 e 1.142 do Código Civil, já que os conceitos de empresário ou sociedade empresária, empresa e estabelecimento estão interligados.[413]

O Código Civil estabelece que empresário é aquele que exerce atividade organizada para a produção ou circulação de bens ou serviços. Estabelecimento é o conjunto de bens organizado para o exercício da empresa, ou seja, para o exercício da atividade, por empresário, ou por sociedade empresária.

Nesse contexto, para o Código Civil, empresa é a atividade empresarial consistente na série de atos jurídicos e materiais coordenados para atingir uma finalidade destinada à produção de bens ou serviços. A atividade empresarial não é um regime de atos jurídicos isolados no qual o objetivo do legislador é a proteção do agente;[414] o regime jurídico da atividade visa a proteger a coletividade.[415]

---

estatuída pela Lei 7.070/82. 19. Existem evidências de que, nas décadas de 1950 e 1960, as autoridades do Ministério da Saúde demoraram a proibir o uso deste medicamento, mesmo quando já eram amplamente conhecidos os seus efeitos teratogênicos. 20. Fica evidente que houve falha ("faute du service") das autoridades sanitárias ao não impedirem que a Talidomida fosse comercializada no Brasil até o ano de 1965, quando seus efeitos nefastos sobre os fetos já eram conhecidos da comunidade científica mundial, acarretando, em consequência, a responsabilidade pela indenização por dano moral às suas vítimas. 21. Por esta razão, cabe à União Federal indenizar às vítimas da Talidomida; no caso, àquelas nascidas entre 1957 e 1965, conhecidas como "vítimas de primeira geração". 22. É inarredável que as deformações provocadas por referido medicamento limitam enormemente a vida das suas vítimas, além de expô-las a constrangimentos no seu cotidiano, suscitando o direito à indenização por danos morais, independentemente da percepção da pensão especial da Lei 7.070/82. 23. A indenização, em pagamento único, deve corresponder a 100 (cem) vezes o valor que o respectivo beneficiário recebe do INSS com base na Lei 7.070/82. (BRASIL. Tribunal Regional Federal 3ª Região. Apelação/Reexame Necessário – 1290048. terceira turma. Relator: Juiz Convocado Em Auxilio Rubens Calixto. Julgado em: 16 jul. 2009. *DJF3 CJ1*, 21 jul. 2009,p. 73).

[411] Essa orientação segue a posição do Código Civil italiano, como dispõe FRANÇA, Erasmo Valladão Azevedo e Novaes. *Temas de direito societário, falimentar e teoria da empresa*. São Paulo: Malheiros, 2009, p. 516.

[412] Ibid., p. 516.

[413] O ordenamento prevê que o ato praticado por absolutamente incapaz é nulo com a finalidade de proteger o próprio incapaz.

[414] FRANÇA, op. cit., p. 518.

[415] Ibid., p. 517 – 519

A disposição do art. 931, que trata da responsabilidade pelos danos decorrentes dos produtos postos em circulação, deve ser interpretada em conjunto com a noção conceitual de empresário e estabelecimento, pois esse dispositivo estabelece uma modalidade de responsabilidade dirigida ao empresário que exerce a empresa.

Como já referido acima, o regime adotado pelo Código Civil a respeito da empresa é voltado à proteção da coletividade e isso tem grande relevância na interpretação do art. 931 devendo ser considerado que as palavras do dispositivo não podem ser tidas como inseridas ao acaso.

Por isso, este livro propõe que o legislador, ao se referir no art. 931 ao empresário, considerou o seu conceito técnico, e não somente a noção de fornecedor que já estava disciplinada no Código de Defesa do Consumidor. Essa disposição força a reflexão a respeito de uma noção que parece óbvia, mas merece ser referida para a construção das hipóteses interpretativas que serão posteriormente exploradas: *empresário e fornecedor não são conceitos idênticos.*

É possível existir um fornecedor de bens ou de serviços que não seja considerado empresário. Também é possível estar-se diante de uma relação em que exista, de um lado, o fornecedor do Código de Defesa do Consumidor, mas não se tenha, do outro, a figura do consumidor, o que justifica a relevância do art. 931, que está dirigido à responsabilidade civil do empresário pelos produtos que coloca em circulação.

Essa constatação é importante para considerar a responsabilidade do empresário que decorre do exercício da atividade empresária, sendo que aquele que exerce atividade de empresário, independentemente de sua vontade, está sujeito ao regime jurídico do empresário.

Nesse contexto, é necessário ponderar que a atividade empresária é um fato jurídico, porque aquele que exerce essa atividade está sujeito ao regime jurídico do empresário, não sendo necessária qualquer manifestação de vontade no sentido de querer ser empresário ou não.

Os efeitos do exercício de sua atividade empresarial ou mercantil se produzem independentemente da vontade do agente, e isso conduz a um regime jurídico destinado a proteger a coletividade na eventualidade da ocorrência de danos provocados pelos produtos que vier a colocar em circulação.[416]

O ordenamento brasileiro determinou que é objetiva a responsabilidade civil do empresário pelos danos decorrentes da sua atividade empresarial, consistente na colocação de produto em circulação, e assim o fez porque considerou relevante o exercício da sua atividade e a

---

[416] REALE, 1999.

repercussão que isso poderá gerar para a sociedade. Mais uma vez, fica evidente que o que se quer é proteger a coletividade, o que faz cumprir com a socialidade, princípio norteador do Código Civil.[417]

A empresa precisa ser considerada como uma atividade de risco; é uma fonte de "externalidades econômico sociais", porque frequentemente o exercício da atividade empresarial consiste na distribuição de bens que provocam danos ou na execução de atividades potencialmente nocivas ou perigosas. A responsabilidade empresarial assenta-se no nexo entre poder e responsabilidade, segundo o qual aquele que pratica em seu proveito uma ação ou omissão deve suportar os seus encargos ou suas consequências negativas (*ubi comomoda ibi incommoda*).[418] [419]

Essa noção já era apresentada pela doutrina italiana que, na década de 60 do século passado, alertava a respeito da substituição do princípio "nenhuma responsabilidade sem culpa"[420] pela teoria do risco de empresa que objetivava cumprir uma exigência equitativa: garantir o ressarcimento à vítima, atribuindo o dano a quem obtém proveito da atividade no curso da qual ele foi verificado.[421]

O princípio de nenhuma responsabilidade sem culpa tornou-se inaceitável, uma vez que já não estaria mais adequado ao próprio progresso tecnológico, que conduziu à convicção segundo a qual o dano deve ser ressarcido por aquele que obtém proveito de uma atividade danosa não somente nos casos de acidente de trabalho, de atividades perigosas, mas também nos casos de atividades empresariais em geral, baseado nos riscos e nas perdas que recaem sobre a coletividade.[422]

Essa noção de responsabilidade civil objetiva está ligada ao risco da empresa que exerce importante função na distribuição dos custos e proveitos, o que condiciona a escolha a ser seguida pelo empreendedor na produção, sobre o que e como deve ser produzido.[423]

---

[417] ANTUNES, José Engrácia. Estrutura e Responsabilidade da Empresa: o moderno paradoxo regulatório. In: CUNHA, Alexandre dos Santos (Coord.).*O direito da empresa e das obrigações e o novo Código Civil Brasileiro*. São Paulo: Quartier Latin, 2006, p. 18-20.

[418] Importante referir que a noção de risco proveito aplicada no caso do risco da empresa é diferente da doutrina do risco criado muito bem explicada por Josserand que a demonstra através de um ditado francês: "qui casse les verres les paye" segundo a qual quem cria um risco deve suportar a efetivação dele. (JOSSERAND, 1941, p. 557.)

[419] A teoria tradicional da responsabilidade civil repousava na ideia de inexistência de responsabilidade sem culpa provada, noção que derivava do Direito Romano (Ibid., p. 551).

[420] TRIMARCHI, Pietro. *Rischio e responsabilità oggettiva*. Milano: Giuffrè, 1961, p. 12.

[421] LEVI, Giulio. Responsabilità civile e responsabilità oggettiva: diversi modi di introduzione della responsabilità oggettiva e loro influenza sulla legislazione italiana. Milano: Giuffrè, 1986, p. 23.

[422] TRIMARCHI, op. cit., p. 34.

[423] Ibid., p. 35.

As escolhas realizadas no âmbito de cada empresa têm um valor social onde a conta do ativo e do passivo refletem, respectivamente, o valor produzido e o valor destruído por ela. O conceito de valor destruído inclui as energias laborativas, o material empregado, o desgaste das máquinas e também os danos que o exercício da empresa causa regularmente a terceiros. Se o sistema jurídico não imputar ao empreendedor o custo do risco que ele criar, esse mesmo custo que for introduzido na sociedade será suportado pelo público.[424]

Assim, a atribuição do risco de empresa ao empreendedor constitui uma pressão econômica para que seja racionalizada a produção. Essa racionalização da produção poderia exigir a substituição do método de produção, a abolição de um setor marginal da empresa, ou até mesmo o seu fechamento. E é importante referir que essa orientação se aplica não somente para os casos de empresas perigosas, mas de qualquer empresa. Nesse contexto a responsabilidade objetiva tem a função de pressionar para uma redução do risco e essa pressão exercida sobre quem tem o controle do risco é mais eficaz que a responsabilidade fundada na culpa.

As lições deixadas pela doutrina italiana servem para reforçar a proposição levantada neste livro, segundo a qual o art. 931 do Código Civil estabelece uma cláusula geral da responsabilidade civil do empresário. O Código Civil deixa evidente a necessidade de reconhecer a responsabilidade objetiva do empresário, pelos danos decorrentes dos produtos que insere no mercado, o que já era reconhecido nas relações de consumo através do Código de Defesa do Consumidor, e agora, com o Código Civil, passa a ser estendido para outras modalidades de relações jurídicas.

A proposição decorre do "alargamento da responsabilidade civil", a qual ganhou autonomia no Código Civil, através da atribuição de título próprio denominado "obrigação de indenizar". A ampliação da responsabilidade civil pode também ser vislumbrada pela inclusão no Código Civil de outros modelos de imputação de responsabilidade, não mais ligados exclusivamente ao modelo de imputação subjetiva consagrado no Código Civil de 1916.[425]

A ampliação da matéria no Código Civil trouxe a responsabilidade civil do empresário no art. 931 do Código Civil. Uma leitura prematura

---

[424] MARTINS-COSTA, Judith. Reflexões sobre o princípio da função social dos contratos. In: CUNHA, Alexandre dos Santos (Coord.).*O direito da empresa e das obrigações e o novo Código Civil Brasileiro*. São Paulo: Quartier Latin, 2006b, p. 224 e 225. A autora ainda refere no art. 931 a responsabilidade respeitaria o modelo de imputação objetiva baseado na quebra do dever de segurança.

[425] Nesse sentido podem ser citados Sergio Cavalieri Filho, Carlos Roberto Gonçalves e Rui Stoco.

do dispositivo poderia conduzir à conclusão segundo a qual o dispositivo nada mais fez do que repetir as disposições do Código de Defesa do Consumidor a respeito da responsabilidade pelo fato do produto. Entretanto, uma leitura mais atenta demonstra que a redação dada pelo Código Civil guarda traços significativamente distintos, o que reforça a proposição deste livro de atribuir ao dispositivo a criação de um novo modelo de responsabilidade civil, baseado na imputação objetiva.

Para chegar a essa conclusão é importante perceber que os riscos decorrentes da atividade empresarial, consistentes nos danos derivados do produto posto em circulação não foram ignorados pelo Código Civil. A legislação civil cuidou de inserir um dispositivo legal dirigido a uma modalidade específica de responsabilidade civil, a responsabilidade do empresário pelos produtos que coloca em circulação, daí a relevância do estudo da noção de empresário trazida pelo Código Civil, ao refletir uma definição de empresário ligado à atividade empresarial, conduzindo a um conceito de empresário ligado à dinâmica da atividade empresarial, precisando sempre ser pautada pelo dever de cuidado com a prevenção de danos e pela consciência da necessária assunção do dever de indenizar no caso de ocorrência de danos pelos produtos colocados no mercado.

Assim, o art. 931 do Código Civil precisa ser interpretado considerando o conceito de empresário vinculado à atividade empresarial por ele exercida, e é tendo em conta essa atividade que o dispositivo legal reconhece como objetiva a sua responsabilidade, dada a potencial repercussão ocasionada pelos danos decorrentes dos produtos que coloca em circulação.

Além de estudar a noção de empresário trazida pelo Código Civil e sua relevância para a responsabilidade civil, é importante perceber as importantes mudanças na estrutura da responsabilidade civil provocadas pelo Código Civil, como será visto a seguir.

3.3. O Projeto do Código Civil e a evolução do processo legislativo: elementos histórico-sistemáticos para interpretação do art. 931 do Código Civil

O art. 931 do Código Civil de 2002 não decorre de um dispositivo correspondente ao Código Civil de 1916. Também não encontra dispositivo equiparado na legislação estrangeira. A redação do artigo foi objeto de modificações na fase de tramitação do Código Civil, o que dificulta a sua interpretação. Talvez, por isso, seja um dispositivo sobre o qual a maioria da doutrina nacional prefere silenciar a respeito da matéria ou tratá-la de forma superficial sem dar ao dispositivo a atenção que merece.

A doutrina brasileira ainda é insuficiente para tratar do assunto e, por consequência, a doutrina estrangeira segue o mesmo caminho. Essa realidade se reflete ainda nos dias de hoje, mesmo contanto o Código Civil brasileiro com mais de uma década de vigência. Para tanto, faz-se necessário um estudo em torno da matéria.

Alguns doutrinadores defendem que o art. 931 do Código Civil não traz nenhuma novidade para o ordenamento, somente repetindo as disposições previstas no Código de Defesa do Consumidor, que tratam da proteção dos consumidores.[426]

Essa, no entanto, não é a melhor opção a ser abraçada, pois o art. 931 não se destina a regular somente a relação de consumo, ao contrário do que ocorre com os dispositivos do Código de Defesa do Consumidor, dirigidos exclusivamente à relação de consumo. Assim sendo, é possível defender a tese segundo a qual o art. 931 é uma cláusula geral da responsabilidade objetiva, sendo o Código de Defesa do Consumidor uma norma específica, dirigida somente aos consumidores.

Considerar o art. 931 como uma cláusula geral traz importantes consequências a serem examinadas posteriormente, mas antes desse exame, é importante analisar a sua origem, considerando a evolução da redação constante no Anteprojeto e que agora está no Código Civil.

O estudo da perspectiva histórica é essencial para a compreensão da matéria, principalmente considerando as modificações do dispositivo e que a sua interpretação deve levar em conta os avanços pelos quais passou a sociedade brasileira, pertinentes à evolução social, legislativa, doutrinária e jurisprudencial, o que repercute no tratamento da matéria.

No Anteprojeto apresentado em 1972, a redação do art. 931 do atual Código Civil estava no art. 990 e era a seguinte:

> Ressalvados outros casos previstos em lei especial, o farmacêutico e as empresas farmacêuticas respondem solidariamente pelos danos causados pelos produtos postos em circulação, ainda que os prejuízos resultem de erros e enganos de seus prepostos.[427]

O Anteprojeto transformou-se no Projeto de Lei 634/1975, e passou a receber a numeração do art. 967, mantendo-se a redação do Anteprojeto.[428]

---

[426] Anteprojeto, p. 157.

[427] Dados disponíveis no site: <http://www.senado.gov.br/publicacoes/mlcc/pdf/mlcc_v1_ed1.pdf>. Acesso em: 15 ago. 2012.

[428] Ibid.

A responsabilidade constante no texto original (tanto no Anteprojeto como no Projeto) era somente destinada à responsabilidade do farmacêutico ou da empresa farmacêutica, os quais respondiam solidariamente pelos danos causados por produtos postos em circulação. A responsabilidade civil seguia o sistema de responsabilidade do empregador pelo empregado ou preposto.

Essa modalidade de responsabilidade apresentada no PL 634/75 era taxativa, tipificada para um caso específico. Posteriormente, foram propostas alterações à redação do artigo, passando a ser destinado a uma regra geral da responsabilidade civil pela circulação de produtos.

O PL 634/75 foi submetido à Câmara de Deputados, e ao art. 967 foram propostas as Emendas 528, 529 e 530.

A Emenda 528 foi proposta pelo Deputado Tancredo Neves e tinha por objetivo suprimir o art. 967 do Projeto porque era uma disposição casuísta, e a matéria já estaria regulada pela regra genérica da responsabilidade do empregador ou comitente pelos empregados, serviçais e prepostos, matéria prevista no art. 968, III, do Projeto.

O Parecer Parcial do Deputado Raymundo Diniz foi pela aprovação da Emenda 528 considerando o argumento já apresentado a respeito da disposição casuística. No Parecer Final apresentado pelo Deputado Ernani Satyro, a Emenda 528 foi considerada prejudicada, em virtude da subemenda oferecida à Emenda 530.

O Deputado Pedro Faria propôs a Emenda 529, também para suprimir o art. 967 do Código Civil, sob o argumento da matéria já estar regulada no art. 968, III, não havendo justificativa para "tratar em artigo autônomo a responsabilidade de determinado tipo de empresa, como se diverso fosse o seu tratamento". Para o Deputado Faria, a manutenção do dispositivo poderia gerar errôneas interpretações e, por consequência, o dispositivo deveria ser suprimido.

A Emenda 529 teve o mesmo tratamento dado à Emenda 528.

O Deputado Emanoel Waisman propôs ao art. 967 a Emenda 530 com o objetivo dar nova redação ao artigo, conforme se vê a seguir:

Art. 967. Ressalvados os casos previstos em lei especial, todo empresário industrial responde pela garantia dos produtos postos em circulação.

§ 1º As indústrias farmacêuticas e os farmacêuticos manipuladores, respondem pelos danos causados pelos produtos em circulação, ainda que os prejuízos resultem de erros e enganos de prepostos.

§ 2º A responsabilidade do fabricante quanto à garantia dos produtos de sua fabricação será definida em lei especial.[429]

A emenda teve grande importância para a redação do atual art. 931 do Código Civil, pois passou a introduzir a responsabilidade civil do empresário de maneira genérica, e não somente do farmacêutico ou das empresas farmacêuticas. Embora tenha regulado no §1º a responsabilidade do farmacêutico e da indústria farmacêutica, a emenda apresentou no *caput* um dispositivo genérico com a clara finalidade de trazer ao ordenamento brasileiro uma cláusula geral da responsabilidade de todos os empresários.

É importante referir o teor da justificativa da emenda[430] elaborado para dar maior proteção ao consumidor, o qual foi considerado pelo Deputado Waisman como "desassistido de proteção", e também tinha por finalidade centralizar a espécie de responsabilidade no fabricante, considerado pelo Deputado seria "aquele responsável por colocar em circulação o produto".

No Parecer Parcial do Deputado Raymundo Diniz, a emenda foi considerada prejudicada tendo em vista o seu entendimento de aprovar as Emendas anteriores para suprimir o art. 967 do Projeto.

Todavia, o Parecer Final apresentado pelo Deputado Ernani Satyro foi pela aprovação da Emenda 530 com a proposição de subemenda passando o artigo a ter a seguinte redação:

---

[429] "O processo legislativo é de relevante valor na elaboração de leis, quando estas mesmas leis, estudadas por doutos e entendidos, são submetidas ao crivo da discussão do Poder Legislativo constituído, onde recebe a apreciação de quantos se debruçam sobre os projetos para aprenderem e discutirem. As leis outorgadas não passam pelo juízo de discussão desapaixonada e por isso, normalmente, são eivadas de erros na própria elaboração, de omissões lamentáveis e de enganos grosseiros. Assim ocorreria com o novo Código Civil se o CONGRESSO NACIONAL não contribuísse com sua parcela de responsabilidade na elaboração do texto final a sua aprovação. Respeite-se o trabalho das Comissões Elaboradora e Revisora. Mas é dever de todos reconhecer que omissões existem no projeto, no anteprojeto e nos estudos mais anteriores, pois nenhuma proteção é dada ao maior contingente de brasileiros que se envolve na realização e prática de atos jurídicos, no direito das obrigações, os consumidores. A lei geralmente protege o empresário. Dá força às suas organizações, criando condições de amparo à atividade que desenvolvem, protegendo menos o consumidor, razão de ser do grande desenvolvimento econômico que o País experimenta. Mas o consumidor fica abandonado à sua própria sorte, geralmente tido como o desonesto nas transações. Seu cheque não é aceito, suas reclamações não são consideradas. Ao consumidor cabe sempre o ônus dos prejuízos nas compras que realiza, pois não tem para onde recorrer. Com a nova redação dada ao art. 967 do Projeto de Código Civil, fica criada a responsabilidade civil do empresário, abrindo o § 2º condições para a elaboração de um "código ou estatuto de responsabilidade do fabricante" quanto aos produtos de sua fabricação." Informação disponível no site: Dados disponíveis no *site*: <http://www.senado.gov.br/publicacoes/mlcc/pdf/mlcc_v1_ed1.pdf>. Acesso em: 15 ago. 2012.

[430] Dados disponíveis no *site*: <http://www.senado.gov.br/publicacoes/mlcc/pdf/mlcc_v1_ed1.pdf>. Acesso em: 15 ago. 2012.

> Ressalvados outros casos previstos em lei especial, os empresários individuais e as empresas respondem pelos danos causados pelos produtos postos em circulação.[431]

A redação do artigo permaneceu dessa forma até sofrer alteração posterior na qual foi introduzida a expressão *independentemente de culpa que consta da redação*. Essa alteração ocorreu através de emenda de redação, na fase final da tramitação do Projeto perante a Câmara dos Deputados,[432] passando o dispositivo a ter a redação encontrada hoje no art. 931 do Código Civil, a se ver:

> Ressalvados outros casos previstos em lei especial, os empresários individuais e as empresas respondem independentemente de culpa pelos danos causados pelos produtos postos em circulação.

Essa alteração segue a orientação dada pela Emenda 332 proposta pelo Senado ao Projeto de Lei da Câmara n. 118 de 1984, no Parecer n. 842 de 1997, que tem o seguinte conteúdo:

> A fim de adequar o projeto à técnica jurídica, incorporem-se ao seu texto as emendas aprovadas e procedam-se as correções de redação e de técnica legislativa recomendadas, e ainda, à renumeração de seus dispositivos e das remissões, conforme o que consta do texto em anexo.[433]

No texto consolidado depois das emendas do Senado Federal, o art. 931 do Código Civil correspondia ao art. 930 e ainda não tinha a referência à expressão *independentemente de culpa*. A alteração, como já referido, foi posterior, mas seguiu a orientação dada pela Emenda 332, que conferiu ao legislador o poder de fazer as adequações que fossem necessárias aos dispositivos legislativos.

Embora não seja objeto deste livro discutir a legitimidade e/ou validade da lei e do processo legislativo, não se pode deixar de advertir ser no mínimo estranho que matéria de tamanha relevância tenha sido objeto de alteração em Emenda de Redação que não foi localizada.

A inclusão da expressão *independentemente de culpa* não se trata somente de uma alteração estilística de redação, é expressão que torna clara a opção do legislador para a criação de uma cláusula geral de

---

[431] Importante referir que em recente estudo realizado pelo Senado Federal intitulado Memória Legislativa do Código Civil disponível no site http://www.senado.gov.br/publicacoes/mlcc/pdf/mlcc_v1_ed1.pdf consulta em 15.08.2012, há uma referência expressa a respeito da existência de alteração do art. 931 na fase de tramitação do Código Civil, e que essa alteração teria se dado em virtude de emenda de redação, na Câmara dos Deputados, na fase final de tramitação do Código Civil, mas que essa emenda de redação não teria sido encontrada.

[432] Projeto de Lei da Câmara n. 118 de 1984, no parecer n. 842 de 1997.

[433] Essa posição já foi defendida por Cavalieri e Menezes Direito em seus comentários ao Código Civil. Op. cit., p. 209. Segundo os doutrinadores é justamente a expressão "independentemente de culpa"que demonstra o fato de o Código Civil ter estabelecido no art. 931 mais uma cláusula geral de responsabilidade civil objetiva.

responsabilidade civil objetiva,[434] e essa matéria de grande relevância e impacto no Direito brasileiro acabou sendo inserida na legislação na fase final de tramitação do projeto, dando a impressão de integrar o dispositivo pelo toque da varinha de condão do legislador.

O que se questiona não é o resultado da redação final do dispositivo, que certamente contou com a contribuição precisa e apurada do legislador para não deixar dúvidas a respeito de sua interpretação. Mas, a forma como essa expressão foi inserida deixa margem à curiosidade de se saber por onde passou o fio condutor da evolução do dispositivo.

De qualquer modo, as palavras que estão no dispositivo não foram inseridas ao acaso, tiveram o propósito de fazer com que a leitura do artigo, por mais superficial e apressada que fosse, conduzisse a pelo menos uma conclusão sem deixar margem a qualquer dúvida: *o dispositivo trata de uma cláusula geral de responsabilidade objetiva.*

No entanto, é importante advertir que a interpretação da legislação atual deve passar pela redação original do Projeto, e pelas discussões que acompanharam a sua tramitação, bem como deve considerar a época em que foi proposta a sua redação, e a época atual na qual está inserida a legislação.

Por isso, não se pode somente usar o discurso do espírito do legislador para determinar a melhor forma de interpretar a legislação, já que a redação original do projeto sofreu alterações importantes e também estava dirigida a uma realidade que não pertence mais à sociedade brasileira, tendo em vista a evolução legislativa por que passou o Direito brasileiro, sobretudo no que concerne ao Direito do Consumidor.

Assim, é importante ponderar que o conteúdo da Emenda 530 objetivou proteger o consumidor, não o consumidor definido no Código de Defesa do Consumidor, até porque a emenda foi elaborada em período anterior ao Código de Defesa do Consumidor e, em virtude disso, não considerou a distinção que se faz atualmente entre consumidor e usuário do bem.

O art. 931 foi redigido no sentido de proteger aquele que é o destinatário do produto que é colocado em circulação. Isso pode refletir na preocupação de proteger o consumidor, mas não somente ele, e é nesse sentido que se insere a grande utilidade do art. 931: reconhecer a responsabilidade objetiva do empresário individual ou da empresa, pelos

---

[434] Esse aspecto é referido por Roger Silva Aguiar que ressalta a grande relevância do art. 931 do Código Civil ato estabelecer a responsabilidade civil do empresário sem condicioná-la ao reconhecimento de uma relação de consumo (AGUIAR, p. 34.).

danos que os seus produtos causem a quem quer que seja, consumidor ou não.[435]

O texto final traz, portanto um conjunto de elementos que precisam ser esclarecidos.

O primeiro, que foi apresentado no capítulo anterior é a noção de empresário, como profissional que desenvolve de maneira habitual atividade econômica organizada para produção ou circulação de bens e serviços. O conceito de empresário tratado no art. 931 é o disciplinado no art. 966 do Código Civil.

O segundo, trata-se da noção de produto, que aqui não pode ser tomada nos termos da classificação que a doutrina normalmente faz ao analisar o art. 95 do Código Civil, pois neste aspecto não há razão para disinguir frutos de produtos conforme já tratado acima as razões sociais e históricas que o legislador levou em consideração foram vinculadas aos problemas decorrentes da comercialização de medicamentos (responsabilidade do farmacêutico, etc.) motivo pelo qual os produtos podem ser considerados como frutos industriais, conceito esse informado pela construção dogmática do Direito do Consumidor.[436] Não é demais observar que o Código Civil não reconhece a hipótese do fato do serviço,[437]

---

[435] A matéria não é isenta de controvérsia com pode se ver da decisão que segue: "Apelação cível. Ação de indenização por danos morais ajuizada em face de empresa jornalística e editor chefe diante da publicação de notícia inverídica em jornal de circulação local. Recurso dos requeridos – não recepção da lei de imprensa pela Constituição Federal de 1988 – impossibilidade do reconhecimento da preliminar de decadência prevista no referido diploma legal – inocorrência, também, de prescrição. Preliminar de ilegitimidade passiva ad causam do editor chefe reconhecida – inexistência de conduta culposa imputável ao editor chefe – engano na veiculação do nome do autor como criminoso ¿ similitude dos nomes (dárcio e darcilo) – impossibilidade de pleno e absoluto controle humano – responsabilidade objetiva e exclusiva da empresa jornalística, que deve responder pelos riscos da atividade exercida – inteligência do art. 931 do código civil de 2002. Mérito: nome do autor vinculado à prática de crime – notícia que objetivava informar a prática de fato criminoso pelo irmão do autor – semelhança entre os nomes que não afasta a situação vexatória ofensiva à honra da vítima – retratação veiculada na edição seguinte do jornal – circunstâncias insuficientes para isenção da responsabilidade civil – boa-fé útil à fixação do quantum indenizatório em valor comedido – dever de indenizar mantido – pedido de redução da indenização incabível – recurso parcialmente provido, unicamente para excluir do pólo passivo o editor chefe. Recurso do autor – pleito pela majoração do quantum indenizatório e pela realização de retratação por escrito – retratação já realizada através de errata na edição subsequente – boa-fé demonstrada pela empresa jornalística ao prontamente apontar na edição seguinte do jornal o equívoco cometido – empresa jornalística de pequeno porte – grau de culpabilidade reduzido em relação ao equívoco, diante da semelhança entre o nome do autor e o de seu irmão – manutenção da indenização em R$ 4.000,00 (quatro mil reais) – prestígio ao juízo sentenciante – recurso desprovido. "Linear é a doutrina ao determinar que a reparação dos danos morais têm duas finalidades: indenizar pecuniariamente o ofendido, alcançando-lhe a oportunidade de obter meios de amenizar a dor experimentada em função da agressão moral, em um misto de compensação e satisfação e punir o causador do dano moral, inibindo novos episódios lesivos, nefastos ao convívio social". (TJSC, Apelação Cível , rel. Des. Carlos Prudêncio). (TJ-SC – AC: 291056 SC 2006.029105-6, Relator: Stanley da Silva Braga, Data de Julgamento: 31/08/2010, Primeira Câmara de Direito Civil).

[436] AGUIAR, 2007, p. 35.

[437] TARTUCE, Flavio. *Direito Civil 2. Direito das Obrigações e Responsabilidade Civil.* São Paulo: Editora Método, 8ª ed., 2013, p. 511.

tal como no Direito do Consumidor, já que os danos provocados por prestador de serviço ou empreiteiro será regulado na forma do que dispuser a disciplina que lhe for própria, inclusive nas hipóteses de atividades que exponham as partes a riscos.

O terceiro elemento está vinculado à expressão "independentemente de culpa", questão que foi enfrentada no item 3.1 do capítulo III, que em síntese representa a adoção da responsabilidade objetiva pela teoria do risco criado. Ou seja, o empresário responde pelos danos provocados independentemente de culpa e independentemente de obter proveito.

O quarto elemento não demanda maior enfrentamento, pois trata-se do dano como requisito da responsabilidade civil. O único aspecto que convém acentuar é o afastamento do dano objeto do art. 931, conhecido como "fato do produto" que difere da responsabilidade pelos vícios redibitórios, pois enquanto estes exigem relação contratual, o fato do produto independe de contrato. Nas relações de consumo, a responsabilidade pelos vícios do produto não depende de contrato, enquanto nas relações civis e empresariais a responsabilidade pelos vícios redibitórios somente se dá quando as partes celebrarem contrato comutativo nos termos do art. 441 do Código Civil.

O quinto elemento é a circulação do produto, que conforme será demonstrado no Capítulo V, item 5.2, é a fabricação do produto e sua colocação no mercado. É preciso uma interpretação restritiva do conceito de circulação, pois não se pode imputar a responsabilidade aos comerciantes pelo simples fato de vender o produto já que a realidade demonstra que o comerciante não tem qualquer ingerência sobre os fatores de risco do produto.

Feitas essas considerações a respeito da evolução do processo legislativo para a formação do regime de responsabilidade pela circulação do produto, é necessário proceder-se ao estudo da Responsabilidade Civil no Código Civil o que servirá de fundamentação para a interpretação do art. 931.

3.4. O sistema de proteção disciplinado no art. 931 do Código Civil – a responsabilidade pelo fato do produto posto em circulação em comparação com o regime do Código de Defesa do Consumidor

O art. 931 do Código Civil consagra uma cláusula geral da responsabilidade civil objetiva pelos danos decorrentes do produto posto em circulação.[438] O dispositivo é dirigido à responsabilidade das empresas e dos empresários individuais e, ao contrário do Código de Defesa do Consumidor, a legislação civil não condiciona a responsabilidade à existência de um defeito.

Essa orientação pode ser vista como um ponto positivo em relação à legislação consumerista, tendo em vista que no regime civil a possibilidade de o fabricante esquivar-se da responsabilidade civil acaba sendo mais difícil que no regime adotado pelo Código de Defesa do Consumidor, já que as causas de exclusão da responsabilidade não estão previstas de forma expressa, e por consequência não há a referência da possibilidade de exclusão da responsabilidade do fornecedor pela prova de inexistência de defeito no produto.

No Código de Defesa do Consumidor a responsabilidade do fornecedor pelos produtos é objetiva, ele responde, independentemente de culpa, pelos danos causados ao consumidor por produtos defeituosos. A responsabilidade civil se impõe pelo dano provocado pelo defeito do produto, embora o consumidor não precise provar o defeito do produto, bastando demonstrar os danos sofridos e a relação de causa e efeito com o produto fornecido. Para que o fornecedor possa ser responsabilizado, é necessário que o dano seja provocado por um defeito do produto: o "fornecedor não é responsabilizado pelo simples fato de ter colocado no mercado um produto perigoso que causou danos, pois, se não houver defeito, não há a obrigação de indenizar".[439]

O sistema da responsabilidade pelo fato do produto, disciplinado no Código de Defesa do Consumidor, segue o regime de responsabilidade da Diretiva 85/374 que exige a existência de um defeito para a imputação da responsabilidade civil, diferentemente do sistema norte-americano que estabeleceu a responsabilidade objetiva, fundada no risco, a partir das garantias implícitas.[440]

A responsabilidade adotada no sistema norte-americano é baseada na atividade desenvolvida pelo fornecedor no mercado; é uma atividade lícita, mas perigosa. A responsabilidade prevista na Diretiva 85/374 está concentrada no resultado da atividade que é a introdução no mercado de um produto com defeito que representa um ato antijurídico por ser contrário ao dever de segurança.[441] Todavia, essa responsabilidade não é fundada no risco da empresa, é uma responsabilidade

---

[438] SANSEVERINO, 2010, p. 192.

[439] MARQUES, 2006, p. 1212 e especialmente nota 914.

[440] SANSEVERINO, op. cit., p. 192.

[441] GALGANO, 2008, p. 141. Aquela responsabilidade que a lei estabelece no art. 2049 do Código Civil italiano imposta aos patrões e comitentes.

coligada ao fato de ter o produtor colocado em circulação um produto defeituoso.[442]

O Código de Defesa do Consumidor também foi influenciado pelo Direito norte-americano no que diz respeito à aceitação de uma teoria da qualidade na qual nasceria um dever anexo para o fornecedor, uma garantia implícita de segurança razoável. Esse dever anexo é concentrado no bem, e não somente no contrato em si, logo haveria um dever legal de todos os fornecedores que ajudam a introduzir o produto no mercado o que caracterizaria a atividade de risco. No entanto, no Código de Defesa do Consumidor a responsabilidade de reparar os danos somente irá incidir quando existir um defeito no produto, conforme determina o art. 12, § 3º, II, do Código de Defesa do Consumidor, que segue a mesma orientação da Diretiva 85/375.[443]

Assim, no Código de Defesa do Consumidor, a responsabilidade civil fica vinculada à existência de defeito, o fornecedor tem o encargo de indenizar os danos causados por produtos presumidamente defeituosos, e somente poderá se eximir dessa responsabilidade se provar que o defeito não existe. Essa necessidade de o fornecedor provar que o produto não é defeituoso é considerada pela doutrina como uma opção do legislador de socializar a distribuição dos riscos, e não apenas a mera distribuição da carga probatória.[444]

Essa é a grande diferença entre o sistema de responsabilidade civil do Código de Defesa do Consumidor e o sistema do Código Civil. O sistema do Código de Defesa do Consumidor está ligado à responsabilidade pelo fato do produto defeituoso, e o Código Civil está ligado à responsabilidade empresarial pelo fato do produto.[445]

Assim como ocorre no Código de Defesa do Consumidor, o sistema de responsabilidade civil do Código Civil não é o da responsabilidade pelo risco integral, que estabelece uma responsabilidade objetiva absoluta, porque, embora a responsabilidade seja fundada no risco da atividade ou do empreendimento, a responsabilidade do fornecedor pode ser excluída por determinadas causas.

---

[442] MARQUES, op. cit., p. 1213.

[443] SANSEVERINO, op. cit., p. 195.

[444] A posição que é defendida não é acolhida por toda a doutrina, como se pode ver da lição de Mario Frota, que ao elaborar artigo comparando o Direito brasileiro com o português, trata o art. 931 como um caso de responsabilidade do produtor por produto defeituoso. Talvez essa associação tenha sido feita pelo autor tendo em vista que no Direito português a responsabilidade somente se estabelece nos casos de produto defeituoso em conformidade com a disposição da Diretiva 85/374. (FROTA, Mário. Estudo contrastivo da responsabilidade civil nos Códigos Civis do Brasil e de Portugal. *Revista de Direito do Consumidor*, São Paulo, v. 53, jan. 2005).

[445] SANSEVERINO, 2010, p. 195.

No entanto, a diferença que existe nesses dois sistemas é que enquanto no Código de Defesa do Consumidor é possível excluir a responsabilidade provando que o defeito não existe (e aqui é importante fazer-se referência à posição de Sanseverino que mesmo no regime do Código de Defesa do Consumidor o fornecedor é responsabilizado com frequência sem que ocorra qualquer defeito[446] – isso provavelmente em virtude da dificuldade da prova da inexistência do defeito), no Código Civil, a possibilidade de exclusão da responsabilidade se dá pela prova do caso fortuito, força maior, fato de terceiro ou da vítima, ou então pela prova de não ter colocado o produto no mercado, não havendo como excluir a responsabilidade pela prova de inexistência do defeito.

Essa conclusão é importante, pois se o produto causa um dano, é porque em verdade é defeituoso, mas a vantagem apresentada pelo Código Civil segue orientação de não se fazer mais a discussão a respeito das espécies de defeito e de sua ocorrência. Abre-se também a possibilidade de discussão a respeito da imputação da responsabilidade pelos riscos do desenvolvimento, quando o dano ocorre por defeito indetectável no momento da colocação do produto em circulação.

A doutrina brasileira já considerava viável a responsabilidade do fornecedor pelos riscos do desenvolvimento, por entender que a eximente dos riscos do desenvolvimento não seria compatível com o sistema brasileiro de responsabilidade por acidentes de consumo adotado pelo Código de Defesa do Consumidor.[447]

---

[446] SANSEVERINO, 2010, p. 346.

[447] BRASIL. Superior Tribunal de Justiça. Recurso Especial n. 971845/DF (2007/0157382-1).Terceira Turma. Relator: Ministro Humberto Gomes e Barros. Relator p/ Acórdão: Ministra Nancy Andrighi. Julgado em: 21 ago. 2008. DJ,01 dez. 2008. Direito do Consumidor. Consumo de Survector, Medicamento inicialmente vendido de forma livre em farmácias. Posterior alteração de sua prescrição e imposição de restrição à comercialização. Risco do produto avaliado posteriormente, culminando com a sua proibição em diversos países. Recorrente que iniciou o consumo do medicamento à época em que sua venda era livre. Dependência contraída, com diversas restrições experimentadas pelo paciente. Dano moral reconhecido. - É dever do fornecedor a ampla publicidade ao mercado de consumo a respeito dos riscos inerentes a seus produtos e serviços. - A comercialização livre do medicamento SURVECTOR, com indicação na bula de mero ativador de memória, sem efeitos colaterais, por ocasião de sua disponibilização ao mercado, gerou o risco de dependência para usuários. - A posterior alteração da bula do medicamento, que passou a ser indicado para o tratamento de transtornos depressivos, com alto risco de dependência, não é suficiente para retirar do fornecedor a responsabilidade pelos danos causados aos consumidores. - O aumento da periculosidade do medicamento deveria ser amplamente divulgado nos meios de comunicação. A mera alteração da bula e do controle de receitas na sua comercialização, não são suficientes para prestar a adequada informação ao consumidor. - A circunstância de o paciente ter consumido o produto sem prescrição médica não retira do fornecedor a obrigação de indenizar. Pelo sistema do Código de Defesa do Consumidor, o fornecedor somente se desobriga nas hipóteses de culpa exclusiva do consumidor (art. 12, §3º, do Código de Defesa do Consumidor), o que não ocorre na hipótese, já que a própria bula do medicamento não indicava os riscos associados à sua administração, caracterizando culpa concorrente do laboratório. - A caracterização da negligência do fornecedor em colocar o medicamento no mercado de consumo ganha relevo à medida

Essa orientação também pode ser vislumbrada pela posição do STJ, que considerou viável a imputação da responsabilidade civil de um laboratório pelos danos experimentados por um consumidor que, ao utilizar o medicamento indicado para melhorar a capacidade de memória, tornou-se dependente químico do medicamento. Na data em que o consumidor começou a utilizar o medicamento, não havia nenhuma advertência na bula para o risco de dependência; posteriormente, a bula do medicamento foi modificada: o medicamento passou a ser indicado para depressão e passou a constar na bula o risco de causar dependência. Essa alteração da bula ocorreu depois que o usuário já se encontrava dependente do medicamento. O STJ reconheceu a responsabilidade do fabricante pelos danos suportados pelo usuário, condenando o laboratório a indenizar o usuário em R$100.000,00 (cem mil reais).[448]

Importante referir que a decisão foi proferida depois da entrada em vigor do Código Civil, mas como o caso havia ocorrido antes da sua vigência e como o autor da ação tinha fundamentado o seu pedido no Código de Defesa do Consumidor a decisão reconheceu a responsabilidade do laboratório com fundamento no Código de Defesa do Consumidor. Também é importante referir que a decisão não faz referência expressa ao termo *riscos do desenvolvimento* mas, é possível vislumbrar na ementa que a responsabilidade se impôs em virtude do risco do produto somente ter sido identificado posteriormente (o que configura dano tardio) quando o produto foi retirado de circulação em vários países.

Embora a decisão não faça referência à expressão *riscos do desenvolvimento,* o caso concreto é uma clara aplicação dessa modalidade de responsabilidade civil, sendo interessante reproduzir trecho da decisão que levanta importante questionamento a respeito dos riscos dos medicamentos:

---

que, conforme se nota pela manifestação de diversas autoridades de saúde, inclusive a OMC, o cloridrato de amineptina, princípio ativo do SURVECTOR, foi considerado um produto com alto potencial de dependência e baixa eficácia terapêutica em diversas partes do mundo, circunstâncias que inclusive levaram a seu banimento em muitos países. - Deve ser mantida a indenização fixada, a título de dano moral, para o paciente que adquiriu dependência da droga. Recurso especial conhecido e provido.

[448] RESPONSABILIDADE CIVIL. DANO MORAL E DANO MATERIAL. MEDICAMENTO COM NOTÁVEL POTENCIAL DE CAUSAR DEPENDÊNCIA. VENDA SEM INFORMAÇÕES SUFICIENTES E ADEQUADAS A RESPEITO DO RISCO. Medicamento, com reconhecido potencial de causar dependência, que foi vendido, durante razoável período, sem conter as informações necessárias a respeito do risco que causava, sendo de livre acesso aos consumidores. Comprovado o defeito do produto, há o dever de o laboratório réu indenizar o dano moral e o dano material provocados. Apelo provido em parte. (Apelação Cível Nº *70028742997*, Quinta Câmara Cível, Tribunal de Justiça do RS, Relator: Leo Lima, Julgado em 15/07/2009).

Tais medicamentos deixaram de ser comercializados em alguns países da Europa, mas foram vendidos por bastante tempo nos países tidos como "em desenvolvimento", e por quê? Descuido das nossas autoridades sanitárias ou do velho e tão falado interesse econômico de indústrias farmacêuticas que se utilizam de países mais pobres como teste de laboratório, num evidente desrespeito à vida humana?

O Tribunal de Justiça do Rio Grande do Sul também reconheceu a responsabilidade civil pelos danos decorrentes do Survector com fundamento na falta de informações a respeito do risco que o medicamento causava. O fundamento da decisão também não foi a existência dos riscos do desenvolvimento, mas sim da falta de informações sobre o medicamento.[449]

A posição na defesa da imposição da responsabilidade pelos riscos do desenvolvimento também é repetida por Sanseverino, que afirma a inviabilidade de considerar a exclusão da responsabilidade civil pelos riscos do desenvolvimento, principalmente no que se refere aos medicamentos, por serem produtos que geralmente causam os danos mais graves no mercado de consumo e assim não seria razoável fazer com que o consumidor suportasse esses danos. O autor ainda levanta consideração importante a esse respeito da prática dos fabricantes de medicamentos de utilizarem os países mais pobres ou em desenvolvimento para testarem novos medicamentos, em virtude da maior possibilidade de impunidade dos fornecedores.[450]

De fato, o Código de Defesa do Consumidor já tinha condições de abrir as portas para autorizar a viabilidade de responsabilização pelos riscos do desenvolvimento. Mesmo que o Código de Defesa do Consumidor tivesse condições de incluir os riscos do desenvolvimento na responsabilidade do fornecedor, muitas críticas se levantavam na doutrina a respeito dessa admissão, como é o argumento da exclusão do nexo causal pela inviabilidade de detectar o defeito do produto, e até mesmo a alegação de inexistência de defeito do produto quando da sua entrada em circulação.

Esses argumentos foram formulados a partir de uma interpretação equivocada do Código de Defesa do Consumidor. No entanto, mesmo que esses argumentos tivessem a viabilidade de impedir a responsabilidade pelos riscos do desenvolvimento, o Código Civil passou a admitir essa possibilidade de responsabilização, porque em virtude de sua redação aberta, o art. 931 ampliou a proteção para vítimas pelos riscos do desenvolvimento.

---

[449] SANSEVERINO, 2010, p. 347.

[450] Nesse sentido, AGUIAR JÚNIOR, Ruy Rosado de. O novo Código Civil e o Código de Defesa do Consumidor: pontos de convergência. *Revista de Direito do Consumidor*, São Paulo, v. 48, out. 2003.

Essa posição não é unânime na doutrina, pois, por vezes, argumenta que a orientação dada pelo Código Civil a respeito dos riscos do desenvolvimento é a mesma que foi dada pelo Código de Defesa do Consumidor e isso justificaria o fato de não ter sido dada muita relevância ao art. 931 do Código Civil, já que estaria repetindo a forma de disciplinar a matéria que havia sido dada pelo Código de Defesa do Consumidor.[451]

Nesse sentido, a interpretação do art. 931 do Código Civil não poderia ser literal, sob pena de impor uma responsabilidade civil integral ao fornecedor de produtos, uma vez que esse diploma prescinde do caráter defeituoso e contempla pouquíssimas hipóteses de exclusão de responsabilidade. Desse modo, o art. 931 também estaria baseado na necessidade de comprovação de defeito nos mesmos moldes constantes no Código de Defesa do Consumidor.[452]

No entanto, não se pode concordar com esses argumentos, porque o art. 931 do Código Civil não é mera repetição das disposições do Código de Defesa do Consumidor,[453] é mais abrangente que o Código de Defesa do Consumidor[454]. Ao contrário desse diploma, o art. 931 não condiciona a responsabilidade civil à existência de defeito do produto, simplesmente estabelece a responsabilidade em decorrência da circulação do produto. Além disso, o dispositivo está destinado a disciplinar a responsabilidade civil decorrente de danos pelos produtos postos em circulação, seja nas relações de consumo ou não.[455] [456]

---

[451] CALIXTO, Marcelo Junqueira. O art. 931 do Código Civil de 2002 e os riscos do desenvolvimento. *Revista Trimestral de Direito Civil*, Rio de Janeiro, v. 6, n.21, jan./mar. 2005, p. 93.

[452] "À primeira vista, poder-se-ia entender que esse dispositivo guarda conexidade com as relações de consumo. Pode-se pensar desta maneira se se notar que este dispositivo foi elaborado muito tempo antes da aprovação do Código do Consumidor. Entretanto, parece-me que o seu contexto não fica sem razão de ser, mesmo tendo igual previsão no Código do Consumidor. É que a aplicação desse art. 931 passa a ser residual. Vale dizer, sendo a vítima consumidora, aplica-se o Código respectivo; sendo relações empresariais ou entre empresas, ou de algum outro modo, fora do alcance da lei consumerista, prevalece o artigo em foco." (MIGUEL, Alexandre. A responsabilidade civil no novo Código Civil: algumas considerações. *Revista dos Tribunais*,São Paulo, v. 809, mar. 2003, p. 11).

[453] De acordo com o Enunciado 42: "O art. 931 amplia o conceito de fato do produto existente no art. 12 do Código de Defesa do Consumidor, imputando responsabilidade civil à empresa e aos empresários individuais vinculados à circulação dos produtos".

[454] Segundo o que dispõe o Enunciado 378: "Aplica-se o art. 931 do Código Civil, haja ou não relação de consumo".

[455] Essa posição é contestada por Ruy Rosado ao defender que a redação do art. 931 do Código Civil, por estabelecer a ressalva a casos previstos em lei especial, impediria a incidência do dispositivo às relações de consumo. (AGUIAR JÚNIOR, 2003).

[456] Essa é também a orientação dada pelo enunciado 43: "A responsabilidade civil pelo fato do produto, prevista no art. 931 do novo Código Civil, também inclui os riscos do desenvolvimento".

Assim, o dispositivo legal pode ser considerado como grande porta para a inclusão da responsabilidade pelos riscos do desenvolvimento,[457] porque, para a sua incidência, não é exigida a constatação de defeito, que no caso de riscos do desenvolvimento somente pode ser detectado em momento posterior. A responsabilidade civil impõe-se pela colocação no mercado de produto que cause danos.

Com isso, cai por terra a defesa do fornecedor para exclusão do nexo causal pela alegação de defeito do produto indetectável. A única viabilidade de se esquivar da responsabilização seria a alegação de não ter colocado o produto em circulação, ou de incidência de caso fortuito ou força maior (não sendo demais reforçar que os riscos do desenvolvimento não se enquadram nessa categoria porque o fornecedor não teria condições de demonstrar que o bem não tinha sido colocado em circulação).

Dessa forma, pode-se afirmar que o art. 931 do Código Civil brasileiro trouxe condições para sepultar alguns argumentos que eram levantados pela doutrina com a finalidade de impedir o reconhecimento da responsabilidade pelos riscos do desenvolvimento.

Essa interpretação pode ser considerada mais vantajosa ao consumidor, e isso justifica a utilização do Código Civil brasileiro nas relações de consumo, como determina o próprio art. 7º do Código de Defesa do Consumidor, que por ser cláusula de abertura, funciona como "uma *interface* com o sistema maior". Nesse contexto, os direitos dos consumidores podem estar previstos ou ser assegurados por outras leis, não só no Código de Defesa do Consumidor, podendo o Código Civil brasileiro ser considerado norma subsidiária e complementar em relação ao Código de Defesa do Consumidor.[458]

Esse raciocínio não prejudica a autonomia do Direito do Consumidor que continua inabalada por ser lei especial, destinada a tratar das relações de consumo que se estabelecem entre consumidores e forne-

---

[457] MARQUES, Cláudia Lima. Diálogo entre o Código de Defesa do Consumidor e o novo Código Civil: do "diálogo das fontes" no combate às cláusulas abusivas. *Doutrinas Essenciais de Responsabilidade Civil*, v. 4, out. 2011.

[458] Esse aspecto é observado pela doutrina que ao comparar o Código Civil com o Código Civil alemão reformado em 2002, constata que o Direito alemão, ao contrário do brasileiro, menciona a matéria relativa a consumidores em seu texto. Nesse sentido, a doutrina lança dura crítica à posição adotada pelo legislador brasileiro que não cumpriu a pretensão inicial do projeto do Código Civil de incluir em seu texto a matéria contida em leis especiais posteriores ao Código Civil de 1916. Como observa a doutrina, o legislador do Código Civil 2002 não quis incorporar o Código de Defesa do Consumidor ou qualquer norma específica de proteção ao Consumidor e teria apenas incluído leis anteriores a 1975, tendo procedido apenas algumas adaptações nos anos 90. (MARQUES, Cláudia Lima. Superação das Antinomias pelo diálogo das fontes: o modelo brasileiro de coexistência entre o Código de Defesa do Consumidor e o Código Civil de 2002. *Revista da Escola Superior da Magistratura do Sergipe*, Aracajú, n. 7, 2004, p. 36- 37).

cedores. É preciso notar que o Código Civil brasileiro não revogou as disposições do Código de Defesa do Consumidor, pois é considerado uma lei básica do Direito Privado, e também não incorporou as disposições do Código de Defesa do Consumidor.[459] [460]

Em virtude disso, e considerando que o Direito brasileiro adotou um sistema no qual existem dois Códigos separados e autônomos: um para iguais e outro para diferentes, o diálogo das fontes, aplicação simultânea, coordenada e sistemática dessas duas leis coexistentes do Direito Privado, poderá fazer com que o consumidor consiga alcançar de maneira efetiva a proteção de seus interesses.[461]

Desse modo, para aqueles que acreditam não ter o Código de Defesa do Consumidor autorizado a responsabilidade pelos riscos do desenvolvimento, o art. 931 pode ser encarado como mecanismo de proteção mais efetivo para o próprio consumidor, já que a redação ampla da cláusula geral do art. 931 do Código Civil permite a responsabilidade pelos danos decorrentes dos produtos postos em circulação, mesmo que os seus defeitos somente sejam detectados tardiamente, quando da ocorrência do dano.

Nesse sentido, o art. 931 do Código Civil serve de reforço para a tese de imposição da responsabilidade pelos riscos do desenvolvimento. Esse dispositivo (embora não trate do serviço) afasta qualquer restrição ou condicionamento ao dever de indenizar no que se incluem os riscos do desenvolvimento. Ao impor a responsabilidade objetiva do fornecedor, o Código de Defesa do Consumidor estabelece que ele deve suportar os riscos, sobretudo, por sua capacidade de internalizar os custos que esses danos representem e também de distribuí-los por intermédio do sistema de fixação de preços.[462]

Com o objetivo de reforçar a importância do art. 931 do Código Civil brasileiro, é importante ponderar que o art. 12 do Código de Defesa do Consumidor estabelece a responsabilidade independente de culpa, mas não se trata de responsabilidade objetiva pura, porque o seu

---

[459] José de Oliveira Ascensão, ao comparar o Código Civil de 2002 com o Código de Defesa e Proteção do Consumidor, tece forte crítica à legislação civil, referindo que o Código teria "nascido velho" e que por "falta de tempo ou de vontade" não teria feito uma atualização ou ajustamento com o Código do Consumidor, o que segundo o autor, seria imperioso para alcançar a coerência necessária no domínio das fontes do Direito ASCENSÃO, José de Oliveira. Sociedade de Risco e Direito do Consumidor. *in Sociedade de Risco e Direito Privado.* LOPEZ, Teresa Acona, LEMOS, Patrícia Fraga Iglecias e RODRIGUES JÚNIOR, Otavio Luiz Coordenadores. São Paulo: Atlas, 2013, p. 361.

[460] MARQUES, 2004, p. 36-37..

[461] MIRAGEM, 2008, p. 292.

[462] PASQUALOTTO, Adalberto de Souza. A responsabilidade civil do fabricante e os riscos de desenvolvimento. *AJURIS,* Porto Alegre, Ajuris, v.20, n.59, p.1 47-168, nov. 1993.

fundamento não é o risco, e sim a existência de um defeito do produto. Assim sendo, o fabricante não será responsabilizado, se, mesmo tendo colocado o produto no mercado, provar que não existe defeito. Já no Código Civil brasileiro basta a colocação do produto em circulação que provoque danos para que incida a responsabilidade do fabricante.[463]

Importante lembrar também a razão do Direito do Consumo definida pela doutrina portuguesa como a "proteção dos mais fracos contra os mais poderosos".[464] Essa função não pode ser esquecida ao interpretar-se o art. 931, o que conduz ao entendimento da extensão da responsabilidade do fabricante pelos riscos do desenvolvimento, já que o dano não deve ser suportado pelo consumidor, e sim por aquele que coloca o produto em circulação, tendo em vista a teoria do risco criado, segundo a qual deve suportar o dano aquele que cria a situação de risco, e não o adquirente do bem em si.

Além disso, não tem procedência o argumento da exclusão da responsabilidade pela inexistência de defeito do produto, porque no caso de riscos do desenvolvimento os defeitos já existem, mas somente são detectáveis em momento posterior.

Como se viu anteriormente, mesmo entre os portugueses que contam com um sistema de exoneração de responsabilidade pelos riscos do desenvolvimento, a doutrina alerta que a exclusão da responsabilidade estaria muito aproximada de uma responsabilidade por culpa.[465]

Essa preocupação pode ser utilizada para afirmar a viabilidade da responsabilidade civil pelos riscos do desenvolvimento no Direito brasileiro através da incidência do art. 931, e isso se justifica por dois aspectos. O primeiro relacionado à consideração segundo a qual a responsabilidade civil pelos riscos do desenvolvimento não foi afastada expressamente, como ocorreu no Direito português. O outro aspecto a ser considerado é que a responsabilidade civil pelo fato do produto é objetiva e incide mesmo nos casos de riscos do desenvolvimento porque o fornecedor não pode se eximir da responsabilidade pelo simples fato de alegar que tomou as cautelas ou os cuidados necessários, utilizando do conhecimento técnico e científico disponível, para afastar a possibilidade de colocar em circulação no mercado um produto defeituoso.

A discussão em torno da culpa, no que se refere à responsabilidade do fornecedor, merece ser repudiada, tendo em vista que para

---

[463] SILVA, J. C., 2008, p. 144.

[464] LEITÃO, 2010, p. 414.

[465] MENEZES LEITÃO, P. 410.

demonstrar a culpa do fornecedor, a vítima teria que provar o conhecimento do processo de fabricação ou da concepção técnica do produto, o que em geral o consumidor não tem condições de fazer.[466]

Por isso, mesmo nos casos de responsabilidade pelos riscos do desenvolvimento, é necessário considerar a incidência da responsabilidade com base na responsabilidade objetiva e não subjetiva.

O que se vislumbra, portanto, é uma janela aberta para a incidência da responsabilidade civil pelos riscos do desenvolvimento, principalmente se for considerado que o art. 931 é uma cláusula geral da responsabilidade civil pela circulação de produtos.

---

[466] Nesse sentido, AGUIAR, 2007, p. 35.

Segunda Parte

A responsabilidade pelo fato do produto prevista no art. 931 do Código Civil brasileiro e as hipóteses interpretativas

As noções vistas na primeira parte deste livro serviram como pressuposto para a elaboração desta segunda parte, na qual serão apresentadas as hipóteses interpretativas do art. 931 do Código Civil brasileiro.

Para tanto, é necessário situar a responsabilidade do empresário pelos produtos postos em circulação, considerando as condições para a sua imputação, para posteriormente reconhecer o art. 931 do Código Civil brasileiro como uma norma especial que trata da responsabilidade do empresário, sendo necessário, no entanto, considerar que o modelo de responsabilidade civil seguido pelo comerciante e pelo fabricante são distintos.

Capítulo IV – A imputação da responsabilidade do empresário por produtos postos em circulação

O exame da responsabilidade civil do empresário pelos produtos postos em circulação precisa passar pela constatação da grande mudança trazida pelo Código Civil brasileiro para a matéria, tendo em vista a superação do tratamento dado ao nexo de imputação da responsabilidade civil.

No Código Civil brasileiro, a responsabilidade civil se impõe em virtude do dano provocado pelo produto que é posto em circulação pelo empresário, não havendo a discussão a respeito da existência de defeito do produto, como se verifica no Código de Defesa do Consumidor. O nexo de imputação é a circulação do produto.

O Regime da Responsabilidade Civil pelo fato dos produtos postos em circulação

Além disso, a responsabilidade estabelecida no Código Civil brasileiro não está somente dirigida às relações de consumo, como se vislumbrava no Código de Defesa do Consumidor.[467]

Essas diferenças de tratamento trazem consequências importantes, que não podem ser ignoradas, portanto, ganham espaço neste livro como será visto a seguir.

4.1. A superação da caracterização do defeito do produto como requisito para a imputação da responsabilidade civil: o nexo de imputação estabelecido pela circulação do produto

Em regra, a incidência da responsabilidade civil pelo fato do produto está marcada pela verificação de um produto defeituoso que causa danos. Isso pode ser notado através do exame da matéria no Direito Comparado que foi feito acima e também pelo exame do art. 12 do Código de Defesa do Consumidor que condiciona a responsabilidade civil pelo fato do produto à existência de um defeito, como se vê no § 3º do dispositivo o qual estabelece a prova da inexistência de defeito como uma das possibilidades de exclusão da responsabilidade civil.

Tanto na Diretiva 85/374 como no Código de Defesa do Consumidor, a imputação da responsabilidade civil pelo fato do produto está vinculada à existência de um defeito, o nexo de imputação da responsabilidade é o defeito do produto. Já no art. 931 do Código Civil brasileiro, a atribuição da responsabilidade civil se dá pelo fato de o produtor colocar em circulação um produto que gera danos. Por isso, é possível afirmar que o art. 931 do Código Civil brasileiro não tem comparativo nos demais ordenamentos.

O art. 931 do Código Civil brasileiro não pode ser considerado mera repetição do disposto no art. 12 do Código de Defesa do Consumidor, pois, para a própria doutrina consumerista, a interpretação segundo a qual os dispositivos teriam tratado da mesma matéria, seria considerada contrária à hermenêutica.[468] O art. 931 do Código Civil brasileiro, diferentemente do que ocorre com o art. 12 do Código de Defesa do Consumidor, não faz referência à existência de defeito para a

---

[467] PASQUALOTTO, Adalberto. Dará a reforma ao Código de Defesa do Consumidor um sopro de vida? *Revista de Direito do Consumidor*,São Paulo, v. 78, abr. 2011.

[468] Considerando a existência dessa distinção, Adalberto Pasqualotto defende a reforma do texto do art. 12 do Código de Defesa do Consumidor, para incluir um parágrafo autorizando a responsabilidade civil pelos riscos do desenvolvimento nas relações de consumo, a exemplo do que, segundo o autor, ocorreria de maneira genérica no art. 931 do Código Civil o que é reforçado pelos enunciados interpretativos elaborados nas Jornadas interpretativas do Código Civil. (Ibid.)

imposição da responsabilidade civil; à vista disso não seria autorizado presumir que a noção de defeito estaria implícita no art. 931.[469]

Essa diferença de tratamento legislativo nem sempre é percebida ou levada em consideração pelo intérprete, talvez por resistência no que se refere à atribuição de efeitos jurídicos que essa constatação possa levar.

Nesse mesmo sentido, é importante lembrar a problemática, já vivida no Brasil, a respeito da resistência que existia no período imediatamente posterior à entrada em vigor do Código de Defesa do Consumidor, para aceitá-lo como instrumento de solução de conflitos para danos decorrentes de produtos defeituosos.[470]

É possível fazer uma analogia dessa resistência, com o que se tem vivenciado hoje, no que pertine à aplicabilidade da responsabilidade civil pelos danos decorrentes de produtos postos em circulação, conforme a previsão do art. 931 do Código Civil.

É preciso perceber que a responsabilidade prevista no Código Civil brasileiro de 2002 está para além do Código de Defesa do Consumidor, assim como o Código de Defesa do Consumidor estava para além do art. 159 do Código Civil de 1916, e, ainda assim, usava-se a legislação anterior que era ultrapassada para resolução dos casos concretos.

Diante de uma nova legislação, é natural que os intérpretes se dividam em dois grupos: o grupo que apresenta certo ceticismo em relação à nova legislação, e por isso, não atribui sua real extensão a ela; e o grupo otimista que procura dar maior efetividade à legislação, inserindo na sua hipótese de incidência as mais diversas situações, por vezes, até de maneira irresponsável.[471]

A interpretação proposta neste livro é justamente no sentido de evitar extremos: não se pode ser cético com o art. 931, a ponto de não utilizar as vantagens da legislação; mas também é preciso ter cuidado com o discurso irresponsável a respeito da interpretação do dispositivo legal.

Assim, é necessário perceber que a redação do art. 931 é mais abrangente que o Código de Defesa do Consumidor, porque ao contrário deste, a disposição do Código Civil brasileiro não condiciona a

---

[469] SANSEVERINO, 2010b, p. 4.

[470] Ibid., p. 5.

[471] Posição contrária pode ser encontrada na obra DRESCH, Rafael de Freitas Valle. *Fundamentos da responsabilidade civil pelo fato do produto e do serviço:* um debate jurídico-filosófico entre o formalismo e o funcionalismo do Direito Privado. Livraria do Advogado: Porto Alegre, 2009, p. 129-130. e também em GODOY, Claudio Luiz Bueno de. *Responsabilidade civil pelo risco da atividade.* 2. ed. São Paulo: Saraiva, 2010, p. 100.

responsabilidade civil à existência de defeito do produto,[472] a responsabilidade civil se estabelece em virtude do dano provocado pelo produto que é colocado em circulação, ou seja: o nexo de imputação da responsabilidade não é o defeito do produto, e sim a sua circulação.

Nesse sentido, é oportuna a advertência feita por Eugênio Facchini Neto, ao referir que a matéria foi debatida pela Comissão que tratou do tema da Responsabilidade Civil, na I Jornada de Direito Civil, promovida pelo Centro de Estudos Judiciários do Conselho de Justiça Federal (STJ), em Brasília, nos dias 11 a 13 de setembro de 2002. Segundo o autor, essa comissão aprovou o enunciado 42 que dispõe: "o art. 931 amplia o conceito de fato do produto existente no art. 12 do Código de Defesa do Consumidor, imputando responsabilidade civil à empresa e aos empresários individuais vinculados à circulação dos produtos".[473]

O art. 931 do Código Civil brasileiro traz uma modalidade de responsabilidade objetiva que não está vinculada à existência de defeito do produto, o nexo de imputação da responsabilidade civil está vinculado à circulação dos produtos.[474]

O fato de não vincular a responsabilidade civil à existência de defeito traz consequências importantes.

A primeira delas é a de perceber que o art. 931 pode ser considerado como uma grande moldura com condições de recepcionar a inclusão da responsabilidade pelos riscos do desenvolvimento. Essa consequência já foi objeto de elaboração de outro enunciado pela mesma comissão referida acima. Trata-se do enunciado 43, que dispõe: "a responsabilidade civil pelo fato do produto, prevista no art. 931 do novo Código Civil, também inclui os riscos do desenvolvimento".[475]

Esse enunciado foi elaborado através da exploração das possibilidades interpretativas da redação do art. 931. Como o dispositivo não repetia a mesma redação do art. 12, § 3º, do Código de Defesa do Consumidor, ao fixar as causas de exclusão da responsabilidade do fa-

---

[472] FACCHINI NETO, 2010, p. 38.

[473] Esse fato não tem sido suficientemente percebido, tanto que podem se presenciar decisões em que mesmo considerando incidente o art. 931 à responsabilidade civil, há o condicionamento dessa responsabilidade à ocorrência de defeito como se vê da decisão a seguir: RIO GRANDE DO SUL. Tribunal de Justiça. Embargos Infringentes nº 70019255934. Terceiro Grupo Cível. Relatório: Des. Antônio Corrêa Palmeiro da Fontoura, Julgado em: 16 maio 2008. Responsabilidade Civil. Indenização. Perda da visão do olho direito decorrente do estouro de garrafa de cerveja. Inaplicabilidade do Código de Defesa do Consumidor ao caso concreto. Incidência do artigo 931 do Código Civil. Responsabilidade Objetiva. Cabia à ré comprovar a inocorrência do defeito no produto, ônus do qual não se desincumbiu. Dever de indenizar configurado. Embargos infringentes acolhidos, por maioria.

[474] Pela complexidade do assunto, ele será tratado com mais profundidade na sequência.

[475] FACCHINI NETO, 2010, p. 39.

bricante, estabelecia que este não seria responsável, se provasse que o produto não apresentava defeito na época de sua colocação no mercado. Essa referência à "época" era considerada como o argumento central daqueles que defendiam que o Código de Defesa do Consumidor não havia contemplado a responsabilidade pelos riscos do desenvolvimento,[476] já que o defeito somente se revelaria em momento posterior.

A segunda consequência consiste na desvinculação da responsabilidade a um defeito pode tornar mais difícil a exclusão da responsabilidade do empresário pelo dano provocado pelo produto, já que, além de a vítima, não precisar fazer a prova do defeito (orientação já seguida no Código de Defesa do Consumidor), no art. 931 não estão previstas as causas excludentes da responsabilidade do empresário, como restou definido no Código de Defesa do Consumidor.

Embora essa possa parecer uma diferença sutil, ela é percebida mesmo por aqueles que ao compararem o Código de Defesa do Consumidor com o Código Civil defendem que o Código de Defesa do Consumidor continua dando tratamento mais benéfico ao consumidor, o que pode ser observado pela passagem a seguir: "apesar da exigência de defeito do produto ou do serviço, expressamente prevista tanto no art. 12 como no art. 14, que não consta do enunciado normativo do art. 931 do Código Civil de 2002, o regime especial de responsabilidade civil por acidentes de consumo previsto pelo Código de Defesa do Consumidor é inequivocadamente mais favorável ao consumidor".[477]

Contudo, a leitura do art. 931 do Código Civil brasileiro é capaz de demonstrar que o legislador não condicionou a responsabilidade do empresário à existência de um defeito do produto.

Mesmo assim, vislumbra-se, na doutrina brasileira, a defesa da interpretação do dispositivo sob as mesmas bases estruturantes do Código de Defesa do Consumidor.[478] Em vista disso, é levantada a hipótese de interpretação conjunta do art. 931 do Código Civil brasileiro com o art. 12, § 1º, do Código de Defesa do Consumidor, que estabelece o conceito de defeito do produto.

Essa posição deve ser rechaçada, pois limita as possibilidades interpretativas do art. 931, que podem se revelar mais benéficas ao consu-

---

[476] SANSEVERINO, Paulo de Tarso Vieira. *Direito do Consumidor e Defesa do Fornecedor*, p. 57.

[477] O argumento é apresentado por Sanseverino, na obra *Direito do Consumidor e Defesa do Fornecedor* p. 57 ao citar orientação defendida por Cavalieri e Menezes Direito, segundo a qual o empresário somente responderá pelos danos causados por *produtos defeituosos* postos em circulação. Segundo esses autores, o nexo de imputação da responsabilidade civil, prevista no art. 931, é determinado pela existência de um defeito no produto.

[478] Orientação que é bem explorada por Adalberto Pasqualotto. (PASQUALOTTO, 2011)

midor, se comparadas com o próprio Código de Defesa do Consumidor, tendo em vista que este ordenamento exige o defeito no produto para configurar a responsabilidade civil do fornecedor, e o Código Civil brasileiro não faz essa referência.

A corrente da interpretação do art. 931 do Código Civil brasileiro à luz da disposição do art. 12 do Código de Defesa do Consumidor justifica sua opção argumentando que interpretação em sentido contrário tornaria inviável a atividade de determinados setores empresariais, como o fabricante de facas. Esse argumento não prospera, porque o art. 931 não impõe a responsabilidade civil irrestrita do empresário, podendo ser afastada nos casos de produtos cujo risco é inerente.

O que se defende neste livro é que a responsabilidade civil se impõe nos casos de danos provenientes de produtos postos em circulação, excetuando os casos de produtos nos quais o risco de dano é inerente pela própria natureza do produto, desde que haja informação precisa a respeito da potencialidade nociva do produto.

Assim, é preciso perceber que o Código Civil e o Código de Defesa do Consumidor não tratam da mesma matéria,[479] e, por esse motivo, o art. 931 não pode ser interpretado com base no Código de Defesa do Consumidor, pois a inexistência de defeito do produto não figura como uma das hipóteses de exclusão da responsabilidade civil do empresário.

Por fim, é importante referir que não se desconhece o conteúdo do Enunciado 562 aprovado na VI Jornada de Direito Civil promovida pelo CNJ,[480] cuja redação é a que segue: "Aos casos do art. 931 do Código Civil aplicam-se as excludentes da responsabilidade objetiva".

O conteúdo desse enunciado não prejudica o raciocínio desenvolvido neste livro segundo o qual o art. 931 se destina a impor a responsabilidade civil do empresário pelos danos decorrentes dos produtos postos em circulação, independentemente da existência de defeito desse mesmo produto.

O enunciado trata das hipóteses de exclusão da responsabilidade objetiva e, no caso no art. 931, o empresário terá condições de excluir a sua responsabilidade civil se provar a existência de caso fortuito ou

---

[479] Disponível no *site*: <http://www.conjur.com.br/2013-abr-15/enunciados-aprovados-vi-jornada-direito-civil-serao-guia-justica>. Acesso em: 21 ago. 2013.

[480] A esse respeito pode se consultar TARTUCE, Flávio. *A responsabilidade civil subjetiva como regra geral do novo Código Civil.* Disponível em: <http://www.mundojuridico.adv.br/sis_artigos/artigos.asp?codigo=330>. Acesso em: 10 maio 2012; CAVALIERI FILHO, Sérgio; MENEZES DIREITO, Carlos Alberto. *Comentários ao Novo Código Civil,* V. XIII. Sálvio de Figueiredo Teixeira (coord.). Rio de Janeiro: Forense, 2007, p. 182.

força maior, mas não se eximirá da responsabilidade civil, pela alegação de inexistência de defeito do produto.

Afirmar que devem ser aplicadas as excludentes da responsabilidade objetiva ao art. 931 do Código Civil brasileiro não é o mesmo que reconhecer a possibilidade de exclusão da responsabilidade civil pela alegação de inexistência de defeito do produto. A redação do enunciado é genérica: somente adverte que aos casos do art. 931 do Código Civil brasileiro são aplicáveis as excludentes da responsabilidade objetiva.

O enunciado não refere que o defeito seria requisito para a imputação da responsabilidade do empresário nos mesmos moldes do art. 12 do Código de Defesa do Consumidor e também não estabelece inaplicabilidade do dispositivo nas relações de consumo (essa última restrição é mencionada na justificativa do enunciado, contudo, deve ser desconsiderada tendo em vista o estabelecido pelo art. 7º do Código de Defesa do Consumidor).

A análise do Enunciado demonstra que ele não impede e nem prejudica uma interpretação do art. 931 no sentido de reconhecer a responsabilidade do empresário pelos produtos postos em circulação, independentemente da existência de defeito e também uma interpretação extensiva do dispositivo às relações de consumo.

4.2. O alcance da responsabilidade civil pelo fato do produto prevista no Código Civil brasileiro (relações civis, mercantis e de consumo)

Como já foi referido acima, existe posição doutrinária[481] defendendo que o art. 931 teria o mesmo alcance do Código de Defesa do Consumidor, pois estaria destinado a disciplinar somente as relações de consumo, uma vez que teria repetindo as disposições do Código de Defesa do Consumidor.

Embora essa posição seja defendida por doutrinadores respeitáveis, ela não pode ser adotada.

A própria doutrina consumerista reconhece que a reconstrução do Direito Privado identificou três sujeitos: o civil, o empresário e o consumidor,[482] desse modo não é possível interpretar o art. 931 sem considerar a existência dessa pluralidade de sujeitos.

---

[481] MARQUES, 2004, p. 17.

[482] IMPARATO, Paula Barcelos. *La responsabilité civile de l'industrie pharmaceutique:* le risque de développement,étude comparative des droits brésilien et québécois. Disponível em:

O Regime da Responsabilidade Civil pelo fato dos produtos postos em circulação

A lei não limitou a aplicação do art. 931 às relações de consumo, e se essa não foi a posição legislativa, mostra-se equivocada a posição doutrinária que tenta limitar a aplicação do dispositivo às relações de consumo, estando o Código Civil brasileiro destinado a tratar das situações que não eram compreendidas pelo Código de Defesa do Consumidor, com a finalidade de considerar igualmente objetiva a responsabilidade civil fora das relações de consumo.[483]

No Brasil, existem, desde 1990, dois sistemas de responsabilidade civil pelo fato do produto: um baseado do Código de Defesa do Consumidor, para as situações decorrentes de relação de consumo; e outro no Código Civil para as demais situações.[484] Essa duplicidade de regimes permanece no Código Civil brasileiro 2002.

A diferença encontrada na nova legislação civil é o tratamento dado à responsabilidade civil pelo fato do produto fora das relações de consumo, em virtude do que dispõe o art. 931 que é uma cláusula geral da responsabilidade civil objetiva pelos danos decorrentes de produtos postos em circulação, enquanto o Código de Defesa do Consumidor é um regime especial de responsabilidade civil objetiva destinado às relações de consumo.[485]

Assim, a partir do Código Civil brasileiro, a responsabilidade civil do fabricante pelo fato do produto passa a ser objetiva nos dois regimes: naquele que é fundado nas relações de consumo e no outro em que é irrelevante a existência de relação de consumo.

A constatação de dispor o ordenamento brasileiro de dois regimes de responsabilidade pelo fato do produto conduz a importante conclusão da necessidade de ler e interpretar o art. 931 considerando a data de sua

---

<https://papyrus.bib.umontreal.ca/jspui/bitstream/1866/4541/2/Imparato_Paula_B_2010_these.pdf>. Acesso em: 27 set. 2012, p. 38. "À notre avis, l'intention du législateur au moment de la rédaction de l'Article 931 n'était que de réglementer la responsabilité des entreprises envers les consommateurs. Considérant cependant que lors de l'adoption du Code civil, en 2002, la règle était déjà prévue au Code du consommateur, nous croyons que le législateur l'aurait conservée eu égard aux situations non comprises par cette dernière, afin d'étendre également la responsabilité objective en dehors des rapports de consommation. Nous étayons notre position sur le texte de l'Article 931, qui dispose que [traduction] «sans préjudice a d'autres dispositions énoncées pa r une loi spéciale,les entrepreneurs individuels et lesentreprises répondent indépendamment de toute faute pour les dommagescausés par les produits en circulation.» Or, si l'Article ne restreint pas son application aux rapports fabricant-consommateur, ce n'est pas à la doctrine de le faire. Nous pouvons donc conclure qu'en droit brésilien, que ce soit dans le régime du Code civil ou du Code du consommateur, la responsabilité du fabricant du fait de ses produits est objective".

[483] Ibid.

[484] Nesse sentido, AGUIAR, 2007, p. 35. O autor cita como exemplo o caso de um empresário que adquire determinado produto como bem de capital, não podendo por isso ser considerado como consumidor e ainda assim poderá reclamar do empresário alienante pelo fato do produto em virtude dos danos que sofrer sem a necessidade de provar a culpa do alienante.

[485] Essa orientação também é defendida por FACCHINI NETO, 2010.

propositura, época na qual não havia no Direito brasileiro uma legislação específica destinada a proteger o consumidor. A legislação que consta do art. 931 do Código Civil brasileiro é genérica e não pode ser confundida com o Código de Defesa do Consumidor que é uma norma especial. No entanto, é necessário ressaltar que o fato de as relações de consumo contarem com legislação específica não prejudica ou impede uma interpretação extensiva do art. 931 no sentido de proteger o consumidor.

Considerando que o objetivo que estava na origem do art. 931 do Código Civil brasileiro era o de proteger o destinatário do produto posto em circulação (seja ou não o consumidor do Código de Defesa do Consumidor), é possível cogitar o Código Civil brasileiro como um instrumento que poderá ampliar a proteção do consumidor, representando o Código de Defesa do Consumidor o ponto de partida da proteção ao consumidor, mas não o único mecanismo.[486]

Esse raciocínio é importante para a ampliação de proteção que o Código Civil brasileiro pode outorgar ao consumidor em comparação com o regime de proteção que foi dado pela legislação do Código de Defesa do Consumidor e sua consequente interpretação.

Nesse diapasão, pode-se usar como exemplo o caso da responsabilidade civil pelos riscos do desenvolvimento, que embora não tivesse sido incluída no rol de causas excludentes da responsabilidade do fornecedor, trouxe ao Direito brasileiro grande discussão a respeito da matéria, na qual doutrina e jurisprudência dividem-se a respeito da imputação da responsabilidade civil no caso de danos provenientes dos riscos do desenvolvimento.

A doutrina favorável à exclusão da responsabilidade civil utilizou-se justamente do Código de Defesa do Consumidor para apresentar o argumento de exclusão da responsabilidade do fornecedor através da interpretação dos arts. 10, 12, § 1º, inciso III, c/c § 3º, inciso II do mesmo dispositivo. Para essa posição, o Código de Defesa do Consumidor excluiria a responsabilidade civil pelos danos, quando o fornecedor inserisse no mercado de consumo um produto, sem ter conhecimento de sua característica nociva ou perigosa, porque o defeito do produto somente poderia ser vislumbrado em momento posterior.[487]

---

[486] A esse respeito aconselha-se a consulta da obra SANSEVERINO, 2010b, na qual o autor faz a análise das principais correntes e se filia àquela que não considera os riscos do desenvolvimento incluídos nas causas de exclusão da responsabilidade civil do fornecedor. A mesma orientação é seguida por Luciano Gonçalves Paes Leme em recente publicação a respeito da matéria (LEME, Luciano Gonçalves Paes. Os Riscos do Desenvolvimento à luz da Responsabilidade do Fornecedor pelo Fato do Produto. In: *Sociedade de Risco e Direito Privado*. LOPEZ, Teresa Acona, LEMOS, Patrícia Fraga Iglecias e RODRIGUES JÚNIOR, Otavio Luiz (Coords.). São Paulo: Atlas, 2013.)

[487] DIÉZ-PICAZO, 2011, p. 494.

Esses argumentos passam a não prosperar a partir do o art. 931 do Código Civil, porque o dispositivo estabelece a responsabilidade do empresário pelos danos decorrentes dos produtos postos em circulação, independentemente de relação de consumo. Por ser uma cláusula geral, o art. 931 não excluiu a responsabilidade pelos riscos do desenvolvimento, passando a abrangê-los no sistema da responsabilidade civil pela circulação de produtos.

O art. 931 serve como um mecanismo destinado a ampliar a responsabilidade objetiva para qualquer relação jurídica, e essa orientação também foi adotada no Direito Espanhol através do Texto Refundido, que praticamente repete as disposições da lei LRDP, mas dela difere pelo fato de incluir de forma expressa em seu texto a responsabilidade por produtos defeituosos tanto no que se refere aos consumidores como a outros usuários.[488]

O Texto Refundido aproxima-se muito da redação que existe no art. 931 do Código Civil brasileiro, já que não está somente dirigido à proteção dos consumidores, mas também dos usuários.

O fato de estabelecer a responsabilidade civil objetiva do produtor, independentemente da existência de relação de consumo, pode também facilitar o acesso da indenização naqueles casos em que fica difícil a caracterização da relação de consumo. O que pode ser verificado naquelas situações em que a vítima do dano provocado pelo produto é o próprio comerciante do mesmo produto.

Nesse sentido, é relevante referir decisão proferida pelo Tribunal de Justiça do Paraná, que se pronunciou a respeito do reconhecimento da responsabilidade civil em ação indenizatória ajuizada pela comerciante de Coca-Cola contra a Vonpar, pelo abalo moral sofrido em virtude do vexame a que foi exposta em seu estabelecimento comercial, por ter oferecido a um cliente um refrigerante lacrado, contendo uma embalagem de salgadinho em seu interior.[489]

---

[488] PARANÁ. Tribunal de Justiça. Apelação Cível n. 892.852-5. Décima Câmara Cível. Relator: Albino Jacomel Guérios. Julgado em: 26 jul. 2012. Responsabilidade Civil. Dano Moral. Fato que enseja juízo de valor a respeito do asseio da loja de empresário individual. Garrafa de refrigerante que continha uma embalagem de salgadinhos. Comentários desairosos feitos pelo consumidor também a respeito do estabelecimento comercial da autora. Valor da indenização. Responsabilidade objetiva da ré. Apelação principal não provida. Recurso Adesivo não provido.

[489] "Supondo não existir uma relação regulada pelo Código do Consumidor, ela responderia independentemente de culpa, nos termos do artigo 931 do Código Civil, cujo sentido é assim explicado pela doutrina: Fornecimento do produto, prescindindo-se da culpa para desencadear a responsabilidade. Não importa que tenham os defeitos dos produtos ou os perigos que lhe são inerentes, causado algum mal ou prejuízo porque houve culpa dos empresários individuais ou das empresas que os fabricaram e os colocaram em circulação. Dispensável pesquisar se ocorreu descuido na fabricação, como falha no revestimento das peças internas, de sorte a não evitar choques elétricos

No processo, foi feita uma construção no sentido de reconhecer a incidência do Código de Defesa do Consumidor pela alegada vulnerabilidade e hipossuficiência do comerciante. Tal discussão perde relevância no atual Código Civil brasileiro, tendo em vista que a responsabilidade do produto que causa dano será objetiva, sendo a vítima consumidora ou não.

Ainda que seja levantada a argumentação da incidência do Código de Defesa do Consumidor, a própria decisão adverte que depois do art. 931 do Código Civil brasileiro a responsabilidade no caso concreto seria objetiva mesmo que não se tratasse de relação de consumo, porque bastaria a prova do dano para incidência de reparação.[490]

No caso concreto, a autora ajuizou ação indenizatória em virtude de constrangimento sofrido em decorrência da repulsa de seus fregueses ao receber recipiente de refrigerante com uma embalagem de salgadinho dentro. O dano ficou vislumbrado pela reação dos fregueses da autora que passaram a expressar comentários negativos a respeito do asseio de seu estabelecimento comercial, o que teria gerado na autora um abalo moral. A autora foi indenizada pelo fato do produto indiretamente, tendo em vista que houve defeito no produto, e que esse defeito provocou a reação do freguês, não se tratava de dano direto pelo produto.

Em virtude disso, é possível levantar a hipótese que talvez a melhor orientação a ser seguida pelo Tribunal seria o reconhecimento da atribuição de responsabilidade civil pela incidência do art. 931 do Código Civil brasileiro, porque o dano que a autora alegou foi decorrente da repulsa de seus clientes, ou seja, não foi decorrente do fato do produto em si, mas sim das consequências do fato do produto em seus clientes, que acabou gerando o seu abalo, o que poderia dificultar a incidência do art. 17 do Código de Defesa do Consumidor, mas não impede a incidência do Código Civil brasileiro.

Em caso parecido, no qual um comerciante de bebidas teve o olho perfurado por estouro de garrafa de cerveja enquanto manuseava vasilhames no refrigerador de seu estabelecimento comercial, o Tribunal de Justiça do Rio Grande do Sul reconheceu a responsabilidade ob-

---

quando conectados com os fios condutores de energia. Basta o simples dano para desencadear a obrigação de reparação".

[490] RIO GRANDE DO SUL. Tribunal de Justiça. Embargos Infringentes nº 70019255934. Terceiro Grupo Cível. Relator: Des. Antônio Corrêa Palmeiro da Fontoura. Julgado em: 16 maio 2008. Responsabilidade Civil. Indenização. Perda da visão do olho direito decorrente do estouro de garrafa de cerveja. Inaplicabilidade do Código de Defesa do Consumidor ao caso concreto. Incidência do artigo 931 do Código Civil. Responsabilidade Objetiva. Cabia a ré comprovar a inocorrência do defeito no produto, ônus do qual não se desincumbiu. Dever de indenizar configurado. Embargos infringentes acolhidos, por maioria.

jetiva de uma distribuidora de bebidas pelos danos sofridos pelo comerciante, com base no art. 931 do Código Civil brasileiro. A decisão é importante, porque o Tribunal afastou a incidência do Código de Defesa do Consumidor, sob o argumento de inexistência de uma relação de consumo. Mesmo assim, a vítima não ficou sem reparação, tendo em vista a incidência do art. 931 do Código Civil brasileiro.[491]

A decisão referida serve para demonstrar que a incidência da responsabilidade objetiva pelos danos decorrentes do fato do produto não depende da configuração da relação de consumo.

O STJ pronunciou-se recentemente a respeito de caso muito semelhante. Na ocasião, reconheceu a existência de acidente de consumo em virtude de danos sofridos pelo comerciante pelo estouro de uma garrafa de cerveja, enquanto vasilhames eram colocados por ele no refrigerador. A decisão proferida determinou a responsabilidade do fabricante pelos danos sofridos pelo comerciante do produto que teve o olho perfurado pelos estilhaços do vidro da garrafa. O posicionamento do STJ difere do TJRS, pois reconheceu a incidência do art. 17 do Código de Defesa do Consumidor, mesmo tratando-se de vítima comerciante.[492]

Na decisão, é interessante consultar o voto-vista do Ministro João Otávio de Noronha no qual refere a sua preocupação com a extensão do conceito de consumidor. Segundo o Ministro, essa extensão é muitas vezes irresponsável e revela-se desnecessária, pois tem como finalidade alcançar resultados que poderiam ser igualmente obtidos pela aplicação do Código Civil brasileiro, que veio a regular as relações entre iguais. Contudo, no caso concreto, o Ministro entendeu estar presente a vulnerabilidade do pequeno comerciante em face da fabricante de bebidas e em vista disso se reconheceu a relação de consumo.

---

[491] RECURSO ESPECIAL. CIVIL E PROCESSO CIVIL. RESPONSABILIDADE CIVIL. ACIDENTE DE CONSUMO. EXPLOSÃO DE GARRAFA PERFURANDO O OLHO ESQUERDO DO CONSUMIDOR. NEXO CAUSAL. DEFEITO DO PRODUTO. ÔNUS DA PROVA. PROCEDÊNCIA DO PEDIDO. RESTABELECIMENTO DA SENTENÇA. RECURSO ESPECIAL PROVIDO. 1 – Comerciante atingido em seu olho esquerdo pelos estilhaços de uma garrafa de cerveja, que estourou em suas mãos quando a colocava em um freezer, causando graves lesões. 2 – Enquadramento do comerciante, que é vítima de um acidente de consumo, no conceito ampliado de consumidor estabelecido pela regrado art. 17 do Código de Defesa do Consumidor ("bystander"). Código de Defesa do Consumidor. 3 – Reconhecimento do nexo causal entre as lesões sofridas pelo consumidor e o estouro da garrafa de cerveja.4 – Ônus da prova da inexistência de defeito do produto atribuído pelo legislador ao fabricante.5 – Caracterização da violação à regra do inciso II do § 3º do art. 12, §3º, II do Código de Defesa do Consumidor. 6 – Recurso especial provido, julgando-se procedente a demanda nos termos da sentença de primeiro grau. (BRASIL. Superior Tribunal de Justiça. 1288008 MG 2011/0248142-9. Terceira Turma. Relator: Ministro Paulo de Tarso Sanseverino.Julgamento: 04 abr. 2013.*Dje*, 11 abr. 2013)

[492] É importante ressaltar que não se desconhece a vantagem do Código de Defesa do Consumidor em relação ao Código Civil no que se refere ao prazo prescricional para a propositura da ação indenizatória, o que já foi referido.

Ainda que a decisão tenha sido proferida no sentido de reconhecer a relação de consumo, a mesma é importante, pela ponderação que é feita pelo Ministro João Otávio de Noronha no sentido de questionar a necessidade de caracterizar relação de consumo em alguns casos específicos nos quais há a possibilidade de resolver a matéria de forma satisfatória no próprio Código Civil brasileiro.[493]

Esse raciocínio serve para demonstrar a utilidade de aplicação do art. 931 do Código Civil brasileiro, que não é repetição das normas do Código de Defesa do Consumidor e impõe uma responsabilidade objetiva pelo fato do produto, mesmo nos casos em que não puder ser caracterizada a relação de consumo.

Com isso, é possível perceber que não há necessidade de forçar a caracterização da relação de consumo, pois o Código Civil brasileiro atual tem condições de proteger de maneira efetiva a vítima de um dano provocado por produto.

O reconhecimento da responsabilidade objetiva, independentemente de relação de consumo, também foi seguido em decisão proferida pelo Tribunal de Justiça do Rio Grande do Sul que reconheceu a responsabilidade civil do fornecedor de sementes de cenouras em

---

[493] APELAÇÃO CÍVEL. AGRAVO RETIDO. RESPONSABILIDADE CIVIL. COMPRA E VENDA. SEMENTES DA VARIEDADE DE CENOURA HÍBRIDA. RESULTADO DA COLHEITA INSATISFATÓRIO. COMERCIANTE. PRODUTOR. VÍCIO. QUALIDADE. PRELIMINAR E MÉRITO. 1. AGRAVO RETIDO. PROVA PERICIAL. DESNECESSIDADE. Sendo o juiz o destinatário da prova, bem como sendo sua faculdade a realização de prova pericial, há que se rejeitar o pedido de decretação de nulidade da sentença em face da não realização da prova postulada. Outrossim, a prova pretendida, além de não se mostrar necessária para o deslinde do feito, poderia ser obtida pela parte autora. Cerceamento de defesa não configurado. 2. INAPLICABILIDADE DO CÓDIGO DE DEFESA DO CONSUMIDOR. O Código de Defesa do Consumidor não tem incidência quando inexiste destinatário final do produto, mas utilizado este como insumo. Exegese do art. 2º da norma consumerista. 3. Inexistindo regra prevendo responsabilidade solidária entre produtora e comerciante, improcede o pleito relativamente à ré RIZZI, mera comerciante das sementes. 4. Aplicação do entendimento jurisprudencial do STJ, segundo o qual uma vez aceita a denunciação da lide e apresentada contestação quando ao mérito da causa principal, o denunciado integra o pólo passivo na qualidade de litisconsorte do réu, podendo, até mesmo, ser condenado direta e solidariamente. (...) Se o denunciado poderia ser demandado diretamente pelo autor, não resta dúvida de que, ao ingressar no feito por denunciação e contestar o pedido inicial ao lado do réu, assume a condição de litisconsorte. Possibilidade de condenação direta da interveniente denunciada, desde que rigorosamente respeitado o devido processo legal, o que ocorreu no caso. Necessidade de atendimento da economia processual e ao princípio da razoável duração do processo. 5. Relativamente à produtora das sementes da variedade de cenoura híbrida, os elementos de convicção são suficientes a demonstrar que os danos foram causados em função da má qualidade das sementes adquiridas, não se vislumbrando qualquer fator externo que pudesse ter colaborado para a ínfima quantidade aproveitável do produto. 6. Danos materiais emergentes consistentes nos gastos com plantio e manutenção deferidos. 7. Lucros cessantes pelo valor não auferido com o produto da plantação. Quantia devida, mas limitada à participação do autor no contrato de parceria agrícola firmado com outros quatro contratantes. APELO DA RÉ RIZZI PROVIDO. APELO DA RÉ SAKATA PARCIALMENTE PROVIDO. (RIO GRANDE DO SUL. Tribunal de Justiça. Apelação Cível Nº 70051744456. Nona Câmara Cível. Relator: Marilene Bonzanini Bernardi. Julgado em: 10 abr. 2013)

virtude do resultado insatisfatório da colheita. A decisão é importante porque afastou a incidência do Código de Defesa do Consumidor e impôs a responsabilidade do fabricante pelos danos suportados pelo produtor em virtude de resultado insatisfatório da colheita.[494]

O caso foi tratado pelo Tribunal como responsabilidade civil pelo vício do produto no qual foi reconhecido o ilícito contratual.

O conteúdo da decisão revela que o adquirente das sementes havia ajuizado a ação indenizatória contra o comerciante do produto, para alcançar a responsabilidade civil pelos danos suportados em virtude da frustração da colheita, decorrente da má qualidade das sementes adquiridas.

O pedido formulado pelo autor demonstra que no caso descrito incide também a responsabilidade pelo fato do produto, tendo em vista que a semente defeituosa provocou danos consistentes na frustração da colheita.

Além desses aspectos, é necessário salientar que a ação foi movida contra o comerciante, o que motivou o réu a denunciar à lide o fabricante. Houve no processo discussão a respeito da legitimidade passiva para a responsabilidade civil.

A sentença reconheceu a responsabilidade do fabricante pelos danos suportados pelo produtor com base no Código Civil, afastando a aplicação do Código de Defesa do Consumidor e também considerando inexistente responsabilidade solidária entre a produtora das sementes e a comerciante.

Impende ressaltar que a decisão afastou a responsabilidade solidária entre o fabricante e o comerciante por entender que o Código Civil não estabelecia tal regra, e a mesma não poderia ser considerada presumida.

---

[494] AGRAVO DE INSTRUMENTO – TRANSFORMAÇÃO EM RETIDO – IMPOSSIBILIDADE – ORDINÁRIA DE INDENIZAÇÃO C/C NULIDADE DE DUPLICATA – DENUNCIAÇÃO DA LIDE – PRECLUSÃO TEMPORAL – APLICAÇÃO DO CÓDIGO DE DEFESA DO CONSUMIDOR – INVERSÃO DO ÔNUS DA PROVA – INTERVENÇÃO DO INSTITUTO DE RESSEGUROS DO BRASIL. A preclusão temporal é aquela que ocorre quando a parte não faz uso do prazo determinado para o exercício da faculdade processual que lhe incumbe. A moldura desse agravo não comporta a sua transformação em retido, porquanto a decisão não tem conseqüências meramente procedimentais, tratando-se de vários provimentos, envolvendo, inclusive denunciação da lide o que aconselha o processamento e julgamento do agravo como de instrumento. Consumidor, para efeito do código, é toda pessoa física ou jurídica que adquire ou utiliza produto ou serviço como destinatário final. Trata-se de relação de insumo e não de consumo o contrato para aquisição ou utilização, pelo produtor rural, de sementes utilizadas como etapa da produção e não como destinatário final, donde resulta inaplicável o Código de Defesa do Consumidor, tornando-se impossível a inversão do ônus da prova. Se o Instituto de Resseguro do Brasil é, em tese, regressivamente responsável pela eventual condenação da companhia de seguro, mostrando-se pertinente a pretensão da denunciada da lide para que a ele seja dado conhecimento da ação. (TJ-MG AGRAVO Nº 1.0702.05.196935-1/001, 9ª CÂMARA CÍVEL Relator: OSMANDO ALMEIDA, Data de Julgamento: 27/03/2007)

O Tribunal de Justiça de Minas Gerais, em caso parecido com o anterior, deixou de reconhecer a relação de consumo, em ação indenizatória movida por produtor rural que alegava ter sofrido grande prejuízo em virtude da utilização de sementes que uma vez plantadas não tiveram a produção esperada. O Tribunal somente restringiu o exame da matéria à questão da inversão do ônus da prova, porque o autor da ação alegava a existência de relação de consumo, o que não foi acolhido. O caso demonstra a utilidade do art. 931, pois se não for possível considerar viável a responsabilidade do fabricante das sementes com base no Código de Defesa do Consumidor, haverá a possibilidade de alegar a incidência da responsabilidade com base no Código Civil brasileiro.[495]

---

[495] APELAÇÃO CÍVEL. RESPONSABILIDADE CIVIL. FATO DO PRODUTO. RESPONSABILIDADE DA EMPRESA FORNECEDORA DE BOTIJÕES DE GÁS POR BOTIJÕES APREENDIDOS NA REVENDA DOS AUTORES EM DESCONFORMIDADE COM AS PRESCRIÇÕES LEGAIS. RESPONSABILIDADE OBJETIVA. INCIDÊNCIA DO DISPOSTO NO ART. 931 DO CÓDIGO CIVIL. Os botijões apreendidos porque adulterados, contendo quantidade de gás inferior à devida, em desconformidade com as prescrições legais foram entregues pela Ré. A prova documental, os subsídios ministrados pela documentação produzida, entranhada nos autos, não deixa margem a dúvida alguma acerca da assertiva autoral assim destacada (nota fiscal, fl. 217). Os botijões, assim, deixam incontroversos os dados da probação engastados nos autos, eram de propriedade da requerida/demandada. Mantida por seus próprios fundamentos a sentença que reconheceu a responsabilidade da empresa fornecedora pela situação vexatória, constrangedora vivenciada pelos autores, que foram, inclusive, réus em processo criminal, em razão do fato. 1. PRELIMINAR DE NÃO CONHECIMENTO POR AUSÊNCIA DOS FUNDAMENTOS DE FATO E DE DIREITO NAS RAZÕES DE APELAÇÃO DA DEMANDADA. REJEIÇÃO. A demandada forneceu as razões de fato e de direito pelas quais entende deva ser reformada a sentença recorrida, inocorrendo a hipótese de não conhecimento prevista no inc. II do art. 514 do Código de Processo Civil. 2. DANO MORAL. CONFIGURAÇÃO. Demonstrado que os autores experimentaram toda sorte de frustrações, angústia, sofrimento, humilhação pelo fato de sobre eles pesar a suspeita de cometimento de adulteração dos botijões de gás que descambou, inclusive para acusação criminal. O fato teve repercussão, segundo enfatizaram as testemunhas e, consoante, destacaram os autores, suportaram eles dissabores, angústia, sofrimento, resultando bem dimensionado o dano moral puro, imaterial, com o condão de atentar contra o direito de personalidade. Não há dúvida que o bom-nome, a fama, a honra dos autores foi atingida pelas medidas levadas a efeito (apreensão dos botijões de gás, suspeita de adulteração, divulgação dos fatos, aforamento de demanda criminal). Resta evidente o dever de indenizar. Dano moral amplamente comprovado. *Quantum* indenizatório. Majoração. Na fixação da reparação por dano extrapatrimonial, incumbe ao julgador, atentando, sobretudo, para as condições do ofensor, do ofendido e do bem jurídico lesado, e aos princípios da proporcionalidade e razoabilidade, arbitrar quantum que se preste à suficiente recomposição dos prejuízos, sem importar, contudo, enriquecimento sem causa da vítima. A análise de tais critérios, aliada às demais particularidades do caso concreto, conduz à majoração do montante indenizatório fixado na sentença para R$ 20.000,00 (vinte mil reais) para cada autor, que deverá ser corrigido monetariamente, pelo IGP-M, a partir da data da sessão, até o efetivo pagamento, e acrescido de juros de mora, nos termos do ato sentencial. Apelo dos autores provido, em parte, no ponto. 3. LUCROS CESSANTES. Hipótese em que os autores deixaram de auferir lucro, em virtude dos fatos, até porque encerraram a atividade da empresa, vendo-se privados de um ganho em virtude dos episódios noticiados. Conforme constou da sentença, razoável a conclusão de que lucrariam, o bom senso assim está a indicar, acaso houvesse normal desenrolar do comércio por eles realizados. Há de se concluir, à vista do apurado no curso da instrução, que um possível aumento patrimonial inocorreu em virtude do evento e suas circunstâncias. Montante a ser apurado em liquidação de sentença, nos moldes fixados no *decisum* recorrido 3. VERBA HONORÁRIA. MANUTENÇÃO. Honorários fixados em 15% sobre o montante condenatório deferido

Outro caso interessante que revela a incidência do art. 931 é o da indenização decorrente da adulteração de botijões de gás. O processo foi julgado pelo Tribunal de Justiça do Rio Grande do Sul e refere a incidência expressa do art. 931 do Código Civil brasileiro.[496]

A doutrina ainda levanta outras hipóteses de aplicação do art. 931 como já referido acima, no caso de incidência de responsabilidade civil na ação indenizatória da empresa de transporte de carga, não caracterizada como relação de consumo, que se envolve em acidente com graves prejuízos por estouro de pneu novo, e por isso quer ressarcir-se dos seus prejuízos contra o fabricante do pneu. O outro caso, também já referido anteriormente, é o da explosão de depósito de fogos de artifício que acarreta enorme prejuízos ao seu proprietário, sem que este tivesse qualquer contribuição o para o evento (não fica evidenciada a falha de estocagem dos produtos).[497]

No Direito português, há preocupação com o alargamento demasiado ao conceito de consumidor. Preocupação que também se vislumbrava no Brasil em decorrência da tentativa de estender a noção de consumidor a outras pessoas, o que desvirtuava a função do Código de Defesa do Consumidor.

Calvão adverte que a função do Direito do consumo é "proteger os mais fracos, os particulares ou não profissionais, contra os mais poderosos, os profissionais, pois 'entre o fraco e o forte é a lei que liberta e a liberdade que oprime' (Lacordaire)".[498]

Essa noção reflete a preocupação com a delimitação do conceito de consumidor que serve para demonstrar a utilidade do art. 931 do Código Civil brasileiro. Não há mais a necessidade de alargar (às vezes excessivamente) o conceito de *consumidor* para que a responsabilidade pelo fato do produto seja objetiva, já que o sistema brasileiro conta com a cláusula geral da responsabilidade objetiva pela circulação de produtos.

Impende refletir, também, a respeito da diferença que existe entre o sistema brasileiro e o sistema português pertinente à cronologia en-

---

a título de dano moral, percentual compatível com as peculiaridades do caso, e aos parâmetros do art. 20, § 3º do CPC, observado, especialmente, o tempo de trâmite da ação, ajuizada há mais de quatro anos, e que se mantém. Devem, porém, os honorários advocatícios serem calculados sobre o total da condenação, nele compreendidos os lucros cessantes a serem apurados em liquidação de sentença. Apelo dos autores provido, no ponto. PROVIDA, EM PARTE, A APELAÇÃO DOS AUTORES. IMPROVIDO O APELO DA DEMANDADA. (RIO GRANDE DO SUL. Tribunal de Justiça; Apelação Cível Nº 70022074371. Décima Câmara Cível. Relator: Paulo Roberto Lessa Franz. Julgado em: 10 jul. 2008).

[496] CAVALIERI, 2010, p. 201.

[497] SILVA, J. C., 2008, p. 144.

[498] Ibid., p. 144.

tre o Código Civil, a Constituição Federal e as legislações de defesa do consumidor.

No sistema português, o Código Civil é de 1966, a Constituição de 1976 e as legislações de defesa ao consumidor são posteriores. No Direito brasileiro, a Constituição Federal é de 1988, o Código de Defesa do Consumidor é de 1990, e o Código Civil brasileiro, de 2002. A interpretação dos dois sistemas precisa considerar essa cronologia para compreender o tratamento da matéria nos dois ordenamentos.

Assim, no sistema português, a proteção do consumidor tem origem no Código Civil e depois perpassa pela Constituição Federal e legislações de defesa do consumidor, o que repercute na discussão a respeito da autonomia do Direto do Consumo.

A doutrina portuguesa defende que a proteção da parte mais fraca já era reconhecida do ordenamento civil e depois passou a ser ampliada pelo Direito do Consumo, mas adverte que o Direito do Consumo deveria se preocupar com a ampliação demasiada da noção de conceito de consumidor o que poderia fazer com que o Direito do Consumo perdesse a sua unidade, coerência interna e sua especificidade e "na ânsia de se equiparar ao Direito Civil acabaria sendo consumida pelo Direito Civil".[499]

Já no Direito brasileiro o sistema se inverte, o Código Civil vem depois de todas as legislações, o que reacende o debate em torno da autonomia do Direito do Consumidor, mas também serve para definir os contornos e limites do Direito do Consumidor, não havendo mais no Direito brasileiro a necessidade de ampliação excessiva do conceito de consumidor.

Além disso, o Código Civil pode ser usado em favor do consumidor, sem que isso prejudique a autonomia da matéria, pois, em determinados aspectos, o art. 931 pode proteger de forma mais efetiva o próprio consumidor, exemplo do que ocorre com os riscos do desenvolvimento que não estão contemplados de forma expressa no Código de Defesa do Consumidor e têm a sua incidência permitida pela redação ampla da cláusula geral do art. 931 do Código Civil.

É preciso lembrar também a razão do Direito do Consumo, caracterizada pela doutrina portuguesa como a proteção dos mais fracos contra os mais poderosos. Essa função não pode ser esquecida ao interpretar o art. 931 para estender a responsabilidade do fabricante pelos riscos do desenvolvimento já que o dano não deve ser suportado pelo consumidor e sim por aquele que coloca o produto em circulação, com

---

[499] SILVA, J. C., 2008, p. 144.

fundamento na teoria do risco criado, devendo suportar o dano aquele que cria a situação de risco, e não o adquirente do bem em si.

No Direito português, há uma preocupação da doutrina segundo a qual o Direito do Consumo teria a pretensão de igualar-se ao Direito Civil e, com isso, correria o risco de ser consumido por ele. Essa preocupação decorre da tentativa de alargamento em demasia do conceito de consumidor que se fundamentaria na crítica formulada pela doutrina a respeito da probabilidade de esse fato colocar o Direito de Consumo "para fora de suas fronteiras naturais, com a perda de sua unidade, da sua coerência interna e da sua especificidade".

Além disso, a doutrina portuguesa adverte que isso faria com que o Direito do Consumo perdesse o seu fio condutor e se "desintegraria numa fragmentariedade labiríntica" e seria absorvido pelo Direito Civil, que tinha como princípio proteger a parte mais fraca, ou seja, em certa medida já cumpria o papel de proteger o consumidor.[500]

Essa preocupação, embora não seja perfeitamente adequada ao Direito brasileiro, já que a sua cronologia legislativa não é a mesma, pode ser utilizada para ponderar algumas questões importantes no que se refere à utilização da legislação civil para proteger o consumidor.

Por isso, embora o sistema brasileiro conte com uma legislação para proteger o consumidor,[501] havendo uma nova lei que tem condições de ampliar a proteção do consumidor, essa legislação deve ser utilizada, como se vê da aplicação do art. 931 do Código Civil brasileiro, pois traz soluções para alguns problemas que não tinham sido resolvidos de forma satisfatória pelo Código de Defesa do Consumidor. Exemplo disso é o que ocorre com a responsabilidade pelos riscos do desenvolvimento.

Esse raciocínio é possível pela fixação do âmbito de incidência do art. 931 do Código Civil. O art. 931 do Código Civil de 2002 aplica-se às relações de consumo, no que o Código de Defesa do Consumidor

---

[500] Como se vê do próprio nome da Lei n. 8.078/90, que é Código de Proteção e Defesa do Consumidor.

[501] Assim, pode-se citar o Condomínio, a Cooperativa, ou o Sindicato. Em relação ao Sindicato, o Tribunal de Justiça do Paraná afastou a responsabilidade objetiva com base no art. 931 do Código Civil, tendo em vista que no caso concreto o réu era Sindicato e não empresário. O Sindicato não seria reconhecido como empresário porque não exerce atividade econômica com habitualidade. O Tribunal reconheceu que o Sindicato é uma organização social constituída para defender os interesses trabalhistas e econômicos nas relações coletivas com grupos sociais. Responsabilidade Civil. Responsabilidade Subjetiva, pois ausente relação de Consumo ou uma das hipóteses dos Artigos 927, Parágrafo único, e 931 do Código Civil. Honorários de Advogado. Majoração. Agravo Retido não provido. Apelação não provida. Recurso Adesivo provido (TJ-PR 8631498 PR 863149-8 (Acórdão), Relator: Albino Jacomel Guerios, Data de Julgamento: 24/05/2012, 10ª Câmara Cível)

for lacunoso e também às relações de danos provocados por produtos postos em circulação, mesmo quando a vítima do dano não for considerada consumidor.

Assim, o art. 931 do Código Civil brasileiro dirige-se às situações em que o dano alcançar consumidores ou não, mas sempre a casos nos quais exista, em um dos polos da relação jurídica, um empresário que coloca o produto em circulação. Nesse sentido, é importante advertir que empresário e fornecedor não são conceitos idênticos. Pode um indivíduo ser fornecedor de bens e serviços e não ser empresário, e o art. 931 exige a figura de empresário.[502]

Também é importante advertir que o art. 931 se aplica às relações de consumo e às relações mercantis, mas não às relações civis, porque esse dispositivo exige a figura de empresa ou empresário individual.

A doutrina portuguesa adverte a respeito da trilogia estabelecida entre contratos civis de consumo e mercantis, sendo que os primeiros vão perdendo espaço a partir do momento em que os demais se autonomizam.[503]

Essa noção deve ser transposta para o Direito brasileiro com a finalidade de permitir a adequada interpretação do art. 931 do Código Civil: o dispositivo se aplica aos danos provocados por produtos postos em circulação, sejam direcionados a consumidores ou então a não consumidores, desde que decorram da atividade empresarial.

Capítulo V – O art. 931 do Código Civil brasileiro como fundamento de responsabilidades especiais do fabricante e comerciante: limites e extensão

Como já referido acima, o art. 931 é uma importante cláusula geral da responsabilidade civil objetiva prevista no Código Civil brasileiro de 2002. Por ser uma cláusula geral, tal dispositivo possui redação aberta o que acaba acarretando um grande desafio na determinação das situações que podem ser por ele abrangidas. Assim, ganha grande relevância o estudo do dispositivo considerando os limites e a extensão da responsabilidade do comerciante e do fabricante.

---

[502] SILVA, J. C., 2008, p. 146.

[503] Algumas das ideias desenvolvidas neste capítulo já foram exploradas anteriormente, no artigo: WESENDONCK, Tula. A responsabilidade civil pelos riscos do desenvolvimento: evolução histórica e disciplina no direito comparado. *Direito & Justiça*, Porto Alegre, v. 38, n. 2, 2012.

Nesse contexto, o livro propõe que o exame dos limites e extensão da responsabilidade prevista no art. 931 sejam definidos através da responsabilidade civil pelos riscos do desenvolvimento, da ausência de responsabilidade solidária do comerciante com o fabricante do produto e o direito de regresso, com será visto a seguir.

5.1. A responsabilidade civil pelos riscos do desenvolvimento[504]

Os riscos do desenvolvimento são responsáveis por danos que deixam marcas catastróficas na sociedade, que, por vezes, atingem um grande número de pessoas da mesma geração.[505] Exemplo disso é o que ocorreu com o caso do Cotergan-Talidomida.

O Cotergan-Talidomida tratava-se de medicamento sedativo fabricado na Alemanha, que entre 1958 e 1962 que provocou deformidades em milhares de nascituros.[506]

O consumo do medicamento Cotergan-Talidomida por mulheres grávidas, prescrito para aliviar os enjoos característicos da gravidez, acarretou o nascimento de crianças fisicamente deformadas (calcula-se que mais de 10.000 crianças em todo o mundo nasceram com malformações dos membros) que eram vítimas de "focomelia" pelo encurtamento dos membros. Importante referir que essas vítimas estão espalhadas pelo mundo todo.[507]

Na Alemanha, foram registrados mais de quatro mil recém-nascidos deformados fisicamente, e o fabricante do medicamento teve que despender a quantia de cento e dez milhões de marcos para a compensação dos danos sofridos pelas vítimas.[508]

No Brasil, existe uma pensão especial para as vítimas de talidomida,[509] na qual mais de 800 pessoas estão cadastradas. O medicamento continua sendo usado para câncer, lúpus e AIDS, sob severa advertência dos riscos na gravidez, e o governo brasileiro incentiva o desenvol-

---

[504] A problemática em torno dos riscos do desenvolvimento pode ser refletida através das ideias de Urlich Beck, que refere os novos contornos de uma sociedade de risco como a atual, na qual "a incalculabilidade dos efeitos colaterais do trabalho científico necessariamente se intensifica", segundo o autor os efeitos reais tornam-se mais imprevisíveis ou incalculáveis do que nunca. BECK, Urlich. *Sociedade de Risco. rumo a uma outra modernidade*. 2ª ed. Trad. Sebastião Nascimento. São Paulo: Editora 34, 2011, p. 262-263.

[505] SILVA, João Calvão da. *A responsabilidade civil do produtor*. Coimbra: Almedina, 1999, p. 123.

[506] CALIXTO, 2005, p. 75 -77.

[507] SILVA, op. cit., p. 123.

[508] Lei 7.070/1982.

[509] CALIXTO, op. cit., p. 75-77.

vimento de uma droga mais segura como consta do art. 4°, III, da Lei 10.651/03.[510]

Na Grã-Bretanha, foram registradas deformações em quatrocentas crianças em decorrência de suas mães terem tomado Talidomida no período da gravidez, e a repercussão do fato forçou o governo britânico a constituir em 1973 uma Comissão presidida por Lord Pearson, com a finalidade de ponderar a indenização às vítimas por danos corpóreos e sugerir reformas que fossem necessárias. O relatório Pearson tinha um capítulo intitulado dano pré-natal, que iniciava a exposição com o caso da Talidomida e recomendava a ação de responsabilidade civil.[511] O relatório também recomendava uma indenização semanal a ser paga pelo Ministério da Saúde e da Segurança Social à mãe, a partir dos dois anos de idade da criança.[512] [513]

Esse caso pode ser considerado a primeira grande catástrofe da pesquisa médico-farmacêutica que chamou a atenção para a potencialidade danosa e efeitos jurídicos para disciplinar resultados que foram identificados como "riscos do desenvolvimento".

A tragédia da Talidomida estimulou os debates em torno da responsabilidade pelos riscos do desenvolvimento dos medicamentos. Esses debates culminaram com a Lei Alemã do Medicamento, que entrou em vigor a partir de 1976. Essa lei contrariou a consagrada jurisprudência, em prol da exoneração da responsabilidade pelos riscos do desenvolvimento, e passou a determinar um regime de responsabilidade civil, no qual o produtor não se exime da responsabilidade pela invocação de caracterizar-se o resultado de sua ação como um dos riscos do desenvolvimento.[514]

Os efeitos trágicos da Talidomida servem para iniciar a reflexão em torno da importância do estudo da matéria, pela repercussão da

---

[510] Interessante referir que o relatório excepcionava a ação indenizatória contra os pais.

[511] Antes dessa idade Lord Pearson ponderava que não existia diferença na manutenção de uma criança normal ou deficiente.

[512] SILVA, J. C., 1999, p. 123.

[513] SILVEIRA, 2010, p. 240-241.

[514] SILVEIRA, 2010, p. 194-196. Esse caso também é importante porque fundamentou a decisão proferida no caso Sindell *v* Abbott Laboratories na qual se imputou a responsabilidade civil do fabricante por quotas de distribuição do medicamento no mercado, tendo em vista a dificuldade de identificação do fabricante do produto, dando origem à teoria *market shareliability* ou MSL. A esse respeito aconselha-se a consulta de importante texto de Luis O. Andorno, que refere sobre a presunção de nexo de causalidade para todo o grupo de laboratórios que lançou o produto no mercado. Essa é uma solução para os casos de o dano aparecer em momento muito posterior, e a vítima não conseguir identificar quem foi o laboratório que fabricou o medicamento, já que o medicamento seria produzido por vários laboratórios. (ANDORNO, Luis O. Fármacos: deber de seguridad y prevención de daños. In: *Derecho del consumidor*. Santa Fé: Editorial Juris, 1994. v. 5, p. 37-51).

catástrofe experimentada em decorrência das consequências do uso de um produto sobre o qual não se tinha conhecimento da potencialidade de danos, o que somente foi constatado em momento posterior.

Além desse caso, outras situações envolvendo medicamentos, que ao longo dos anos ocasionaram diversos danos à sociedade, podem ser narradas com o objetivo de demonstrar a extensão do problema.

Entre as décadas de 50 e 70, mais de duzentas mil mulheres grávidas foram tratadas com o medicamento DES (dietilestilbestrol), que era composto de estrógeno, para evitar aborto ou parto prematuro. Depois que as crianças nasceram, começou-se a investigar uma ligação entre o uso do medicamento e o aparecimento de câncer de mama nas mulheres que ingeriram o medicamento e danos na segunda e terceira gerações dessas mulheres. Na segunda geração, foi possível identificar, nas filhas, câncer vaginal e malformação no útero, enquanto nos filhos, perceberam-se malformações genitais, câncer do testículo, infertilidade, menor quantidade de esperma e danos cromossômicos no esperma. Na terceira geração, foram detectados danos cerebrais nos netos das mulheres que haviam tomado o medicamento. O caso chama a atenção pela repercussão dos danos nefastos provocados pelo uso do medicamento e o período de demora para que os danos pudessem ser verificados, já que somente foram vistos na adolescência ou fase adulta dos filhos das mulheres que tomaram o medicamento.[515] Além disso, é possível ponderar que ainda existe a possibilidade de que as próximas gerações venham a sofrer com os danos da utilização do medicamento.

Entre 1959 e 1962, foi distribuído nos EUA o medicamento anticolesterol MER-29, responsável por trazer graves efeitos colaterais a mais de cinco mil pessoas que ficaram cegas ou tiveram graves problemas de catarata pelo uso do medicamento.[516]

Em 1972, mais de duzentas crianças ficaram intoxicadas na França, em virtude do uso do talco Morhange (muitas faleceram). O produto continha alto teor de bactericida (hexaclorofeno, na proporção de mais de 6%, e isso o tornava tóxico).[517]

Além desses casos, pode ser incluído o famoso caso brasileiro de uma paranaense que morreu em virtude do uso do medicamento Energisan EV. O STJ proferiu uma decisão condenando o laboratório a indenizar os pais da vítima, mesmo que o caso tenha se dado na vigência

---

[515] SILVEIRA, op. cit., p. 79.

[516] SILVA, J. C., 1999, p. 124.

[517] PASQUALOTTO, 1993, p. 23.

do Código Civil de 1916 e antes do Código de Defesa do Consumidor (a morte ocorreu em 1984).[518]

Na Espanha, em julho de 2001, foram registrados oitenta e dois casos de reações adversas depois do uso do medicamento Lipobay (anticolesterol que foi retirado do mercado pela Bayer por ter provocado morte de trinta e uma pessoas nos EUA). O uso do medicamento associado a outro medicamento anticolesterol com o princípio ativo gemfibrozil causou insuficiência renal nos pacientes, levando a morte de seis pessoas na Espanha e de cem em todo o mundo.[519] [520]

Em setembro de 2004, a empresa farmacêutica Merck, Sharp e Dohme retirou do mercado o medicamento Vioxx, inibidor da Cox-2, indicado para alívio da osteoporose, artrite reumatoide e alívio da dor aguda. Em 2001, já havia sido divulgado o risco de eventos cardiovasculares relacionados ao uso do Vioxx. Em 2002, a Agência Europeia do Medicamento instaurou um estudo sobre a avaliação da segurança cardiovascular e gastrintestinal do produto. O processo terminou em 2004 e concluiu que a segurança do medicamento permanecia positiva, mas foi alertado para o risco do uso do medicamento com pacientes com problemas cardiovasculares e gastrintestinais. Como foram detectados

---

[518] SILVEIRA, op. cit., p. 79.

[519] Importante mencionar caso julgado no Brasil no qual foi reconhecido efeito colateral do medicamento conforme segue: CIVIL – AÇÃO DE INDENIZAÇÃO – MEDICAMENTO – CONSUMIDOR ACOMETIDO POR RABDOMIÓLISE – NEXO CAUSAL NÃO ILIDIDO – RESPONSABILIDADE CIVIL OBJETIVA – ART. 12 DO CDC – FALTA DE SEGURANÇA DE QUE LEGITIMAMENTE SE ESPERA – DANO MORAL – *QUANTUM* INDENIZATÓRIO – FIXAÇÃO. (TJ-MG, Relator: ALBERTO VILAS BOAS, Data de Julgamento: 14/02/2006). No entanto é necessário também referir que esta decisão é praticamente isolada na jurisprudência brasileira, pois os casos de ações indenizatórias envolvendo o produto e seus efeitos colaterais não têm alcançado procedência nos demais Tribunais em virtude da falta do reconhecimento do nexo de causalidade, como pode se ver das decisões que seguem: RESPONSABILIDADE CIVIL Autor que alegou ter apresentado dores e fraqueza muscular após a ingestão do medicamento Lipobay, produzido pelo laboratório réu Sintomas compatíveis com rabdomiólise, enfermidade que levou à retirada espontânea do fármaco do mercado, por parte da ré Bayer, e à posterior suspensão de sua comercialização por órgãos públicos de regulação Laudo pericial produzido nestes autos que, todavia, excluiu o nexo de causalidade entre a ingestão do medicamento e o quadro de debilidade muscular apresentado pelo demandante Prova técnica que afirmou categoricamente serem os sintomas apresentados pelo autor decorrentes de enfermidade diversa da rabdomiólise, qual seja "polineuropatia periférica sensitivo motora primariamente axonal de grau moderado". Ação corretamente julgada improcedente. Recurso não provido. (TJ-SP – APL: 38339320048260581 SP 0003833-93.2004.8.26.0581, Relator: Francisco Loureiro, Data de Julgamento: 25/10/2012, 6ª Câmara de Direito Privado, Data de Publicação: 27/10/2012). RECURSO – Agravo retido – Apreciação não requerida em contrarrazões de apelação – Recurso não conhecido. RESPONSABILIDADE CIVIL – Uso de medicamento denominado "Lipobay", de fabricação da ré – Alegação de surgimento de diversos problemas de saúde – Ausência de nexo de causalidade entre o fato e o dano – Recurso desprovido. (TJ-SP – APL: 994060183126 SP, Relator: Luiz Antonio de Godoy, Data de Julgamento: 05/10/2010, 1ª Câmara de Direito Privado, Data de Publicação: 14/10/2010). (TJ-RS, Relator: Jorge Luiz Lopes do Canto, Data de Julgamento: 25/05/2011, Quinta Câmara Cível).

[520] SILVEIRA, 2010, p. 235.

casos de complicações cardiovasculares associadas ao uso de Vioxx, o laboratório decidiu retirar voluntariamente o produto do mercado. A estimativa é que o medicamento causou entre oitenta e oito mil e cento e quarenta e quatro mil acidentes cardiovasculares graves nos EUA, desde 1999, dos quais quarenta e quatro por cento foram fatais.[521][522]

A Pfizer também tomou a medida de retirar do mercado um medicamento inibidor do Cox-2, o Bextra, porque o medicamento foi associado ao aparecimento de reações adversas cutâneas graves, que poderiam ser fatais, além de apresentar risco cardiovascular.[523]

Embora as medidas tomadas no caso do Vioxx e o do Bextra cumpram com os ditames do princípio da precaução,[524] não impedem que na ocorrência de dano e do estabelecimento de ligação entre o medicamento e o dano possa se impor a responsabilidade do fabricante pelos riscos do desenvolvimento.

Também pode ser aplicada a responsabilidade pelo risco do produto no que se refere a danos causados a correntistas e a terceiros (caso de violação de senha, inserção de vírus, contas que são apagadas do dia para a noite),[525] produtos transgênicos,[526] sobre os quais ainda não há uma posição segura sobre o seu consumo.[527][528]

---

[521] A esse respeito sugere-se a consulta do comentário a importante decisão proferida pelo Tribunal de Roma em 16 de junho de 2009 a respeito da exclusão da responsabilidade civil do produtor do medicamento em virtude de a vítima não ter demonstrado o nexo de causalidade entre o uso do medicamento e a sua patologia, cuja referência é a que segue: LAGHEZZA, Paolo. Il Caso Vioxx. *Dano e responsabilità*, Milano,v. 15, n. 3, p. 305-311, 2010.

[522] SILVEIRA, op. cit., p. 235.

[523] Ibid., p. 235.

[524] CAVALIERI FILHO, Sergio. Responsabilidade civil das instituições bancárias por danos causados a correntistas e a terceiros. *Revista de Direito do Consumidor*, São Paulo, n.34, 2000, p. 778.

[525] Paula Vaz Freire refere que hoje se vive em uma sociedade de risco, a sociedade constitui um problema para si mesma, surgem novos riscos e em virtude disso, os juristas devem refletir e tentar alcançar soluções normativas mais adequadas. Um dos exemplos citados pela autora em relação a esses riscos são os produtos alimentares que contêm organismos geneticamente modificados, pois a ciência não tem condições de prever inequivocadamente os seus efeitos no consumo humano. Segundo a autora em virtude dessa incapacidade de tutela dos consumidores a solução mais adequada seria a implementação do princípio da precaução. (FREIRE, Paula Vaz. Sociedade de Risco e Direito do Consumidor. *in Sociedade de Risco e Direito Privado*. LOPEZ, Teresa Acona, LEMOS, Patrícia Fraga Iglecias e RODRIGUES JÚNIOR, Otavio Luiz Coordenadores. São Paulo: Atlas, 2013, p. 378 – 379.)

[526] Os transgênicos também são associados como exemplo de riscos de desenvolvimento por TARTUCE, 2011, p. 155. O autor também refere que a matéria foi regulada pela Lei de Biossegurança, Lei n. 11.105/95 que prevê no art. 20 a responsabilidade solidária pelos danos que os produtos ocasionarem ao meio ambiente ou a terceiros, conforme segue: "art. 20. Sem prejuízo da aplicação das penas previstas nesta Lei, os responsáveis pelos danos ao meio ambiente e a terceiros responderão, solidariamente, por sua indenização ou reparação integral, independentemente da existência de culpa". No entanto, a lei não dispõe sobre quem são os responsáveis.

A doutrina também adverte que outros exemplos não tardarão a surgir como a radiação de telefone celular e dos fornos de micro-ondas, sendo interessante referir que o governo britânico incentivou a pesquisa sobre os efeitos nocivos dos telefones celulares.[529]

Pesquisas têm demonstrado que o uso excessivo do telefone celular pode gerar graves doenças em decorrência da propagação das ondas eltromagnéticas principalmente em relação a crianças que estão com o cérebro em formação. O risco de danos também é reconhecido para as pessoas que moram próximo às torres retransmissoras de sinais para aparelhos móveis. Em virtude da incerteza científica, considerando risco hipotético, o Tribunal de Grasse (França) determinou em 2003 a retirada de antena de telefonia celular que emitia ondas eletromagnéticas que poderiam ser perigosas à saúde da população vizinha.[530]

Além desses casos, é importante incluir outras situações sobre as quais se levanta o alerta a respeito da necessidade de atender ao princípio da precaução, em virtude de não se ter conhecimento seguro sobre o efeito de vacinas[531] (contra a Gripe A H1N1[532] e o HPV), dos riscos da nanomedicina[533] e nanotecnologia.[534]

A narrativa da cronologia desses casos é feita com o objetivo de demonstrar a necessidade de se ponderar a respeito da viabilidade ou

---

[527] A esse respeito importante mencionar posição adotada por Ivar Hartmann ao defender que em relação aos organismos geneticamente modificados, o fornecedor deveria prestar informação ostensiva sobre essa condição do produto para cumprir com os ditames da precaução (HARTMANN, Ivar Alberto Martins. O princípio da precaução e sua aplicação no direito do consumidor: dever de informação. *Revista de Direito do Consumidor*, São Paulo, v. 70, abr. 2009).

[528] PASQUALOTTO, Adalberto. Proteção contra produtos defeituosos: das origens ao Mercosul. *Revista de Direito do Consumidor*, São Paulo, v.11, n.42, p. 49-85, abr./maio 2002, p. 78.

[529] LOPEZ, Teresa Ancona. Responsabilidade Civil na Sociedade de Risco. *in Sociedade de Risco e Direito Privado*. LOPEZ, Teresa Acona, LEMOS, Patrícia Fraga Iglecias e RODRIGUES JÚNIOR, Otavio Luiz Coordenadores. São Paulo: Atlas, 2013, p. 04.

[530] GUERRA, Giorgia.Responsabilità per danno da farmaco e vaccino: un rapporto genere a specie? *Dano e Responsabilità*,v. 15, n. 11, p. 998-1010, 2010.

[531] QUERCI, Agnese. Il vaccino contro l'influenza A/H1N1: "pillole" de responsabilità civile. *Dano e Responsabilità*,v. 15, n. 4, p. 335-345, 2010.

[532] GUERRA, Giorgia. Nanomedicina e diritto: un primo approccio. *Dano e Responsabilità*,v. 13, n. 10, p. 1229-1239, 2006.

[533] LINCESSO, Irene. Nanotecnologie e principio di precauzione. *Dano e Responsabilità*,v. 15, n. 12, p. 1093-1103, 2010.

[534] A esse respeito novamente é importante orientar o debate da matéria com as ideias de Urlich Beck considerando que existe um novo paradigma da sociedade de risco o que exige uma avaliação crítica a respeito de como é possível que os riscos sejam evitados, sobretudo quando venham sob a forma de efeitos colaterais latentes. O autor também refere sobre a necessidade ponderar o processo de modernização com o que pode ser considerado ecológica, medicinal, psicológica ou socialmente aceitável. Mais adiante, o autor refere que o processo de modernização torna-se reflexivo, convertendo-se a si mesmo em tema e problema. BECK, p. 2.

não da exclusão da responsabilidade civil do fabricante desses produtos.

Dentre essas ponderações, destaca-se o questionamento a respeito da distribuição dos riscos, do limite da responsabilidade, das consequências da exclusão da responsabilidade pelos riscos do desenvolvimento, e da caracterização de defeito do produto nos casos de riscos do desenvolvimento.[535]

Assim, é preciso considerar o debate que a matéria tem provocado no Direito Comparado, mais especificamente nos países que integram a União Europeia, em virtude da incidência da Diretiva n° 85/374, de 25 de julho de 1985,[536] que trouxe a regra da exoneração da responsabilidade do produtor pelos riscos do desenvolvimento.

Esse estudo é feito a partir das contribuições que a Diretiva pode dar para a compreensão sobre a compatibilidade e aplicabilidade da responsabilidade pelos riscos do desenvolvimento no Direito brasileiro através da análise de alguns dos critérios adotados no Direito Comparado para a interpretação das regras que incidem nos casos de riscos do desenvolvimento.

Para tanto, será feito o estudo da evolução e delimitação conceitual dos riscos do desenvolvimento, do tratamento que é dado à matéria no Direito Comparado, para posteriormente vislumbrar a possibilidade de aplicação dos riscos do desenvolvimento no Direito brasileiro, considerando-se as disposições do Código de Defesa do Consumidor e do Código Civil brasileiro.

5.1.1. Delimitação conceitual e evolução histórica dos riscos do desenvolvimento

5.1.1.1. A definição de riscos do desenvolvimento

Os riscos do desenvolvimento podem ser definidos como "aqueles não cognoscíveis pelo mais avançado estado da ciência e da técnica no momento da introdução do produto no mercado de consumo e que só vêm a ser descobertos após um período de uso do produto em decorrência do avanço dos estudos científicos".[537]

---

[535] Disponível no *site*: <http://europa.eu/legislation_summaries/consumers/consumer_safety/l32012_pt.htm>. Acesso em: 3 mar. 2012.

[536] CALIXTO, 2005, p. 75.

[537] CATALAN, Marcos. O desenvolvimento nanotecnológico e o dever de reparar os danos ignorados pelo processo produtivo. *Revista de Direito do Consumidor*, São Paulo, v. 74, abr. 2010.

Eles estão ligados a determinadas características do produto ou do serviço que são desconhecidas no momento da sua inserção no mercado e somente podem "ser identificadas com o avanço do estado da técnica".[538]

Eles ocorrem em virtude de um produto que, possuindo um defeito indetectável na data em que foi fabricado ou colocado em circulação, provoca danos a terceiros. Por isso, é comum firmar que os riscos do desenvolvimento demonstram a ocorrência de danos tardios,[539] já que somente em um momento posterior, com o desenvolvimento dos conhecimentos técnicos e científicos, é que se torna possível determinar que o produto é defeituoso.

Outra definição de riscos do desenvolvimento é determinada pelo "quanto de incerteza no futuro pode existir quanto à atualidade de um produto" e isso considerando que "novos desenvolvimentos revelam a insegurança escondida nos produtos antigos". Essas "características ignoradas na época do lançamento tornam os fornecedores responsáveis pelos danos tardios, justamente aqueles cujas causas só se tornam evidentes com a realização de novas pesquisas".[540]

Os riscos do desenvolvimento podem ser verificados não somente em relação ao produto, mas também ao serviço que é colocado em circulação. Os riscos poderiam ser constatados "apenas após o ingresso do produto ou do serviço no mercado de consumo em face de melhorias ou avanços científicos ou técnicos que permitem a identificação do defeito já existente do produto ou do serviço, não identificável pelo fornecedor", sendo o "estado da ciência" ou "estado de conhecimento da ciência e da técnica" os critérios básicos para que se considere que um determinado defeito possa ser identificável ou não pelo fornecedor.[541]

Dessa forma, é possível afirmar que nos riscos do desenvolvimento há a "colocação no mercado de consumo de produto que aparentava segurança, segundo o grau de conhecimento técnico e científico à época de sua concepção", ou seja, o defeito do produto não era detectável e somente pode ser identificado "com o decorrer do tempo e o desenvolvimento de novas técnicas e novos conhecimentos".[542]

---

[538] PASQUALOTTO, 1993, p. 19.

[539] Ibid., p. 17.

[540] MIRAGEM, 2008, p. 289.

[541] STOCO, Rui. Defesa do consumidor e responsabilidade pelo risco do desenvolvimento. *Revista dos Tribunais*, São Paulo, v.96, n.855, p. 43-56, jan. 2007, p. 47.

[542] A esse respeito aconselha-se a consulta dos comentários ao Código Civil escritos por Judith Martins-Costa que de forma profunda e lúcida traça a distinção entre fortuito interno e externo. Fortuito interno está ligado à organização da empresa. Aquele que desenvolve uma atividade produtora de riscos, auferindo benefícios, deve se responsabilizar pelos danos. Embora sejam

No entanto, é necessário não confundir a responsabilidade pelos riscos do desenvolvimento com a responsabilidade decorrente da violação do dever de informação a respeito da potencialidade de dano de um produto. Nesta o nexo de imputação da responsabilidade se dá pela não divulgação de um dado conhecido ou que deveria ser de conhecimento do fabricante do produto, considerando o estado da ciência no momento em que o produto foi colocado em circulação. No caso da responsabilidade pelos riscos do desenvolvimento, a imputação se caracteriza pelos danos decorrentes de defeitos do produto que não podiam ainda ser detectados pelo fabricante, e que somente com o uso do produto é que esses danos passam a ser verificados.

Além disso, parte da doutrina define a equiparação dos riscos do desenvolvimento ao fortuito interno,[543] vícios integrantes da atividade do fornecedor, e então não têm o condão de exonerar a sua responsabilidade.[544]

A doutrina defende que os riscos do desenvolvimento estão ligados à noção de defeito (de um produto ou serviço)[545] não conhecido, tampouco conhecida sua potencialidade danosa, já que imperceptível ao "estado do conhecimento" no momento em que o produto foi colocado em circulação.[546]

O defeito ocorre quando o produto ou serviço não corresponde às expectativas de segurança da coletividade de consumidores.[547] Embora exista certa indeterminação, podem-se afirmar três espécies clássicas de defeitos: concepção, fabricação e informação. Parte da doutrina, porém, inclui um quarto defeito, o "defeito do desenvolvimento", provocado pelos riscos do desenvolvimento.[548]

Os defeitos, mesmo aqueles indetectáveis, são de responsabilidade do fabricante, pois é ele quem tem uma "obrigação básica de fornecer produtos seguros, que sejam adequados às suas próprias finalidades,

---

imprevisíveis não são fatos necessários e inevitáveis e podem ser evitados, e mesmo se com todos os cuidados eles não puderem ser evitados, impõe-se a responsabilidade tendo em vista o elevado grau de garantia nas relações de guarda e custódia. Já o fortuito externo é estranho à organização do negócio, não guardando relação com a atividade da empresa. A autora cita como exemplo uma inundação. (MARTINS-COSTA, 2009a, p. 292-296.

[543] CAVALIERI FILHO, Sergio. *Programa de responsabilidade civil*. 9. ed. São Paulo: Atlas, 2010, p. 504.

[544] CALIXTO, 2005, p. 66.

[545] SILVEIRA, 2010, p. 225.

[546] CALIXTO, 2005, p.68.

[547] PASQUALOTTO, 1993, p. 19.

[548] Ibid., p. 8.

que no seu uso regular não ofereçam riscos, além daqueles que sejam inerentes ao próprio produto".[549]

Essa obrigação justifica a responsabilidade do comerciante somente em situações específicas, pois o verdadeiro introdutor da coisa perigosa no mercado é o fabricante, e não o distribuidor ou revendedor.[550] Também é importante frisar o argumento segundo o qual a responsabilidade deve recair sobre o fabricante, porquanto o comerciante não tem condições de alterar ou controlar as técnicas de fabricação e produção.[551]

Assim, as expectativas e a confiança do consumidor ou adquirente de um bem devem ser atendidas, por isso os produtos não podem oferecer riscos ao consumidor ou usuário.[552] Em suma, o consumidor ou usuário têm o direito de adquirir produtos que não lhes causem danos.[553]

Interessa à sociedade imputar a responsabilidade pelos riscos do desenvolvimento ao fabricante, porque isso o compromete com a qualidade e segurança dos produtos que coloca no mercado, evitando que seja lançado um produto, sem que se tenha investigado adequadamente os seus efeitos, fazendo com que a coletividade funcione como "cobaia da indústria".[554]

A Revolução Industrial representou um grande marco na evolução da responsabilidade civil pela reconstrução das bases do dever de reparar que deixou de ser submetido à culpa e passou a ser fundado na objetivação da responsabilidade civil com a finalidade de alcançar efetiva indenização à vítima.

Atualmente, o momento em que se vive é de uma Revolução Tecnológica que "exige maior preocupação com a tutela das vítimas de danos injustos, especialmente, quando se resgata a necessidade incessante de busca por prevenção diante da magnitude dos danos oriundos do avanço da técnica".[555]

Importante esclarecer também, a improcedência do argumento defendido por parte da doutrina, do potencial prejuízo da imputação da

---

[549] CALIXTO, op. cit., p. 62.

[550] CAVALIERI FILHO, 2011, p. 297.

[551] A expressão usuário é referida neste Artigo tendo em vista o conteúdo do art. 931 do Código Civil que traz a possibilidade de impor a responsabilidade civil pela circulação de produtos defeituosos não somente em relação ao consumidor, mas também a outros lesados que não se enquadrariam no conceito de consumidor estabelecido pelo Código de Defesa do Consumidor.

[552] A expressão é usada por SILVEIRA, 2010, p. 253.

[553] Ibid., p. 250-251.

[554] CATALAN, 2010, p. 113.

[555] Ibid., p. 120.

responsabilidade do fabricante pelos riscos do desenvolvimento para a evolução tecnológica. A exigência de cautela no exercício de uma atividade empresarial não fará com que o empresário desista de investir em pesquisa e novas tecnologias. No mercado concorrencial, terá mais êxito aquele empresário que investir em pesquisa e desenvolvimento do que aquele que somente se restringir à prática imitativa e isso estimulará o empresário a manter um processo de avanço tecnológico, mas, com cautela, o que poderá ampliar o mercado do produtor, numa sociedade como a atual em que se prima pelo consumo consciente e pela responsabilidade social.[556]

A exclusão da responsabilidade pelos riscos do desenvolvimento poderá contribuir para a formação de uma atitude confortável do fabricante de não se preocupar em exaurir a pesquisa sobre a segurança dos produtos. Movido pelo sentimento que não lhe pertenceriam os danos decorrentes de defeitos indetectáveis, o fabricante poderia sentir-se estimulado a utilizar a coletividade para testar o produto, e conferir a eventual necessidade de ajustes ao mesmo. Por óbvio, essa atitude seria menos custosa para o fabricante, que em vez de despender dos investimentos no seguimento da pesquisa a respeito de testes de segurança, optaria por lançar o produto no mercado nas condições em que se encontrasse.

Essa atitude não parece estar adequada aos princípios norteadores do Código Civil brasileiro e ao modelo de responsabilidade civil que foi por ele instituído. As modificações na responsabilidade civil foram no sentido de forçar aquele que explora uma atividade, no caso do art. 931, o empresário, a tomar todas as medidas necessárias para evitar e prevenir a ocorrência de danos, pois a sua responsabilidade não está vinculada à culpa, já que o nexo de imputação é a circulação do produto.

Por isso, mesmo que o fabricante tome todas as medidas necessárias para evitar danos em decorrência de um produto, se qualquer dano ocorrer, haverá a necessidade de indenizar, o que impõe a responsabilidade pelos riscos do desenvolvimento.[557] Assim, o argumento

---

[556] Nesse sentido, impõe-se ressaltar posição de Teresa Ancona Lopez a respeito da evolução da responsabilidade civil. Segundo a autora, antigamente a noção de risco era satisfatória, porém atualmente há uma noção de incerteza que deve ser reconhecida. Em virtude disso, a doutrinadora alerta que o paradigma da segurança transforma os princípios da responsabilidade e da solidariedade, em princípio da precaução ampliando a responsabilidade civil que passa, a partir do século XXI, a ter três funções: compensatória, dissuasória e preventiva. A última está ligada à precaução e prevenção, reconhecidas como medidas para antecipação dos riscos e danos. Assim, conclui a autora, que se o dano não puder ser evitado, deverá ser reparado integralmente pelo seu autor ou pelo seguro. (LOPEZ, 2013, p. 8 -10.)

[557] No entanto, é importante referir que um estudo feito nos órgãos comunitários demonstrou que a exclusão da responsabilidade pelos riscos do desenvolvimento não teria acarretado repercussão nos custos dos produtos. SILVEIRA, 2010, nota 412.

da submissão da responsabilidade aos casos de defeitos detectáveis, não tem lugar no ordenamento atual.

Contudo, a matéria não é imune a discussões e debates como será visto no capítulo a seguir, destinado a explorar a posição doutrinária sobre o assunto.

5.1.1.2. *Premissas para um debate em torno da responsabilidade civil pelos riscos do desenvolvimento: a posição doutrinária*

A matéria em torno dos riscos do desenvolvimento é alvo de grandes debates na atualidade, podendo se vislumbrar partidários favoráveis e contrários à exclusão da responsabilidade pelos riscos do desenvolvimento.

Os favoráveis à exclusão da responsabilidade pelos riscos do desenvolvimento apresentam o argumento que a responsabilidade acarretaria uma penalização excessiva ao fabricante, considerando-se que os defeitos, em tese, não seriam detectáveis pelo fabricante. Essa obrigação excessiva seria representada pela dificuldade de contratação de seguros, ou aumento do prêmio dos seguros,[558] e isso levaria à retirada de produtos do mercado e até mesmo ao "desincentivo à investigação e desenvolvimento de produtos complexos de alto risco" que são essenciais para a humanidade.[559]

Outro argumento é que a retirada do produto de circulação pode provocar consequências econômicas de proporções importantes. Em virtude disso, por vezes, argumenta-se que essas consequências inibem a atividade empresarial e freiam o próprio desenvolvimento.

O argumento contrário é que excluir a responsabilidade do fabricante implica "baixar o patamar de proteção do consumidor".[560]

Em vista disso, a posição favorável à responsabilização do fabricante pelos riscos do desenvolvimento é que as vítimas dos efeitos adversos de um produto não podem ficar desprotegidas, e que os riscos podem ser assumidos, a custos razoáveis, pelo fabricante.[561]

Além disso, cabe esboçar a advertência feita pela doutrina que a exclusão da responsabilidade do produtor pelos riscos do desenvolvimento só tem lugar em um ordenamento que adote um sistema de

---

[558] SILVEIRA, 2010, p. 252.

[559] PASQUALOTTO, 1993, p. 19.

[560] SILVEIRA, op. cit., p. 251.

[561] Ibid., p. 253.

responsabilidade subjetiva baseado na culpa, e não em um sistema de responsabilidade baseado no risco, no qual aquele que cria o risco deve responder pelo perigo colocado por si, não sendo plausível que os riscos do desenvolvimento sejam suportados pelos lesados.[562]

O argumento que a exclusão da responsabilidade pelos riscos do desenvolvimento viola a equidade é apresentado por Diana Silveira.[563] Segundo a autora, colocar o risco do desenvolvimento a cargo das vítimas não cumpre com o princípio da equidade, pois se deve imputar a responsabilidade àquele que tomou a iniciativa de colocar o produto em circulação no intuito de obter lucro dessa atividade. A responsabilidade civil pelos produtos defeituosos permite a indenização das vítimas e conduz à coletivização dos riscos, já que o risco corrido por cada produtor é integrado por ele nos seus preços, que, dessa forma, repercute na massa de consumidores.[564]

Jean Calais-Auloy afirma a posição tradicionalmente consagrada pela jurisprudência francesa no sentido de imputar a responsabilidade pelos riscos do desenvolvimento aos produtores sob o argumento que, mesmo o defeito indetectável, não constituiria força maior exoneratória, pois não é exterior à coisa. A noção de garantia dos vícios ocultos da coisa não autoriza a exoneração da responsabilidade, porque o Direito francês consagra a noção de presunção de conhecimento do vício pelo alienante, sendo irrelevante o argumento que o produtor ignorava o defeito ou que o mesmo seria indetectável.[565]

Por isso, a vítima tem a possibilidade de optar entre os dois sistemas de responsabilidade civil, o da Diretiva e o do regime comum de responsabilidade, usando aquele que lhe for mais favorável para se defender do argumento da exoneração da responsabilidade pelos riscos do desenvolvimento.

Outro argumento apresentado para a exclusão da responsabilidade do fabricante pelos riscos do desenvolvimento é que, em algumas situações, o fabricante estaria diante de riscos não calculáveis, e, em consequência, esses riscos seriam inconciliáveis com a responsabilidade.

---

[562] Essa orientação também pode ser utilizada para interpretação do art. 931 do Código Civil, que não exclui a responsabilidade civil pelos riscos do desenvolvimento nos produtos postos em circulação pelas empresas ou empresários individuais.

[563] SILVEIRA, op. cit., p. 256-257. A autora chega a essas conclusões referindo as ideias de Jean Calais-Auloy.

[564] A ideia do autor é referida na obra de SILVEIRA, 2010, p. 258, em importante Artigo intitulado "Le risque de développemente: une exonération contestable".

[565] CASTRONOVO, 2006, p. 702-704.

Carlo Castronovo repudia esse argumento referindo que, quanto menos calculável for o risco, tanto mais a atividade que cria o risco estará sujeita à responsabilidade. E segue argumentando que, calculável ou não, o risco é introduzido pela escolha de quem o cria e não se pode afirmar que o consumidor, ao optar por utilizar o produto, tenha assumido correr o risco do dano.[566]

A matéria também deve ser analisada sob a perspectiva da viabilidade ou não de o dano ser segurado. A esse respeito a doutrina francesa tem importantes considerações, tendo em vista que o seguro da responsabilidade civil é muito comum na França.

Existem duas posições completamente antagônicas a respeito da viabilidade de segurar a responsabilidade pelos riscos do desenvolvimento. Uma posição defende que os riscos do desenvolvimento não podem ser segurados, pela dificuldade de demonstrar a prova negativa, a cargo do fabricante, do seu desconhecimento dos efeitos nocivos do produto, uma vez que o defeito é indetectável. Além desse argumento, afirma-se que essa responsabilidade iria comprometer o avanço das pesquisas, e que o segurador não teria uma experiência estatística. A posição favorável à viabilidade do seguro dispõe que o fabricante tem uma obrigação genérica de resultado, em matéria de segurança dos produtos. Logo, as vítimas não poderiam ficar sem reparação e os preços do seguro poderiam ser facilmente introduzidos no preço do produto e do prêmio do seguro. Assim, o seguro seria financiado pelo mercado.[567]

Na França, a doutrina considera o risco do desenvolvimento juridicamente excluído do contrato de seguro de responsabilidade civil, todavia a jurisprudência pondera que, nos casos de sinistro sério atingindo gravemente um número significativo de pessoas ou de sinistro ambiental grave, a Corte de Justiça poderia contornar a exclusão da responsabilidade do contrato em favor da indenização das vítimas, porque a inviabilidade da segurabilidade teria pouco fundamento técnico.[568]

A preocupação da doutrina francesa com a viabilização do seguro pelos riscos do desenvolvimento, mesmo em um país que possui norma expressa excepcionando a responsabilidade, demonstra a necessidade de se rever a posição a respeito da inadmissibilidade da in-

---

[566] THOUROT, 2010. O autor refere que o princípio da precaução "introduz uma formidável insegurança jurídica ao debate do risco do desenvolvimento".

[567] Ibid.

[568] Disponível em: <http://www.anacom.pt/render.jsp?contentId=967227>. Acesso em: 5 jun. 2012.

denização pelos riscos do desenvolvimento. Esse aspecto influencia na necessidade de transportar a preocupação para a reflexão na interpretação do art. 931 do Código Civil brasileiro, pois o dispositivo abre as portas para a inclusão da responsabilidade pelos riscos do desenvolvimento e isso não pode ser ignorado. O debate em torno da matéria se fortalece, mesmo em países que adotam a exclusão expressa dessa responsabilidade.

5.1.1.3. O tratamento da matéria dos riscos do desenvolvimento na Diretiva 85/374 e a necessidade de dar seguimento ao debate em torno da responsabilidade civil por produtos defeituosos

Tanto entre os juristas favoráveis à responsabilização do produtor pelos riscos do desenvolvimento, quanto entre os que são contrários a ela, vislumbra-se um ponto comum: o dano ocorre em virtude de um defeito que o produto apresenta.

Entre os defensores da exclusão de responsabilidade, predomina a orientação segundo a qual a responsabilidade não se impõe, porque o defeito não era detectável. Já, entre os defensores da imputação da responsabilidade, sustenta-se a responsabilidade mesmo tratando-se de defeito indetectável.

Existe uma espécie de presunção de defeito no produto quando se verifica o dano, ou seja, o produto somente provocou um dano porque era defeituoso. E isso fundamentou os debates em torno da criação da Diretiva 85/374,[569] que tem como objetivo proteger os consumidores.

A tragédia decorrente dos efeitos da talidomida é apontada como o fato responsável que inspirou uma reforma do Direito Comunitário para impor a responsabilização objetiva do produtor; no entanto, essa mesma tragédia não foi contemplada pela Diretiva, que optou por excluir da responsabilidade civil os riscos do desenvolvimento (art. 7º, e, admitindo, todavia, a possibilidade de os Estados derrogarem a excludente).[570]

Ainda que o Código de Defesa do Consumidor não tenha acompanhado o posicionamento da Diretiva Europeia 85/374/CEE de dispor de forma expressa a respeito da exclusão da responsabilidade pelos riscos do desenvolvimento, a Diretiva inspirou o art. 12 do Código de Defesa do Consumidor no sentido de exigir expressamente a existência

---

[569] SILVEIRA, 2010, p. 261.
[570] CALIXTO, 2005, p. 67.

de defeito de um produto para que fosse deflagrada a responsabilidade civil do fornecedor.[571]

Comparando-se o regime do Direito brasileiro e europeu, observa-se que o Código de Defesa do Consumidor é uma norma mais benéfica ao consumidor que a Diretiva 85/374 da CEE, porque esta dispõe, no art. 4º, que cabe ao lesado a prova do dano, do defeito e do nexo causal entre o defeito e o dano,[572] posição que não é seguida no Direito brasileiro. Além disso, o Código de Defesa do Consumidor não excluiu de forma expressa a viabilidade de responsabilização do fornecedor pelos riscos do desenvolvimento, como já foi referido anteriormente.

Outro ponto comparativo a ser considerado diz respeito ao fato de a Diretiva deixar três pontos livres para serem disciplinados pelos Estados-Membros: a determinação da disciplina aplicável aos produtos agrícolas, ao tipo de responsabilidade aplicável aos riscos do desenvolvimento e a previsão de um limite ao ressarcimento dos danos pelos produtos defeituosos.[573]

A liberdade deixada pela Diretiva para que cada país adotasse o regime que lhe fosse conveniente, aos riscos do desenvolvimento, fez surgir regimes de responsabilidade distintos para cada país membro e isso, aliado ao fato da ocorrência cada vez mais frequente de danos, fez com que se iniciasse um debate a respeito da pertinência da exclusão da responsabilidade do fabricante pelos riscos do desenvolvimento.

Esse debate se vê de forma mais intensa no Livro Verde sobre a responsabilidade civil decorrente dos produtos defeituosos, apresentado pela Comissão das Comunidades Europeias (Bruxelas 28.07.1999).[574]

O Livro Verde foi elaborado com o objetivo de estabelecer um sistema de responsabilidade civil que possibilitasse a indenização das vítimas pelos danos sofridos por produtos defeituosos, mas também apresenta a preocupação em não frear a capacidade inovadora da indústria.

É importante destacar que o Livro Verde não é uma lei, é produto de um estudo evolutivo sobre a aplicação da Diretiva 85/374, avaliando a repercussão de sua aplicação na Comunidade Europeia e também questionando sobre a conveniência da Diretiva e a necessidade de

---

[571] CALIXTO, 2005, p. 71.

[572] SERIO, 1996, p. 469-483,p. 478.

[573] Disponível em: <http://europa.eu/documents/comm/green_papers/pdf/com1999-396_pt. pdf>. Acesso em: 22 maio 2012.

[574] Ibid., p. 22.

atualização da mesma, no que concerne a sua efetividade em relação aos riscos a que a sociedade atual está exposta.

Também é necessário frisar que o Livro Verde não propõe soluções, mas tem como finalidade questionar a efetividade da proteção no caso de danos decorrentes de produtos defeituosos, e também testar a repercussão que terá a propositura de uma revisão da Diretiva 85/374.

Dentre os questionamentos apresentados pelo Livro Verde está a matéria relativa aos riscos do desenvolvimento, que pela Diretiva 85/374 teriam sido excluídos da responsabilidade do produtor (fornecedor).

A esse propósito, o Livro Verde questiona se a supressão da causa de exoneração teria consequências muito prejudiciais para a indústria e/ou para o setor de seguros, e, nesse sentido, aconselha a consulta à experiência de países que não exoneraram a responsabilidade pelos riscos do desenvolvimento, como é caso de Luxemburgo, Finlândia, Espanha (esta relativamente aos produtos alimentares e aos medicamentos), Alemanha (no setor farmacêutico) e França (no que se refere aos produtos extraídos do corpo humano).[575]

Nesse sentido, o Livro Verde lança importante ponderação: "se o risco é considerado demasiadamente grande para ser suportado por seguradoras, não seria também insuportável para o consumidor?".[576]

Esse questionamento serve para a reflexão a respeito da responsabilidade pelos riscos do desenvolvimento no Direito brasileiro, considerando-se que a teoria aplicada pelo ordenamento pátrio é a do risco criado, mais abrangente que a teoria do risco proveito.

Apesar de não exigida no Direito brasileiro, a teoria do risco proveito é útil para demonstrar a necessidade de imputação dos riscos do desenvolvimento ao fornecedor, pois ele obtém resultados econômicos apropriáveis com exclusividade, o que afasta o argumento de defeito do produto indetectável.

A matéria tem grande relevância, considerando a proporção dos efeitos nefastos que a produção dos danos decorrentes dos riscos do desenvolvimento pode acarretar até que se descubra o defeito do pro-

---

[575] Disponível em: <http://europa.eu/documents/comm/green_papers/pdf/com1999-396_pt.pdf>. Acesso em: 22 maio 2012, p. 22.

[576] Na primeira parte deste livro foi desenvolvido um estudo do Direito Comparado a respeito da Responsabilidade Civil pelos Produtos defeituosos. Naquela oportunidade o estudo foi realizado com o objetivo de apresentar o funcionamento da responsabilidade pelo fato do produto defeituoso, mas não teve por fim esgotar o exame a respeito do tratamento que é dado à responsabilidade pelos riscos do desenvolvimento no Direito Comparado o que se fará neste capítulo.

duto. Nesse período, poderá proliferar o número de vítimas acometidas por danos importantes e isso se torna visível nos casos dos danos decorrentes do uso de medicamentos, conforme já foi mencionado acima.

Mas não basta somente constatar a gravidade e frequência desses danos, é importante também estabelecerem-se soluções para esses casos, e a experiência estrangeira tem condições de auxiliar na construção de um regramento satisfatório da matéria como será visto a seguir.

5.1.2. A responsabilidade pelos riscos do desenvolvimento na experiência estrangeira[577]

O berço da discussão em torno da exclusão ou inclusão na responsabilidade do fabricante dos riscos do desenvolvimento está nos debates para a elaboração da Diretiva Europeia 85/374, que foi a primeira a tratar de forma específica sobre a matéria, repudiando a responsabilidade do fabricante pelos riscos do desenvolvimento.

Por esse motivo, o estudo da experiência estrangeira far-se-á em torno dos países que pertencem à União Europeia, tomando como critério de comparação a opção adotada por cada País-membro.

Muito embora o objetivo da Diretiva 85/374 tenha sido harmonizar as normas que tratam da proteção do consumidor, a faculdade criada pela própria Diretiva, para cada país dispor sobre os riscos do desenvolvimento da maneira que lhe fosse mais conveniente, redundou na formação de sistemas de responsabilidade distintos entre si.

Assim, para o estudo do Direito Comparado, faz-se necessário o exame das discussões que antecederam a redação da Diretiva 85/374 e também o seu conteúdo que fixou diretrizes para responsabilidade civil por produtos defeituosos na Europa.

Um dos pontos de maior discussão no processo de elaboração da Diretiva foi a responsabilidade civil pelos riscos do desenvolvimento. Essa matéria estava no centro da disputa entre os consumidores e os produtores, especialmente no que se refere à indústria farmacêutica, e isso deu origem a dois grupos opostos.[578]

O primeiro grupo, composto por Bélgica, Dinamarca, Grécia, França, Irlanda e Luxemburgo, defendia que os riscos do desenvolvimento não poderiam constar como causa de exclusão da responsabilidade

---

[577] SILVEIRA, 2010, p. 238.

[578] Ibid., p. 238.

O Regime da Responsabilidade Civil pelo fato dos produtos postos em circulação

civil na Diretiva. Para essa orientação, se o produtor fosse responsável pelos danos decorrentes dos riscos do desenvolvimento, teria condições de repercutir o custo da indenização no preço do produto e no custo do seguro e isso acabaria sendo suportado pela coletividade dos consumidores, sem grande ônus para o produtor.[579]

O segundo grupo, composto por Itália, Países Baixos e Reino Unido, defendia que a retirada da causa de exclusão traria um impacto negativo sobre a investigação e o desenvolvimento de produtos de alta tecnologia e o agravamento do custo do seguro de responsabilidade.[580]

Em virtude disso, a Diretiva adotou uma "solução de compromisso", autorizando os Estados-Membros a disciplinarem a matéria.

A Diretiva 85/374 afirma de forma expressa a exclusão da responsabilidade do fornecedor na hipótese de riscos do desenvolvimento (art. 7º, e), mas admite a possibilidade de os Estados derrogarem a excludente.[581]

Essa posição fez com que surgisse na Europa a formulação de legislações com posicionamentos distintos, ainda que tivessem origem na mesma Diretiva, sendo possível dividir a matéria em três grupos, formados por ordenamentos que: 1) admitem os riscos do desenvolvimento como causa de exclusão da responsabilidade; 2) consagram a exclusão da responsabilidade, mas a limitam a certos produtos; e 3) não reconhecem os riscos do desenvolvimento como uma causa de exclusão da responsabilidade.

Luxemburgo e *Finlândia* impõem a responsabilidade do fornecedor por qualquer tipo de produto pelos riscos do desenvolvimento.[582]

Em regra, as leis nacionais dos países europeus têm se encaminhado no sentido da exclusão da responsabilidade, mas mesmo aquelas que adotam o sistema de exoneração da responsabilidade do fabricante pelos riscos do desenvolvimento, ponderam a respeito da sua aplicação.

Exemplo disso é o que ocorre no *Direito português*,[583] que não contempla a responsabilidade objetiva pelo risco do desenvolvimento, mas admite a incidência da responsabilidade subjetiva (culpa provada ou

---

[579] SILVEIRA, 2010, p. 238.

[580] CALIXTO, 2005, p. 79.

[581] Disponível em: <http://europa.eu/documents/comm/green_papers/pdf/com1999-396_pt. pdf>. Acesso em: 23 maio 2012, p. 22.

[582] Para uma visão mais resumida do tratamento da matéria no Direito português é possível consultar o texto que segue: SILVA, João Calvão da. La responsabilité du fait des produits défectueux en droit portugais. *Revue Européenne de Droit de la Consommation*, Paris, n. 1, p. 16-19, 1992.

[583] SILVA, J. C., 2008, p. 191.

presumida) do produtor se ele não seguir e vigiar o produto para investigar sobre seus os riscos e tomar tempestivamente as medidas apropriadas para evitar os danos incluindo a sua retirada do mercado.[584]

O Direito português adotou a orientação da Diretiva 85/374, no sentido de exonerar a responsabilidade do produtor pelos riscos do desenvolvimento, o que se vê através do Decreto-Lei nº 383/89, que transpôs a Diretiva 85/374 para o ordenamento jurídico interno.[585]

Mesmo que a opção do Decreto-Lei nº 383/89 tenha sido pela exoneração da responsabilidade, parte da doutrina portuguesa adverte que os casos de exclusão da responsabilidade são muito amplos e considera "especialmente criticável" a alínea *e*, que trata dos riscos do desenvolvimento, tendo em vista que essa excludente se aproxima muito de uma responsabilidade por culpa.[586]

Essa orientação demonstra que a opção da legislação portuguesa também é criticada entre os portugueses, identificando-se na doutrina daquele país, a orientação que a solução mais razoável seria a adotada na Espanha, por aceitar a causa de exoneração geral do produtor pelos riscos do desenvolvimento, mas a excepciona em relação aos medicamentos e alimentos.[587]

Posição diversa pode ser encontrada nos ensinamentos de João Calvão da Silva, ao defender a opção do Decreto-Lei 383/89 pela responsabilidade objetiva do produtor, mas não absoluta, tendo em vista a adoção de importantes causas de exclusão de responsabilidade, incluindo entre elas o estado da ciência e da técnica, também designada por estado da Arte, de acordo com o que dispõe o art. 5º, e, que autoriza a exclusão da responsabilidade pela prova do estado dos conhecimentos científicos e técnicos, que não permitiria detectar a existência do defeito no momento em que o produto foi posto em circulação.[588]

No exame do dispositivo, Calvão separa dois aspectos a serem ponderados: 1) o tempo da determinação do estado da arte ou estado da ciência e da técnica; 2) o critério de sua definição.[589]

Em relação ao tempo, defende a necessidade de fixar o momento em que o produto é colocado em circulação, e não o da verificação do

---

[584] Disponível em: <http://www.dre.pt/cgi/dr>. Acesso em: 11 jun. 2012.

[585] LEITÃO, 2010, p. 414. O autor ainda refere que na Finlândia e no Luxemburgo não aceitam o risco do desenvolvimento como exclusão de responsabilidade.

[586] SILVEIRA, 2010, p. 265.

[587] SILVA, J. C., 1999, p. 503.

[588] Ibid., p. 508.

[589] Ibid., p. 509.

dano. Caso contrário, segundo o autor, haveria uma aplicação retroativa do padrão ou da medida da responsabilidade, pois, tendo em vista o novo conhecimento e tecnologia, responsabilizar-se-ia o fabricante por um defeito existente, mas indetectável no estado da ciência e da técnica em fase anterior à distribuição do produto. A esse respeito Calvão lança uma forte crítica à responsabilidade pelos riscos do desenvolvimento que iria prejudicar a elaboração e comercialização de novos e imprescindíveis produtos e também não incentivaria o produtor à publicação de novos padrões de segurança para produtos já comercializados, porque seria interpretado como uma confissão de sua responsabilidade.[590]

No que se refere à definição do estado da arte, Calvão esclarece que o critério é objetivo, existindo uma impossibilidade absoluta e objetiva de descobrir o defeito por falta de meios que tenham condições de detectá-lo, mas não se trata de uma impossibilidade subjetiva do produtor em questão.[591]

Calvão rebate as críticas de ligação da excludente dos riscos do desenvolvimento à culpa, tendo em vista que se trata de uma impossibilidade absoluta de conhecimento do defeito e não uma impossibilidade subjetiva por parte do produtor.[592]

Assim, Calvão defende que o critério para definir a impossibilidade de detectar o defeito, tendo em vista o estado da Arte, não leva em conta a concepção da culpa, entendida como conduta deficiente que toma como padrão o homem médio e normal. Ao contrário, o estado da Arte deve ser tido como possibilidade tecnológica de detectar o defeito a partir da noção de produtor ideal, aquele que observa no seu campo de especialidade o mais avançado estado da ciência e da técnica, mesmo que ainda não praticado pelo produtor normal.[593]

Com base nesses fundamentos, Calvão refere que em Portugal a responsabilidade do produtor é objetiva limitada, não abrange o risco de empresa que incluiria os riscos tecnológicos ou defeitos do desenvolvimento, sem atender ao estado dos conhecimentos científicos e técnicos.[594]

A exclusão da responsabilidade pelos riscos do desenvolvimento também está inserida no art. 391 do Anteprojeto do Código do Consumidor que tramita no Direito português. O Anteprojeto é elaborado

---

[590] SILVA, J. C., 1999, p. 511.

[591] Ibid., p. 513.

[592] Ibid., p. 514.

[593] Ibid., p. 517.

[594] TARTUCE, 2011, p. 158 e MONTEIRO, 2005, p. 250.

por uma comissão presidida por António Pinto Monteiro, professor da Universidade de Coimbra.[595]

A preocupação em torno da incidência da responsabilidade pelos riscos do desenvolvimento também está presente no *Direito Italiano* através da avaliação da potencialidade de dano do produto em si. Nesse sentido, Galgano refere os exemplos dos inseticidas à base de *DDT*[596] e também a talidomida para refletir a respeito do questionamento da viabilidade de fazer com que o produtor fosse responsável pelos danos que não eram previsíveis ao estado dos conhecimentos do momento de produção e de sua colocação no mercado.[597]

O autor menciona que para o caso podem ser adotadas duas posições: a primeira delas é considerar excluída a responsabilidade do produtor já que a relação de causalidade implica a previsibilidade do evento e, como o dano era imprevisível, a relação de causalidade entre a insegurança do produto e o evento danoso ficaria excluída. A segunda solução seria considerar a responsabilidade a título de "risco de empresa" e, consequentemente, seriam imputados ao produtor os riscos do desenvolvimento por serem riscos específicos.[598]

Mesmo levantando essas duas possibilidades, Galgano refere que o Código de Consumo (Decreto Legislativo de 6 setembro 2005, n. 206)[599] no art. 118, alínea *e*, resolveu essa dúvida autorizando o produtor a se eximir da responsabilidade pelos riscos do desenvolvimento através da alegação de o estado dos conhecimentos técnicos e científicos no momento em que o produto foi colocado em circulação não permitir considerar o produto como defeituoso.

Calvão critica a norma italiana por ter utilizado o verbo *considerar*, ao transpor a Diretiva 85/374. Segundo ele, isso conduziria à conclusão de tratar-se de uma impossibilidade subjetiva de detecção do defeito do produto, relativa ao produtor em si, e não à ideia de produtor ideal. Essa formulação subjetivista também foi notada pelo autor no Direito inglês e igualmente criticada.[600]

---

[595] A esse respeito interessante acrescentar casos referidos por Urlich Beck de contaminação por DDT. Segundo o autor no leite materno é frequentemente encontrado DDT em concentrações consideráveis (BECK, 2011, p. 29), também em pinguins antárticos foi encontrada recentemente uma superdose de DDT (BECK, 2011, p. 33).

[596] GALGANO, 2008, p. 152.

[597] Ibid., p. 152.

[598] Disponível em <http://www.codicedelconsumo.it/index.php?option=com_content&view=Article&id=57&Itemid=27>. Acesso em: 12 jun. 2012.

[599] SILVA, J. C., 1999, p. 510-511.

[600] 6. Esclusione della responsabilità. 1. La responsabilità è esclusa: e) se lo stato delle conoscenze scientifiche e tecniche, al momento in cui il produttore ha messo in circolazione il prodotto, non

Ainda sobre a viabilidade da exclusão da responsabilidade pelos riscos do desenvolvimento, Giovanna Visintini adverte que a distribuição do risco entre o fornecedor e a vítima não era feita de forma fácil pela jurisprudência e acabava dependendo de disposição legislativa, como se vê no n. 6 do DPR 224/1988,[601] que é repetido no art. 118, *e*, do Código de Consumo. A disposição prevê que os riscos pelo desenvolvimento tecnológico e científico devem ficar a cargo da vítima, e não a cargo do fabricante.[602]

Dessa forma, fica excluída a responsabilidade pelos riscos do desenvolvimento, tendo em vista que os riscos do desenvolvimento tecnológico e científico ficam a cargo da vítima, e não do fabricante.

Visintini adverte que o DPR 224/1988 tinha criado na Itália um regime específico de responsabilidade extracontratual objetiva, no qual a exclusão da responsabilidade não estaria submetida à necessidade da prova liberatória do art. 2050 do Código Civil italiano, que dispõe sobre a necessidade de prova de cumprimento de todas as medidas para evitar o dano. Essa modalidade de responsabilidade estaria vinculada ao acolhimento dos riscos do desenvolvimento a cargo da vítima.[603]

Para o produtor se livrar da responsabilidade pelos riscos do desenvolvimento, deveria demonstrar somente que o defeito do produto não era verificável no momento em que ele colocou o produto no mercado, tendo em conta a pesquisa científica e técnica.[604]

Essa, no entanto, não é uma orientação unânime. Mario Serio refere que a responsabilidade pelos riscos do desenvolvimento pode ser resolvida pelo critério da atividade perigosa, nos termos do art. 2.050 do Código Civil italiano.[605]

A posição demonstra a orientação seguida no Direito italiano para alcançar a proteção do consumidor, sem lançar mão do Código de Consumo, utilizando-se de soluções que se mostram mais severas aos produtores e, por consequência, mais benéficas aos consumidores. Por isso, caminha-se na direção de reforçar a hermenêutica do art. 2050 do Código Civil Italiano através da utilização dos instrumentos tradicionais oferecidos pelo Código Civil. Dessa forma, o fabricante não tem condições de se exonerar somente afirmando que os conhecimentos

---

permetteva ancora di considerare il prodotto come difettoso; (http://guide.supereva.it/diritto/interventi/2002/02/91679.shtml, acesso em 27.03.2012)

[601] VISINTINI, 2005, p. 845.

[602] Ibid., p. 849.

[603] Ibid.,p. 851.

[604] SERIO, 1996, p. 481.

[605] QUERCI, 2010, p. 344.

técnicos e científicos da época não sugeriam a possibilidade de danos, porque a jurisprudência não tem avaliado somente o *ex ante*, mas também recorre a uma avaliação *ex post*, seja considerando a periculosidade do produto ou a idoneidade das medidas adotadas, especialmente no que concerne aos produtos hemoderivados.[606]

Assim, no caso de atividade perigosa, não basta a observância do estado da técnica existente no momento da colocação em circulação do produto; é preciso acompanhar o progresso tecnológico ocorrido depois da introdução do produto no mercado, com a sua eventual retirada do mercado em decorrência da tutela da saúde dos usuários do produto.[607]

Nesse sentido, é oportuno referir que o Tribunal de Milão reconheceu a responsabilidade civil do produtor de derivados de sangue por ter contaminado um paciente com o vírus da hepatite B. Assim, considerou que a produção de medicamentos deve ser considerada como uma atividade perigosa e, por isso, deve ser resolvida pelo art. 2050 do Código Civil italiano.[608]

Essa orientação serve de suporte para interpretação do art. 931 do CCB, pois é uma cláusula geral da responsabilidade civil objetiva e pode ser utilizada como justificativa da incidência da responsabilidade pelos riscos do desenvolvimento em virtude de danos provenientes de produtos postos em circulação.

Embora na Europa se vislumbre um movimento favorável à responsabilidade pelos riscos do desenvolvimento, seja pelos países que a admitem ou por aqueles que, mesmo não a admitindo, começam a presenciar debates importantes na doutrina e na jurisprudência, nos *Estados Unidos* a orientação corre em sentido inverso.

No final da década de 80, os Estados Unidos experimentaram o que a doutrina nomeia como movimento da contrarrevolução. Esse movimento foi impulsionado por uma grande crise no mercado de seguro, provocada pela expansão da responsabilidade civil. Isso fez com que fosse aprovada em 1987 a Lei de New Jersey, determinando que o produtor não seria responsável pelos defeitos de projeto, salvo se fosse tecnicamente praticável um *design* alternativo que pudesse prevenir o dano sem diminuir a função a que o produto se destinava, segun-

---

[606] QUERCI, 2010, p. 345.

[607] VERARDI, Carlo Maria. L'introductino de la Directive Communautaire du 25 juillet 1985 sur la responsabilté du fais des produits defectuex en droit italien. *European Review of Private Law*, v. 2, n. 2, p. 237-244, 1994, p. 243.

[608] SILVA, J. C., 1999, p. 524.

do Calvão essa defesa do produtor se assemelha à noção do estado da arte.[609]

Além dessa orientação, a posição dos Tribunais americanos passou a considerar os riscos do desenvolvimento como causa de exclusão de responsabilidade depois do julgamento do caso *Brown v Abbot Laboratories*, julgado em março de 1988, pelo Supremo Tribunal da Califórnia. O Tribunal entendeu não ser viável a responsabilidade da empresa PR Medicamentos que, com o fim de evitar abortos, teria causado tumores vaginais na vítima. A justificativa da decisão ancorou-se no fundamento do interesse público, segundo o qual o desenvolvimento de novos medicamentos, ainda que apresentem riscos à saúde, tem o objetivo maior de salvar vidas, e tornar o fornecedor responsável por um perigo impossível de ser conhecido pelo estado atual de conhecimento, seria torná-lo espécie de segurador virtual do produto.[610]

Essa orientação reflete a evolução pela qual têm passado os Estados Unidos em toda a responsabilidade civil, pois inicialmente era conhecido por indenizações de grande vulto, sobretudo no Direito do Consumidor, e com o passar do tempo experimentou um novo momento, marcado, pelo estabelecimento de um freio à responsabilidade civil.[611]

Alguns países adotam uma posição intermediária no que concerne à responsabilidade pelos riscos do desenvolvimento, responsabilizando fornecedores de certos produtos, exonerando os demais, como é o exemplo da Alemanha, Espanha e França.

Na Alemanha, somente se impõe a responsabilidade pelos riscos do desenvolvimento ao fornecedor de medicamentos. Na Espanha, há a responsabilidade do fornecedor de medicamentos, e do fornecedor de gêneros alimentícios para produtos destinados ao consumo humano.[612] Na França, a responsabilidade civil pelos riscos do desenvolvimento se impõe no que se refere aos produtos derivados do corpo humano.[613]

Na Alemanha, a responsabilidade pelos riscos do desenvolvimento não é afastada quando se trata de produtos farmacêuticos. A lei alemã que trata da transposição da Diretiva europeia exclui do seu âmbito

---

[609] MIRAGEM, 2008, p. 290.

[610] A esse respeito, interessante consultar importante texto que trata da evolução da responsabilidade por medicamentos nos Estados Unidos: QUERCI, Agnese. La responsabilità da farmaci nell'ordinamento statunitense: cronoca di una realità che cambia. *Dano e responsabilità*, n. 3, p. 244-263, 2009.

[611] CALIXTO, 2005, p. 81.

[612] SILVEIRA, 2010, p. 240.

[613] Ibid., p. 240.

de aplicação os danos provocados por medicamentos que são disciplinados pela Lei do Medicamento de 1976, que, elaborada com o objetivo de responder aos danos provocados pelo Cotergan-Talidomina, traz de forma expressa a ausência de exclusão de responsabilidade pelos riscos do desenvolvimento nos produtos farmacêuticos.[614] [615]

A jurisprudência alemã introduziu a noção de riscos do desenvolvimento como causa de exoneração de responsabilidade, através do julgamento Heehnerpest de 1968, no qual se entendeu que nenhuma culpa poderia ser imputada ao produtor por defeitos de desenvolvimento imprevisíveis, tendo em vista o estado da ciência e da técnica.[616]

No entanto, a lei alemã que transpôs a Diretiva estabeleceu atenuações à responsabilidade civil pelos riscos do desenvolvimento. A primeira delas, já referida, trata da responsabilidade pelos medicamentos. A segunda trata da obrigação que é reconhecida ao produtor de vigiar e seguir o produto após a sua colocação no mercado, tendo-se em vista a evolução dos conhecimentos científicos e técnicos, e de informar os consumidores sobre os perigos associados ao produto e que possam causar dano.[617]

O *Direito espanhol* transpôs a Diretiva 85/374 através Lei n° 22/1994, que optou pela exclusão da responsabilidade pelos riscos do desenvolvimento de maneira genérica, conforme se vislumbra do art. 6° da LRPD, o qual estabelece as causas de exclusão da responsabilidade.[618] Todavia, a lei reconheceu a responsabilidade do produtor pelos riscos do desenvolvimento para os medicamentos e produtos alimentares

---

[614] Para uma compreensão dos efeitos da Diretiva 85/374 em relação à Lei de Medicamentos alemã, sugere-se a seguinte leitura: SCHWENZER, 1991.

[615] SILVEIRA, op. cit., p. 240.

[616] Ibid., p. 240.

[617] Artículo 6. Causas de exoneración de la responsabilidad. 1. El fabricante o el importador no serán responsables si prueban: a) Que no habían puesto en circulación el producto. b) Que, dadas las circunstancias del caso, es posible presumir que el defecto no existía en el momento en que se puso en circulación el producto. c) Que el producto no había sido fabricado para la venta o cualquier otra forma de distribución con finalidad económica, ni fabricado, importado, suministrado o distribuido en el marco de una actividad profesional o empresarial. d) Que el defecto se debió a que el producto fue elaborado conforme a normas imperativas existentes. e) Que el estado de los conocimientos científicos y técnicos existentes en el momento de la puesta en circulación no permitía apreciar la existencia de defecto. 2. El fabricante o el importador de una parte integrante de un producto terminado no serán responsables si prueban que el defecto es imputable a la concepción del producto al que ha sido incorporada o a las instrucciones dadas por el fabricante de ese producto. 3. En el caso de medicamentos, alimentos o productos alimentarios destinados al consumo humano, los sujetos responsables, de acuerdo con esta Ley, no podrán invocar la causa de exoneración de la letra e) del apArtado 1 de este Artículo. Disponível em: <http://civil.udg. es/normacivil/estatal/resp/lrp.html>.Acesso em: 10 maio 2012.

[618] Disponível em: <http://civil.udg.es/normacivil/estatal/contract/RDL1-07.htm#a140>. Acesso em:10 maio 2012.

destinados ao consumo humano (art. 6.3). Essa lei depois foi atualizada pelo texto refundido através do Decreto Legislativo nº 01/2007.[619]

Dentre as causas de exclusão, consta o caso do produto elaborado conforme as normas imperativas, e, nessa condição, mesmo que apresente defeito, haverá a exclusão da responsabilidade. Isso serve como uma espécie de justificativa da ação do fabricante, porque o defeito foge ao controle do empresário, já que o produto é elaborado seguindo as normas imperativas determinadas pelos poderes públicos competentes.[620]

Também é importante referir à advertência feita por Diéz-Picazo a respeito do modelo adotado para as causas de exclusão do art. 6º da LRPD, segundo as quais somente se pode responder pelos defeitos controláveis, ou seja, aqueles previstos ou que deveriam ter sido previstos. Assim, o autor questiona se não se estaria retomando os critérios de responsabilidade pela culpa, já que medir a responsabilidade pelos níveis de conhecimentos científicos ou técnicos estabeleceria um cânone de diligência. Diéz-Picazo refere que a questão dos riscos do desenvolvimento não pode ser resolvida com critérios somente jurídicos, mas depende de decisões políticas, porque a imposição da responsabilidade pelos riscos do desenvolvimento pode fazer com que se limite o avanço tecnológico.[621]

Ainda que o Direito espanhol tenha optado pelo sistema da exclusão da responsabilidade pelos riscos do desenvolvimento, o art. 6.3 da LRDP estabelece que essa não se aplica a produtos alimentícios destinados ao consumo humano e aos medicamentos.[622]

Essa norma tem sido considerada muito protetora dos consumidores desses tipos de produtos. A noção de medicamento é definida no Direito espanhol pela Lei nº 25/1990, de 20 de dezembro de 1990, que traz um conceito amplo de medicamento (especialidades farmacêuticas, fórmulas magistrais, produtos preparados ou manipulados e os medicamentos pré-fabricados), e a noção de produtos alimentícios está definida no Código Alimentar, Dec. nº 2848/1967, de 21 de setembro de 1967.[623]

Essa orientação faz com que haja grande incidência da responsabilidade pelos riscos do desenvolvimento (porque os danos se revelam

---

[619] DIÉZ-PICAZO, 2011, p. 482.

[620] Ibid., p. 483

[621] Disponível em: <http://www.boe.es/aeboe/consultas/bases_datos/doc.php?id=BOE-A-1994-15797>. Acesso em: 12 jun. 2012.

[622] MANIN LOPEZ, Juan José. La responsabilité du fait des produits défectueux en droit espanhol. *Revue Europeenne de Droit de la Consmmation,* Paris, n.4, p.232-238, 1994, p. 233.

[623] SILVEIRA, 2010, p. 246.

em sua maioria nesses tipos de produtos). Os autores espanhóis consideram a responsabilidade aplicável a esses produtos uma "responsabilidade objetiva absoluta", porquanto obriga o produtor a responder por todos os danos decorrentes do produto, mesmo aqueles sobre os quais não existe a possibilidade de detecção do defeito, levando em conta o estado dos conhecimentos científicos e técnicos no momento da colocação do produto em circulação.[624]

Mesmo tendo a Lei nº 22/1994 entrado em vigor somente em 04 de julho de 1994, o Tribunal Supremo reconheceu a sua retroatividade e imputou a responsabilidade pelos riscos do desenvolvimento condenando um laboratório farmacêutico pelo contágio de um paciente que em 1986 foi tratado com plasma sanguíneo e foi contaminado com o vírus da hepatite C.[625]

A matéria em torno da exclusão da responsabilidade pelos riscos do desenvolvimento também foi objeto de discussão na **França** e rendeu tantos debates parlamentares que conferiu à França o título de ser o último país a transpor a Diretiva, o que somente ocorreu com a Lei 98/389, de 19 de maio de 1998, dez anos depois da data prevista na Diretiva 85/374.[626]

No Direito francês, a matéria dos riscos do desenvolvimento é regulada no Código Civil pelo art. 1386-11, 4º, do Código Civil que repete o art. 7º da Diretiva, consagrando a regra da exoneração da responsabilidade civil nos casos em que o produtor não consegue detectar a existência de defeito do produto, pelo estado dos conhecimentos científicos e técnicos quando o produto é colocado em circulação. A opção do legislador francês foi no sentido de criar em favor do produtor um benefício, colocando os riscos do desenvolvimento a cargo das vítimas.[627]

Como já se referiu acima, a matéria foi objeto de muitas discussões no Direito francês. Em 1990, o Governo submeteu à Assembleia Nacional um projeto que imputava às vítimas os riscos do desenvolvimento. Posteriormente, foi apresentado ao Senado um novo relatório pelo Presidente do Instituto Nacional da Consumação defendendo a imposição da responsabilidade aos fabricantes. Em 15 de dezembro de 1992, a Comissão Mista Parlamentar alterou o texto legislativo, mas o Governo não aceitou que os fabricantes fossem privados da exoneração da responsabilidade autorizada pela Diretiva, reconhecendo assim que

---

[624] SILVEIRA, 2010, p. 263

[625] Ibid., p. 242.

[626] GHESTIN, 1998, p. 1209.

[627] Ibid., p. 1209.

os riscos do desenvolvimento devem ser suportados pelas vítimas e não pelos fabricantes.[628]

O legislador francês cedeu às pressões das potências industriais e admitiu a exoneração da responsabilidade pelos riscos do desenvolvimento como regra geral.[629]

Embora destinada a um caso específico de responsabilidade, que trata da contaminação sanguínea, a experiência francesa também contribui para o questionamento da imputação da responsabilidade civil pelos riscos do desenvolvimento, pois determina que o fornecedor tem o dever de fornecer produtos isentos de defeitos e somente se eximiria da responsabilidade civil se houvesse uma causa externa que contribuísse para o defeito do produto, e um evento indetectável não configuraria uma causa externa.[630]

A doutrina francesa fundamenta a exclusão da responsabilidade do fabricante pelos riscos do desenvolvimento ponderando que a maioria dos países pertencentes à Comunidade Europeia admitiam a exoneração da responsabilidade dos produtores e, em virtude de esse fato, seria muito difícil submeter os produtores franceses a um regime mais severo que o de seus concorrentes.[631]

Todavia, mesmo assim, o legislador francês estabeleceu limites para a aplicação da exoneração de responsabilidade pelos riscos do desenvolvimento que estão dispostos no art. 1386-12 (produtos derivados do corpo humano e quando o fabricante não toma as medidas adequadas para evitar as consequências danosas, desde que o defeito tenha sido revelado em um prazo de dez anos a contar da colocação em circulação de um produto).[632]

A doutrina francesa alerta sobre as posições distintas a respeito da transposição da Diretiva ao Direto francês. M^{mme} Catala, autora da proposição da Lei de 1993, considera que a transposição era necessária e que o texto adotado não prejudicava as vítimas, ao contrário, poderia ser considerada como uma terceira via de Direito mais simples que as vias do Direito tradicional, como as decorrentes da responsabilidade contratual e extracontratual. Em contrapartida, M. Fauchon, relator do Senado, via prejuízo na transposição, sobretudo considerando a matéria relativa aos riscos do desenvolvimento, pois, segundo ele, as

---

[628] SILVEIRA, 2010, p. 244.

[629] Disponível em:<http://europa.eu/documents/comm/green_papers/pdf/com1999-396_pt.pdf>. Acesso em: 23 maio 2012, p. 21.

[630] GHESTIN, op. cit., p. 1210.

[631] Ibid., p. 1210.

[632] Ibid., p. 1211.

vítimas isoladas seriam sacrificadas, e as vítimas numerosas praticamente seriam indenizadas pelo Estado.[633]

Essa ponderação pode ser transposta para o Brasil, com a finalidade de servir de reflexão no que concerne às vítimas dos danos decorrentes das anomalias derivadas da talidomida, que são beneficiárias de uma pensão especial (Lei n° 7.070 de dezembro de 1982), tendo o Estado, em certa medida, chamado para si o encargo de indenizar as vítimas. Essa lei foi alterada em 2010 e passou a admitir que a pensão fosse cumulada com eventual indenização por danos morais a ser suportada pela União.

Além dessa crítica, M. Fauchon demonstra a sua preferência pelo sistema do seguro, que poderia permitir que se fizesse pesar sobre os produtores os riscos do desenvolvimento, preservando as consequências dos vícios que não podem ser detectados.[634]

O sistema francês é muito criticado em decorrência da comparação que é feita na própria França sobre a opção adotada pela Alemanha. A jurisprudência alemã consagrava a exclusão da responsabilidade pelos riscos do desenvolvimento, mas a lei que transpôs a Diretiva passou a considerá-la viável no que se refere a medicamentos. No Direito francês, a jurisprudência não tomava os riscos do desenvolvimento como causa de exclusão da responsabilidade, e a lei francesa, de maneira muito tímida, somente reconheceu a responsabilidade pelos riscos do desenvolvimento nos elementos do corpo humano ou por produtos dele provenientes como os hemoderivados.[635]

O que se testemunha no Direito francês é que a matéria está em constante evolução. Uma série de decisões acerca da responsabilidade do fabricante e principalmente dos danos causados por medicamentos começou a afastar a exoneração da responsabilidade.[636]

Embora a regulamentação da matéria tenha sido no sentido de excluir a responsabilidade pelos riscos do desenvolvimento, a jurisprudência francesa recusa essa exclusão, quando ocorrer um sinistro resultando várias vítimas corporais graves, e essa concepção decorre na França do destaque que é dado à emergência forte do direito da responsabilidade ambiental, que expande aos danos corporais o modelo

---

[633] GHESTIN, op. cit., p. 1211.

[634] SILVEIRA, 2010, p. 246.

[635] MIRAGEM, 2008, p. 290.

[636] THOUROT, 2010.

de reparação dos danos aplicável ao meio ambiente pelo princípio da precaução.[637]

O dano passa a ser indenizável em decorrência do "uso de um produto (químico, farmacêutico ou alimentar) e a frequência anormal (ou superior à média) de uma doença".

A questão do estado dos conhecimentos tem cumprido um papel de efeito secundário, retomando-se na França o debate a respeito da supressão da exoneração da responsabilidade pelos riscos do desenvolvimento, matéria que se faz presente na atualidade, principalmente a partir da polêmica envolvendo o medicamento Mediator.[638]

Portanto, a doutrina constata que os fornecedores não podem ser considerados imunes à responsabilidade pelos riscos do desenvolvimento, tendo em vista o posicionamento jurisprudencial.

Essa posição francesa alerta para um fato importante: o que hoje é autorizado pelos poderes públicos poderá gerar, no futuro, a responsabilidade civil. O que é lícito hoje pode não ser mais no futuro, caindo por terra o argumento utilizado pelos fabricantes,[639] que alicerçam a exclusão da responsabilidade civil na obtenção de autorização administrativa para exploração da atividade.[640]

Em regra, nos ordenamentos nos quais se faz referência legislativa expressa sobre a matéria, a opção predominante é pela exclusão da responsabilidade,[641] mas como se viu acima, ainda que não representem posicionamento majoritário, alguns ordenamentos apresentam a preocupação com a responsabilização pelos riscos do desenvolvimento, seja no sentido de prever essa espécie de responsabilidade de forma específica ou então a definindo de forma genérica.

---

[637] Medicamento utilizado para diabetes e para emagrecer que foi retirado do mercado na França em 2009. O medicamento tem sido apontado pela imprensa como responsável pela morte de 500 pessoas, sendo que mais de 3.500 tiveram que ser internadas com reações adversas ao medicamento. Informação disponível no *site* <http://www.portugues.rfi.fr/geral/20101116-mediator-um-remedio-para-emagrecer-retirado-do-mercado-em-2009-causou-morte-de-500-pe>. Acesso em: 20 nov. 2012.

[638] Essa foi uma estratégia utilizada pelo fabricante da Talidomida ao tentar afastar no Brasil tentou afastar a responsabilidade civil através da alegação que o medicamento tinha recebido autorização de distribuição pelos órgãos governamentais e que o próprio Estado tinha reconhecido a sua responsabilidade ao ponto de criar uma pensão especial para as vítimas da Talidomida (Lei nº 7.070 de 20 de dezembro de 1982).

[639] THOUROT, 2010.

[640] CALIXTO, 2005, p. 84.

[641] SANSEVERINO, 2010, p. 347.

5.1.3. Os riscos do desenvolvimento como fator de responsabilização civil no Código de Defesa do Consumidor e no Código Civil de 2002

Diferentemente do que ocorre nos ordenamentos dos países vistos acima, no Direito brasileiro não há referência expressa a respeito dos riscos do desenvolvimento, seja no sentido de admitir ou de excluir tal responsabilidade. Esse fato faz com que exista a possibilidade de ponderar a respeito da responsabilidade pelos riscos do desenvolvimento. O silêncio do legislador brasileiro não precisa ser interpretado como exclusão dessa responsabilidade.

Essa é também a posição de Sanseverino ao defender que é inaplicável a exoneração da responsabilidade civil pelos riscos do desenvolvimento e que se a opção do Brasil for, no futuro, estabelecer a exclusão, deverá fazê-lo nos mesmos moldes do que ocorreu na Espanha, onde foi ressalvada a exclusão nos casos de produtos alimentícios e de medicamentos.[642]

A doutrina favorável à imputação da responsabilidade do fornecedor pelos riscos do desenvolvimento a fundamenta na existência de um produto que é defeituoso, o defeito considerado existente, mas indetectável no estado da ciência e da técnica em momento anterior à distribuição do produto.[643]

Para essa teoria estariam presentes todos os requisitos da responsabilidade civil do fornecedor pelo fato do produto exigidos pelo Código de Defesa do Consumidor: defeito, dano e nexo causal. O produto seria considerado defeituoso desde sua entrada no mercado, mas o estado dos conhecimentos científicos técnicos vigente não possibilitaria a descoberta do defeito (seria semelhante ao defeito de concepção).[644]

Essa orientação permitiria a incidência de responsabilidade civil pelos riscos do desenvolvimento com fundamento no próprio Código de Defesa do Consumidor.

Contudo, essa posição não é unânime, sendo necessário referir a posição de importantes doutrinadores brasileiros que defendem a exclusão da responsabilidade do fornecedor pelos riscos do desenvolvimento.

O primeiro argumento apresentado consiste na falta um dos requisitos da responsabilidade – o defeito. A posição favorável à exclusão afirma que não havia defeito no caso de riscos do desenvolvimento, porque ele não pressupõe e não se identifica com o defeito de origem,

---

[642] CALIXTO, 2005, p. 85.

[643] Ibid., p. 87.

[644] STOCO, 2007, p. 50.

já que somente se revela quando há, na origem, imperfeição ou deficiência que poderia ser identificada pelo estágio de desenvolvimento técnico e científico naquele momento de criação e fabricação.[645]

Além desse, também é referido o argumento que os riscos do desenvolvimento não encontrariam previsão na legislação, e a Constituição Federal teria previsto em seu art. 5°, XXXII, que o Estado promoverá na forma da lei a proteção do consumidor e que se a lei não dispôs sobre os riscos do desenvolvimento é porque, em tese, teria objetivado afastar essa espécie de responsabilidade.

Também, há a referência que os riscos do desenvolvimento não estariam relacionados com a disposição do art. 12, § 2°, do Código de Defesa do Consumidor. A ausência de previsão dos riscos do desenvolvimento na legislação brasileira teria sido voluntária e intencional, e isso seria verificável pelo fato de o art. 10 do Código de Defesa do Consumidor prever no § 1° a necessidade de o fornecedor retirar o produto do mercado quando ficasse sabendo de sua nocividade. Assim, o legislador teria reconhecido a possibilidade de o produto vir a apresentar perigo ao consumidor (após, desenvolvido e introduzido no mercado de consumo), mas, não obstante a isso, *"preferiu não criar a responsabilidade do fornecedor, mas somente impor o dever de comunicar* às autoridades de consumidores através de anúncios" (grifou-se).[646] [647]

Embora se verifique um esforço da doutrina no sentido de defender a exclusão da responsabilidade civil pelos riscos do desenvolvimento, a afirmação da responsabilidade do fornecedor pelos riscos do desenvolvimento no Direito brasileiro é viável com fundamento no Código de Defesa do Consumidor, e, mais precisamente, no Código Civil brasileiro de 2002, como se verá a seguir.

5.1.3.1. O sistema de proteção do consumidor no Código de Defesa do Consumidor em relação a produtos defeituosos – objetivação da responsabilidade civil

O Código de Defesa do Consumidor representou um grande avanço na responsabilidade civil, porque passou a considerar o fornecedor

---

[645] STOCO, 2007, p. 49.

[646] Essa posição não deve ser adotada porque retira todo o compromisso do fornecedor com possíveis danos que possam ser causados. Além disso, é preciso perceber que o fato de retirar o produto do mercado é somente mais uma obrigação que se cria ao fornecedor quando coloca no mercado um produto que causa danos, além disso, ele tem que indenizar pelos danos que causar, não se eximindo da responsabilidade pelo simples fato de retirar de circulação o produto que causou danos.

[647] STOCO, op. cit., p. 47.

como garantidor dos produtos e serviços que oferece no mercado de consumo respondendo pela sua qualidade e segurança.[648]

O Código de Defesa do Consumidor estabelece no art. 12 que a responsabilidade do fabricante, independe de culpa, é objetiva. A responsabilidade objetiva do fabricante é o sistema de reparação mais adequado aos dias atuais, porque oferece maior garantia de proteção às vítimas. Os custos do ressarcimento devem recair sobre o fabricante, porquanto ele é que cria o risco e está em melhor posição para controlar a qualidade e a segurança dos produtos. Também é o fabricante que tem melhores condições de suportar os riscos do produto mediante seguro da responsabilidade, cujo preço se incorpora ao preço de venda, distribuindo o custo entre os próprios consumidores.[649]

No entanto, é importante salientar que o art. 12 do Código de Defesa do Consumidor dispõe que a responsabilidade é independente de culpa, mas não se trata de responsabilidade objetiva pura, porque o seu fundamento não é o risco em si, se assim fosse, bastaria a colocação do produto em circulação para ensejar a responsabilidade do fabricante.

Mas, o sistema adotado no Código de Defesa do Consumidor não é assim, ele dispõe que o fabricante não será responsabilizado se, mesmo colocando o produto no mercado, provar que não existe defeito. Tanto a Diretiva quanto o Código de Defesa do Consumidor têm o defeito como presumido, admitindo prova em contrário.[650]

Nisso o sistema do Código de Defesa do Consumidor difere do sistema de responsabilidade que se estabelece no art. 931 do Código Civil, pois não faz referência à existência de defeito, centrando a imputação da responsabilidade na circulação do produto, como já foi explorado.

A adoção de responsabilidade objetiva do fabricante faz com que seja irrelevante questionar se foi cumprido ou não o requisito de produtor ideal; a questão central para definir a responsabilidade pelos riscos do desenvolvimento é a demonstração do caráter defeituoso do produto.[651]

O dano, ainda que verificado posteriormente, representará a violação de uma expectativa de segurança que existia desde o momento

---

[648] PASQUALOTTO, Risco no Desenv., p. 10.

[649] Ibid., p. 13.

[650] Nesse sentido é importante tecer uma crítica à noção de Calvão para quem a responsabilidade civil do produtor se impõe tendo em vista o critério de produtor ideal, até porque a definição de produtor ideal seria mais adequada a um sistema de responsabilidade subjetiva e não objetiva que se funda na noção de existência de produto defeituoso que produz danos.

[651] CALIXTO, 2005, p. 91.

da introdução do produto no mercado de consumo (art. 12, § 1º, III, Código de Defesa do Consumidor). Ao adquirir produtos, os consumidores têm a legítima expectativa de que os mesmos, se utilizados corretamente, não lhes acarretarão danos. Se os riscos são desconhecidos pela ciência, com maior razão, são desconhecidos pelo consumidor, mas a proteção de sua pessoa, de sua integridade deve prevalecer sobre a proteção econômica dispensada aos fornecedores.[652]

O art. 12, § 3º, do Código de Defesa do Consumidor trata das excludentes da responsabilidade civil no caso de produto defeituoso, e parte da doutrina passou a entender que nessa exclusão se incluiriam os riscos do desenvolvimento.[653]

O art. 12 do Código de Defesa do Consumidor foi inspirado na Diretiva Europeia 85/374/CEE que exige expressamente a existência de defeito de um produto para que seja imposta a responsabilidade civil do fornecedor.[654] Além disso, a Diretiva afirma, de forma expressa, a exclusão da responsabilidade do fornecedor na hipótese de riscos no desenvolvimento (art. 7º, e).

Poder-se-ia pensar que, como o Código de Defesa do Consumidor brasileiro se inspirou na Diretiva para estabelecer a noção de defeito, teria adotado a mesma orientação no que diz respeito à regra da exclusão da responsabilidade pelos riscos do desenvolvimento no Direito brasileiro.

Todavia, essa interpretação não prospera pela própria opção feita pelo legislador consumerista, que ao redigir o Código de Defesa do Consumidor deixou de fazer referência expressa aos riscos do desenvolvimento. Ou seja, assim como não há previsão expressa de seu acolhimento, também não se pode concluir a respeito de sua exclusão, como aconteceu na Diretiva 85/374.

A proteção do consumidor dada pelo Código de Defesa do Consumidor é mais adequada que a Diretiva 85/374, porque no Código de Defesa do Consumidor o fabricante somente se exime da responsabilidade quando provar que inexiste defeito no produto que colocou no mercado (art. 12, § 3º, II, Código de Defesa do Consumidor). O Código de Defesa do Consumidor vedou a colocação no mercado de produtos que o fabricante "sabe ou deveria saber" que poderiam apresentar alto grau de periculosidade (art. 10, Código de Defesa do Consumidor).[655]

---

[652] Conforme CALIXTO, 2005, p 75.

[653] Ibid., p. 67.

[654] PASQUALOTTO, *Risco no desenv.*, p. 15.

[655] Ibid., p. 19.

A expressão "sabe ou deveria saber" impõe ao fornecedor um dever de diligência qualificado; não basta limitar-se ao conhecimento adquirido, a lei exige do fornecedor a busca permanente de conhecimentos novos acerca da garantia de segurança do seu produto. Remete-se o fabricante à atualidade do estado de conhecimento da ciência. Assim, o fabricante deverá usar o mais avançado estado da ciência e da técnica, mesmo que não praticado pelo produtor normal.[656]

E, mesmo que o fornecedor adote esse comportamento, não se exime da responsabilidade pelos riscos do desenvolvimento, porque pela lógica do Código de Defesa do Consumidor, eles não podem ser suportados pela vítima, já que não foi ela quem criou a situação de risco e também não é a vítima quem lucra com essa mesma atividade, valendo neste aspecto as noções a respeito da teoria do risco proveito.[657]

O fato de o Código de Defesa do Consumidor não ter incluído de forma expressa os riscos do desenvolvimento não impede o reconhecimento da responsabilização do fornecedor pelos danos que deles decorrerem, pois os riscos do desenvolvimento também podem ser invocados suplementarmente pelos incisos I e VI do art. 6º do Código de Defesa do Consumidor que estabelecem entre os direitos básicos do consumidor a proteção da vida, saúde e segurança contra produtos perigosos e nocivos, bem como a efetiva prevenção e reparação de todos os danos.[658] Além disso, pode ser citada a solidariedade social como marca da sociedade contemporânea.[659]

Por fim, vale acrescentar o argumento que a responsabilidade pelos riscos do desenvolvimento não se exclui, porque seria contrária à legítima expectativa do consumidor quanto à segurança do produto, e o Código de Defesa do Consumidor não prevê os riscos do desenvolvimento como causa apta a eximir a responsabilidade.[660]

Para sepultar qualquer dúvida a respeito da incidência da responsabilidade pelos riscos do desenvolvimento, Adalberto Pasquallotto

---

[656] Nesse sentido, importante lembrar o alerta feito pelo Livro Verde: se é considerado duro fazer com que o fornecedor arque com os riscos do desenvolvimento, mais duro ainda é lançar o prejuízo resultante desse dano nas costas da vítima.

[657] PASQUALOTTO, *Risco no desenv.*, p. 23.

[658] A esse respeito importante consultar: GOMES, José Jairo. Responsabilidade Civil na Pós-Modernidade: Influência da Solidariedade e da Cooperação. *Revista de Direito Privado*. São Paulo, v. 23, jul. 2005.

[659] AFONSO, Humberto Manoel Alves. A responsabilidade empresarial no Código Civil. O art. 931, seu conteúdo e alcance. *Revista Jurídica*, Rio de Janeiro, n. 321, p. 73-82, jul. 2004, p. 73.

[660] PASQUALOTTO, 2011. O autor alerta que a responsabilidade pelos riscos do desenvolvimento não seria absoluta, sendo necessário estabelecer um prazo limitado de responsabilidade integral e também limites ao valor da indenização, com o objetivo de preservar a sua continuidade a atividade do fornecedor.

propõe uma alteração legislativa no art. 12 do Código de Defesa do Consumidor, para acrescentar um parágrafo 4°, com o objetivo de disciplinar a responsabilidade do fornecedor pelos riscos do desenvolvimento.[661] Segundo o autor, a inclusão da responsabilidade pelos riscos do desenvolvimento atualizaria o Código de Defesa do Consumidor nos moldes da disposição do art. 931 do Código Civil brasileiro, que nas palavras do próprio autor, seria uma norma mais avançada que o próprio Código de Defesa do Consumidor, por não exigir o defeito para a imputação da responsabilidade civil, estando a responsabilidade vinculada apenas à circulação de produtos.

5.3.1.2. A viabilidade da responsabilidade civil pelos riscos do desenvolvimento no Código Civil brasileiro

O grande questionamento a ser formulado no que tange à matéria relativa aos riscos do desenvolvimento diz respeito à delimitação dos responsáveis: considerar o fornecedor responsável pelos riscos de desenvolvimento não tornará insuportável a atividade para o setor produtivo da sociedade? Fazer com que a vítima suporte as consequências do dano decorrente dos riscos do desenvolvimento não contraria os princípios da responsabilidade objetiva, que tem por fundamento a socialização dos riscos?[662]

Embora o Código de Defesa do Consumidor não tenha referido, de forma expressa, nos arts. 12 e 14 do Código de Defesa do Consumidor é possível considerar os riscos do desenvolvimento como modalidade de defeito do produto ou serviço. Sanseverino adverte que a isenção da responsabilidade civil do fornecedor pelos riscos no desenvolvimento somente seria possível se o legislador a incluísse de forma expressa no rol das excludentes, como ocorreu no Direito Comunitário Europeu. Não havendo indicação expressa da forma de exclusão, caberia então a imputação da responsabilidade.[663]

Entretanto, como parte da doutrina brasileira defendia a exclusão da responsabilidade pelos riscos do desenvolvimento com base em uma interpretação dada ao Código de Defesa do Consumidor,[664] o art. 931 passa a ser o fundamento para justificar essa modalidade de responsabilidade.

---

[661] A solução pode estar na está na fixação de preços e seguros que possam responder a esse problema. DIREITO; CAVALIERI FILHO, 2007, p. 221.

[662] SANSEVERINO, 2010, p. 335.

[663] Sobretudo STOCO, 2007.

[664] CAVALIERI FILHO, Sergio. *Programa de responsabilidade civil*. São Paulo: Atlas, 2012, p. 536.

Cavalieri defende que os riscos do desenvolvimento devem ser entendidos como fortuito interno,[665] risco da atividade do fornecedor, assim com estabelece o Enunciado 43 do Superior Tribunal de Justiça: "A responsabilidade civil pelo fato do produto, prevista no art. 931 do Código Civil, também inclui os riscos do desenvolvimento".

A admissão da responsabilidade pelos riscos do desenvolvimento faz afastar a defesa de responsabilidade solidária do comerciante pelo fato do produto, porque admiti-la, de certo modo, inviabilizaria a tese da responsabilidade pelos riscos do desenvolvimento.

A responsabilidade pelos riscos do desenvolvimento é matéria discutível ainda na atualidade, em virtude da possibilidade de responsabilização do fabricante pelo defeito indetectável na época em que o produto foi colocado em circulação.

Defender a responsabilidade solidária do comerciante depõe contra a defesa da responsabilidade pelos riscos do desenvolvimento, porque, se o comerciante não tem como controlar a qualidade e segurança de produtos que recebe lacrados, se é demais considerá-lo responsável por produtos lacrados, fazê-lo responder por produtos sobre os quais o próprio fabricante não tem como detectar o defeito é inviável, e compromete a tese da responsabilidade pelos riscos do desenvolvimento que é útil na atualidade, como será visto mais adiante neste texto.

5.2. A ausência de responsabilidade solidária do comerciante ou revendedor com o fabricante do produto

O art. 931 do Código Civil brasileiro estabelece a cláusula geral da responsabilidade civil dos empresários pelos danos decorrentes dos produtos postos em circulação. Por ser uma cláusula geral, o dispositivo não define, de forma expressa, se o termo empresário inclui somente a figura do fabricante ou se poderia ser também estendido ao comerciante. Esse fato conduz ao questionamento sobre a possibilidade de se considerar solidária a responsabilidade do comerciante com o fabricante, pelos danos decorrentes do fato do produto.

Para tratar do assunto, é necessário apresentar uma proposição interpretativa do dispositivo, extraindo dele uma regra, sem, contudo, ignorarem-se as situações nas quais se pode estabelecer exceções a essa regra, conforme se verá a seguir.

---

[665] MIRAGEM, 2008, p. 296-297.

5.2.1. A contribuição do Direito Comparado para a interpretação do art. 931 do Código Civil brasileiro no que concerne à definição dos legitimados passivos da responsabilidade pelo fato do produto

O questionamento a respeito dos legitimados passivos pelos danos decorrentes da responsabilidade pelo fato do produto pode contribuir para a formação de um sentimento de rejeição ao art. 931.

Essa rejeição pode ser atribuída à dificuldade de interpretar o dispositivo, o que conduziria a uma conclusão equivocada de se estender em demasia o rol de legitimados passivos para essa modalidade de responsabilidade, tendo em vista a abertura de sua redação.

A matéria ainda não está pacificada no Direito brasileiro, e é objeto de discussão na atualidade, havendo posição doutrinária sustentando a responsabilidade objetiva imputada a quem coloca o produto no mercado e isso incluiria o comerciante. Essa interpretação é alicerçada no argumento que o art. 931 do Código Civil brasileiro não faz distinção entre os vários agentes da cadeia de fornecimento (sem fazer referência expressa à função exercida pelo fornecedor, seja na posição de comerciante ou fabricante) acarretando, assim, a responsabilidade direta e objetiva do comerciante pelos produtos postos em circulação.[666] [667]

Essa orientação deve ser avaliada com cautela pela repercussão que isso poderia gerar no cenário da responsabilidade civil, pois tratar o comerciante como responsável solidário[668] pode tornar inviável a sua atividade.

Nesse sentido, é necessário determinar quem são os legitimados passivos da responsabilidade civil disciplinada no art. 931 do Código Civil brasileiro, para afastar qualquer equívoco interpretativo que poderia acarretar a rejeição do dispositivo como já foi mencionado.

---

[666] Posição semelhante é defendida por José Jairo Gomes ao afirmar que o art. 931 do Código Civil não exclui o comerciante da responsabilidade pelos produtos postos em circulação. GOMES CANOTILHO, J. J., 2005.

[667] Posição também defendida por SILVA, Jorge Alberto Quadros de Carvalho. Responsabilidade objetiva: o Código Civil de 2002 e o Código de Defesa do Consumidor. *Revista de Direito do Consumidor*, São Paulo, v. 53, jan. 2005. Segundo o autor o comerciante passa a ser responsabilizado não apenas subsidiariamente como determina o art. 13 do Código de Defesa do Consumidor, mas também solidariamente, porque sua atividade pode ser interpretada como criadora de risco como determina o art. 927 do Código Civil em virtude do fato de colocar um produto em circulação como determina o art. 931 do Código Civil.

[668] É importante referir que o DPR 224/1988 era mais avançado que a Diretiva 85/374 da CEE porque inseria na definição de produtor a transformação e tratamento dos produtos agrícolas do solo e dos produtos da caça e da pesca. Essa diferença de tratamento deixou de existir a partir do momento que a Diretiva 1999/34 passou a entrar em vigor e incluir na categoria de produto os produtos agrícolas do solo e da caça e pesca.

Essa tarefa pode ser alcançada através do estudo comparativo das soluções utilizadas pela doutrina estrangeira, para situações semelhantes às do art. 931 do Código Civil brasileiro, nas quais a legislação, por ser aberta e composta de cláusulas gerais, também deixou lacunas que precisaram ser preenchidas por um esforço hermenêutico, que pode ser seguido na interpretação da disposição brasileira. Esse estudo comparado será realizado considerando os Direitos italiano, francês e português.

O Direito italiano enfrentou situação semelhante à do Direito brasileiro, na determinação dos legitimados passivos pela responsabilidade civil pelo produto defeituoso, tendo em vista as lacunas deixadas na legislação para a definição de produtor.

O Código de Consumo italiano (Dec. Legislativo 206/2005) apresenta lacunas ao tentar definir a figura do produtor, que é o sujeito passivo da responsabilidade por danos por produto defeituoso.[669] O Código de Consumo previa no art. 3º, §§ 3º e 4º, a definição de produtor como aquele que se apresenta como tal colocando o seu nome, marca ou outro sinal distintivo sobre o produto ou sua confecção, e também aquele que importa um produto para a Comunidade Europeia.[670]

O Código de Consumo tratou da segurança dos produtos (tema objeto da Diretiva 2001/95) e da responsabilidade por dano por produtos defeituosos em títulos distintos (Título I, parte IV, e Título II, respectivamente). O Título I, destinado à segurança dos produtos, trazia no art. 103, § 1º, d, uma definição de produtor.[671] O Título II não apresentava uma definição de produtor, somente definia produto e isso era considerado uma lacuna pelos comentaristas do Código, que remetiam ao art. 3º, § 1º, d, do Código de Consumo, como uma norma definidora de caráter geral.[672]

A lacuna poderia ser resolvida através da definição de produto: uma vez descrito o produto, poderia definir-se o produtor como o fabricante do produto. Todavia, Carnevali adverte que a definição de

---

[669] CARNEVALI, Ugo. "Produttore"e responsabilità per danno da prodotto difettoso nel codice del consumo. in*Responsabilità Civile e Previdenza,*v.74, n. 10, p. 1938-1945, ott.2009,p. 1939.

[670] "produttore: il fabbricante del prodotto stabilito nella Comunita' e qualsiasi altra persona che si presenti come fabbricante apponendo sul prodotto il proprio nome, il proprio marchio o un altro segno distintivo, o colui che rimette a nuovo il prodotto; il rappresentante del fabbricante se quest'ultimo non e' stabilito nella Comunita' o, qualora non vi sia un rappresentante stabilito nella Comunita', l'importatore del prodotto; gli altri operatori professionali della catena di commercializzazione nella misura in cui la loro attivita' possa incidere sulle caratteristiche di sicurezza dei prodotti;" Disponível em: <http://www.codicedelconsumo.it/index.php?option=com_content&view=Article&id=53&Itemid=57>. Acesso em: 03 set. 2012.

[671] CARNEVALI, 2009, p. 1939.

[672] Ibid., p. 1942.

produtor dada pelo art. 3º, § 1º, d, do Código de Consumo compreende a figura dos intermediários do fabricante, e essa redação conduziria ao seguinte questionamento: "produtor poderia ser o merceeiro?".[673]

O autor enfrenta esse questionamento com a afirmação que esses intermediários não estariam sujeitos ao art. 114 do Código de Consumo, que prevê a responsabilidade do produtor pelos danos decorrentes do produto defeituoso (essa orientação também foi seguida pelo Tribunal de Roma, em decisão proferida em 20 de abril de 2002, ao dispor que não incorre na presunção de responsabilidade do art. 1º, § 4º, do DPR n. 224, quem não for produtor [fabricante] de medicamento, mas simples distribuidor do mesmo).[674] Essa conclusão é alcançada através da ponderação que "os intermediários mesmo quando desenvolvem uma atividade que pode incidir sobre as características de segurança do produto, oferecem um serviço, mas não produzem nada", e desse modo sua eventual responsabilidade deve ser regulada pelas normas comuns.[675]

Essa conclusão passa pela constatação que o legislador do Código de Consumo quis dar uma definição abrangente de produtor no art. 3º, § 1º, *d*, visando aos fins do Título I da Parte IV (que trata da segurança dos produtos), prevendo que os intermediários também podem influenciar as características de segurança do produto pelo exercício de suas ações, mas essa noção abrangente de produtor não se confunde com a norma que tratava da responsabilidade pelo dano do produto defeituoso.[676]

Dessa forma, para evitar qualquer confusão na definição do responsável pelos danos do produto defeituoso, o autor propõe uma interpretação legislativa com a finalidade de suprir a lacuna deixada na legislação para a definição de produtor. Essa lacuna poderia ser resolvida pelo art. 3º, § 1º, *d*; considerando dois aspectos: um de caráter objetivo e o outro subjetivo.

Pelo caráter subjetivo, produtor é o fabricante do bem, o seu importador para a União Europeia ou qualquer pessoa física ou jurídica

---

[673] ALPA, 2005, p. 979.

[674] CARNEVALI, op. cit., p. 1942.

[675] Ibid., p. 1942.

[676] Assim a responsabilidade do produtor seria estendida àqueles que colocam o seu nome ou marca no produto. Essa não seria uma responsabilidade pelo fato de outrem, mas se assemelharia a uma espécie de responsabilidade derivada das obrigações decorrentes do controle e da segurança dos produtos por parte de quem fornece a marca, seria similar à responsabilidade do produtor final de um bem realizado, típica da responsabilidade imposta ao produtor final de um bem elaborado com a utilização de partes componentes. (PROSPERI, Francesco. La responsabilità del produtore. *Revista Trimestral de Direito Civil*, São Paulo, v. 7, n. 25, jan./mar. 2006, p.153- 154.)

que se apresente como produtor, pondo o seu nome, marca ou sinal distintivo sobre o produto (como dispunha o art. 3º, §§ 3º e 4º, do DPR 224/88).[677] O caráter objetivo define produto como o bem final destinado ao consumidor ou por ele utilizado em condições razoavelmente previsíveis e quanto aos componentes ou a matéria-prima defeituosa.[678]

Contudo, o Código de Consumo sofreu uma reforma em 2007, que modificou o art. 115 (que tratava da responsabilidade pelo defeito do produto) e introduziu no § 2º, bis, a definição de produtor.[679] A alteração do Código de Consumo é muito criticada por Carnevali, porque, segundo ele, é uma definição restrita do conceito de produto. O art. 115, § 2º, bis, não poderia ser considerado como definição exaustiva de produtor, já que não incluiria aquele que se apresenta como produtor, nem aquele que importa os produtos para a CEE. Por isso, a norma do art. 115, § 2º, bis, seria considerada inidônea para determinar a responsabilidade por danos decorrentes de produtos defeituosos.[680]

O autor ainda pondera que a noção de produtor não inclui as figuras do prestador de serviços e a do intermediário do fabricante, porque, ainda que estejam mencionadas pelo art. 3º, § 1º, d, do Código de Consumo, essas figuras não estão contempladas pelas Diretivas Comunitárias que tratam da responsabilidade civil por produtos defeituosos (85/374, 1999/34) e também não estão no art. 3º do DPR 224/1988. Nesse sentido, o autor defende que a interpretação do Código de Consumo não pode ser literal, deve acompanhar a noção de sistema de responsabilidade civil estabelecida pelas diretivas.[681]

De certa forma, essa orientação segue a opção que a jurisprudência italiana havia adotado a respeito do reconhecimento da responsabilidade objetiva do comerciante em certos casos de produtos perigosos como é o caso do comerciante de cilindros de gás, em virtude da aplicação da regra geral da responsabilidade objetiva prevista no art. 2050 do Código Civil italiano. Assim, os comerciantes de bens de consumo estariam sujeitos ao cumprimento de obrigações legais, para garantir a

---

[677] CARNEVALI, 2009, p. 1942.

[678] 2-bis. Produttore, ai fini del presente titolo, e' il fabbricante del prodotto finito o di una sua componente, il produttore della materia prima, nonche', per i prodotti agricoli del suolo e per quelli dell'allevamento, della pesca e della caccia, rispettivamente l'agricoltore, l'allevatore, il pescatore ed il cacciatore. Disponível em: <http://www.codicedelconsumo.it/index.php?option=com_con tent&view=Article&id=53&Itemid=57>. Acesso em: 4 set. 2012.

[679] CARNEVALI, op. cit., p. 1944.

[680] Ibid., p. 1945.

[681] PROSPERI, 2006, p. 154

segurança dos consumidores, e a violação das obrigações constituiria um ilícito que faria incidir a responsabilidade civil.[682]

No entanto, é necessário salientar que a responsabilidade do comerciante pelo fato do produto é meramente eventual. Se, de um lado, essa solução pode ser muito atraente e favorável à vítima, por outro, essa escolha poderia representar um preço alto, porque os comerciantes estariam obrigados a se assegurarem contra essa rigorosa responsabilidade civil e isso poderia provocar um reflexo sobre o preço dos produtos.

Por isso, a doutrina considera negativo o sistema de responsabilidade civil no qual o comerciante precisaria assumir o papel de um garantidor solidário dos danos sofridos pelas vítimas em decorrência da circulação de produto defeituoso. Nesse sentido, alerta ainda que esse modelo de responsabilidade dirigido ao comerciante não seria mesmo necessário ou adequado, tendo em vista a evolução da responsabilidade do produto que autorizou a vítima mover a ação diretamente contra o produtor.[683]

Também é importante referir que esse posicionamento doutrinário decorre de um sistema jurídico no qual a responsabilidade se impõe em virtude de um produto defeituoso (cabendo à vítima a prova do defeito).

Comparando-se esse sistema com o art. 931 do Código Civil brasileiro, é possível concluir pela inviabilidade da responsabilidade solidária do comerciante com o fabricante, porque, além da solidariedade representar um grande ônus ao comerciante, essa solução seria também inviável em virtude do próprio sistema de responsabilidade do Direito brasileiro, que não se impõe em virtude de um defeito do produto, e sim em decorrência da circulação do produto inserido no mercado pelo fabricante, e sobre o qual o comerciante não tem condições de controlar a sua qualidade.

Essas lições que são apresentadas pela doutrina italiana servem de suporte para a interpretação do art. 931, no sentido de corroborar a defesa levantada neste livro que o fabricante é legitimado para suportar a responsabilidade indicada no dispositivo legal, e não o comerciante.

A responsabilidade pelo fato do produto, prevista no art. 931, é dirigida ao fabricante do produto e somente excepcionalmente será dirigida ao comerciante, quando não for possível identificar quem é o

---

[682] BITETTO, Anna Lisa. La responsabililità del produttore: da mera comparsa a protagonista. *Rivista Critica del Diritto Privato*,26, mar. 2008, p.153.

[683] VINEY, Geneviève; JOURDAIN, Patrice. Les conditions de la responsabilité. In: *Traité de droit civile*. 3. ed. Paris: LGDJ, 2006, p. 889.

fabricante, importador ou distribuidor do produto, nos mesmos moldes que se vislumbra no regime de responsabilidade civil consagrado pelo Código de Defesa do Consumidor.

Como se vê, a posição defendida neste livro é a mesma que foi adotada na Itália.

Além da utilização da solução do Direito italiano, pode ser mencionada também a posição de outros países que fazem parte da União Europeia e que seguiram a orientação dada pela Diretiva 85/374 destinada a regular a responsabilidade pelos danos decorrentes dos produtos defeituosos.

Para ilustrar esse fato, pode ser citado o Direito francês, no qual há uma preocupação com a determinação dos responsáveis pelo fato do produto. Essa responsabilidade recai sobre os produtores, como determina o art. 1.386-1 do Código Civil francês (alterado pela Lei 98-389, de 19 de maio de 1998).

Os produtores são designados pelo art. 1.386-6 do Código Civil francês, que os reconhece quando agem a título profissional, o fabricante de um produto final, o produtor de uma matéria-prima e o fabricante de uma parte componente.[684]

A norma francesa também adiciona ao produtor todas as pessoas que agem a título profissional.[685] Nesse contexto, inclui-se aquele que, embora não sendo o produtor, se apresenta como tal, colocando seu nome, sua marca ou outro sinal distintivo no produto[686] e também aquele que importa um produto para a Comunidade Europeia por via de venda, locação ou qualquer outra forma de distribuição.[687]

Assim, somente de maneira subsidiária essa responsabilidade se estende a outros profissionais, porque a responsabilidade pelo fato do produto se destina ao produtor. E é importante lembrar que, na União Europeia, produtor é, em primeiro lugar, o fabricante. Há em verdade somente uma extensão da responsabilidade para aqueles que agem a título profissional, conforme mencionado acima e de acordo com o art. 1386, al. 2, 1°, do Código Civil francês.[688]

---

[684] É importante mencionar que a lei francesa excepciona no conceito de produtor os construtores, e o vendedor de imóvel construído, tendo em conta que tem a sua responsabilidade prevista de forma específica no Código Civil Francês. MALINVAUD; FENOUILLET, 2012, p. 535.

[685] Como exemplo, pode ser citado o caso do hotel que imprime a sua marca no sabonete e produtos de higiene que distribui aos seus hóspedes.

[686] MALINVAUD; FENOUILLET, op. cit., p. 534.

[687] VINEY, 2006, p. 891.

[688] Ibid., p. 889.

A formulação utilizada pelo dispositivo inclui no conceito de produtor não somente o fabricante de um produto industrial, mas também os profissionais que extraem do solo matérias-primas, como os agricultores, as empresas da pesca e aquelas que produzem energia (gás, eletricidade).[689]

Também são considerados produtores os organismos que arrecadam elementos ou produtos do corpo humano, que serão colocados à disposição de eventuais utilizadores (nos centros de transfusão de sangue, de bancos de esperma, ou para transplante de órgãos, etc.).[690]

Assim, no Direito francês, a responsabilidade pelo dano decorrente do defeito do produto (responsabilidade pelo fato do produto) é dirigida ao fabricante do produto industrializado, ao fabricante da parte componente, ou então, daquele que fornece a matéria-prima. A responsabilidade pelos danos causados por produtos defeituosos não se dirige ao comerciante.

É importante mencionar que a definição dos legitimados pela responsabilidade pelos produtos defeituosos passou, na França, por uma evolução que merece ser lembrada.

Inicialmente a responsabilidade era dirigida também ao fornecedor (considerado na França como o vendedor ou o locador).[691] Essa extensão foi objeto de condenação pela Corte de Justiça das Comunidades Europeias, em 25 de abril de 2002, e o art. 1.386-7, foi modificado por uma Lei de 09 de dezembro de 2004, que limitou a responsabilidade do fornecedor somente aos casos em que o produtor não era conhecido.

Posteriormente, essa norma foi novamente modificada, em 05 de abril de 2006, por uma lei cujo objeto foi determinar que o profissional fornecedor de um produto (entenda-se o vendedor ou locador), somente pode ser demandado com base na responsabilidade dos fornecedores se não indicar quem é o fabricante ou distribuidor do produto num prazo de três meses a contar da data da demanda da vítima.[692]

---

[689] VINEY, 2006, p. 890.

[690] Esse fato justificou o reconhecimento da responsabilidade civil no famoso caso julgado em 2000, em Toulouse do açougueiro que vendeu carne de cavalo contaminada por larvas de triquina, como se vê do trecho da decisão transcrito a seguir: "En effet, M.A, qui ne conteste pas avoir vendu le produit à l'origine de la contamination puisqu'il est boucher chevalin, doit donc être considéré comme étant producteur au sens des dispositions des articles 1386-6 et 1386-7 du code civil. Il est donc responsable de plein droit, conformément à l'article 1386-11, si la présomption s'applique, cette responsabilité étant objective s'il ne parvient pas à s'exonérer dans les conditions du texte, qu'il y ait ou non engagement contractuel." A decisão pode ser consultada na integra no site: <http://legimobile.fr/fr/jp/j/ca/31555/2000/2/22/1999_01293/>. Acesso em: 18 fev. 2013.

[691] MALINVAUD; FENOUILLET, 2012, p. 535.

[692] BACACHE-CIBEILI, 2012, p. 774.

Também é necessário referir que, quando a doutrina francesa faz menção à responsabilidade solidária do produtor, ela trata dos casos específicos de pluralidade de responsáveis, no que concerne ao defeito de um produto incorporado ao outro, conforme dispõe o art. 1.386-8, que determina que o produtor da parte componente, e aquele que realizou a incorporação são solidariamente responsáveis.

Pode citar-se como exemplo dessa situação o caso da fabricação do medicamento que depende da intervenção de diferentes fabricantes dos princípios ativos que compõem o medicamento.[693]

A solução adotada no Direito francês, da defesa de responsabilidade subsidiária do comerciante, é a mesma que se propõe neste livro.

Além da contribuição francesa, pode-se referir a solução utilizada pelo Direito português, que adota orientação parecida, mas não idêntica, que muito tem a contribuir para a interpretação da norma brasileira.

João Calvão da Silva esclarece que responsabilidade por danos causados por produtos perigosos e defeituosos é do produtor, que responde de forma objetiva, conforme determina o art. 12, n. 2, da Lei n. 24/96 (Lei de Defesa do Consumidor), e pelo Decreto-Lei n° 383/89 (que transpôs para o Direito Português a Diretiva 85/374).[694]

Já a responsabilidade do distribuidor pelos danos causados por produtos é subjetiva, e ele responde de acordo com a regra da culpa provada ou presumida do art. 483, n. 2, do Código Civil português. Assim, se várias pessoas forem responsáveis pelos danos, a responsabilidade será solidária, mas cada um responderá pelo nexo de imputação que lhe cabe, ou seja: o produtor responde objetivamente, e o distribuidor, em termos subjetivos.

Para o autor, o fato de direcionar a responsabilidade objetiva somente ao produtor se justifica por ser ele o "titular do processo produtivo no qual o produto é idealizado, ou concebido e fabricado". Assim, o fabricante é quem tem condições de controlar o perigo e prevenir os danos potenciais do produto, podendo, por isso, suportar as consequências danosas, através de uma distribuição equitativa do risco para a eventual reparação do dano.

Além disso, o autor refere que a produção é a atividade decisiva na configuração do produto. Os defeitos dos produtos que são colocados em circulação pelo fabricante, geralmente, têm origem no processo produtivo. Esses produtos, geralmente, saem do produtor, em direção

---

[693] SILVA, J. C., 2008, p. 129.

[694] Ibid., p. 187.

ao consumidor, em embalagens lacradas[695] o que dificulta a interferência de terceiros no processo produtivo, seja para controlar, prever ou prevenir, as consequências danosas do defeito do produto.

Já o comerciante ou revendedor intermediário é considerado pelo autor como um agente que não tem condições de influenciar na produção e características dos produtos, não possuiu conhecimento técnico, e, por consequência, não tem condições de melhorar a qualidade e segurança do produto, não tendo como prevenir o defeito. O autor menciona que se testemunha hoje uma espécie de "esvaziamento de sentido das funções do comerciante tradicional" que de "especialista e conselheiro ativo do adquirente, passa a ser mero distribuidor", não exercendo qualquer influência sobre as características do produto. Por essas razões, o autor defende que não haveria como estender ao distribuidor a responsabilidade objetiva, ficando regulada a sua responsabilidade de acordo com o direito comum.[696]

Calvão refere que a responsabilidade pelo fato do produto deve recair sobre o produtor, porque ele exerce uma atividade lucrativa e cria um alto risco de produzir e pôr em circulação produtos defeituosos. A responsabilidade civil se assenta no princípio *ubi commoda ibi incommmoda*,[697] o que justifica a imposição da responsabilidade objetiva, tendo em conta que o risco de dano pode ser disseminado pela sociedade, já que o produtor pode incorporar os prêmios de seguro nos preços dos produtos.[698]

Dessa forma, a objetivação da responsabilidade representa eficiente mecanismo de dissuasão da atitude do fornecedor, que estará mais preocupado com o controle do risco, a ponto de se empenhar para eliminar ou reduzir o risco de produzir produtos defeituosos.

A objetivação da responsabilidade civil também repercute na proteção das expectativas do consumidor e na redução dos custos, considerando-se que a certeza da responsabilidade objetiva acaba por diminuir os litígios judiciais e estimular os acordos extrajudiciais o que diminui o tempo e os custos para que as vítimas alcancem a reparação.[699]

---

[695] SILVA, J. C., 2008, p. 187.

[696] Aquele que lucra ou tira vantagem de uma atividade deve suportar os eventuais prejuízos ou danos decorrentes dela.

[697] SILVA, J. C., op. cit., p. 186.

[698] Ibid., p. 186.

[699] Disponível no site: <http://eur-lex.europa.eu/LexUriServ/LexUriServ.do?uri=OJ:L:2002:011:0004:0017:pt:PDF>. Acesso em: 21 ago. 2012.

É importante mencionar que a Diretiva 2001/95[700] amplia a noção de produtor e responsabiliza o distribuidor, nos casos de produtos anônimos, como já havia sido determinado na Diretiva 85/374, e também aos casos de profissionais que participam da cadeia de comercialização, desde que as suas atividades possam afetar as características de segurança do produto colocado no mercado. Essa Diretiva foi transposta para o Direito português pelo Decreto-Lei n. 69/2005,[701] e tanto a Diretiva como o Decreto abrangem apenas bens destinados a consumidores ou suscetíveis de serem por eles utilizados.

Todavia, é importante referir que esse caso é muito particular. Somente haverá a responsabilidade do profissional que ao participar da cadeia de comercialização do produto interferir na sua segurança, ao ponto de torná-lo defeituoso por esse motivo.

Pode-se usar como exemplo o caso do comerciante que altera a característica original do produto, e com isso, o torne inseguro ou perigoso. Essa situação pode se vislumbrar nos casos de Concessionária de automóveis que alteram a característica original do produto, modificando peças ou instalando aparelhos elétricos ou eletrônicos em desconformidade com o que aconselha o fabricante.

Nesses casos a responsabilidade seria também dirigida à concessionária que modificou o produto. Assim, o comerciante também responderia pelos danos decorrentes do produto, mas porque agiu de maneira a contribuir com a produção do dano.

Contudo, é importante referir que se trataria de uma extensão do rol de legitimados, não podendo se falar em exclusão da responsabilidade do fabricante, já que "o dever jurídico do fabricante é duplo: colocar no mercado produtos sem vícios de qualidade e impedir que aqueles que os comercializam, em seu benefício, maculem sua qualidade original".[702] Assim, pode-se defender a tese de que, nesses casos, o

---

[700] SILVA, J. C., op. cit., p. 192.

[701] CAVALIERI FILHO, 2011, p. 298.

[702] "Direito do consumidor. Recurso especial. Ação de indenização por danos morais e materiais. Consumo de produto colocado em circulação quando seu prazo de validade já havia transcorrido. 'Arrozina Tradicional' vencida que foi consumida por bebês que tinham apenas três meses de vida, causando-lhes gastrenterite aguda. Vício de segurança. Responsabilidade do fabricante. Possibilidade. Comerciante que não pode ser tido como terceiro estranho à relação de consumo. Não configuração de culpa exclusiva de terceiro. – Produto alimentício destinado especificamente para bebês exposto em gôndola de supermercado, com o prazo de validade vencido, que coloca em risco a saúde de bebês com apenas três meses de vida, causando-lhe gastrenterite aguda, enseja a responsabilização por fato do produto, ante a existência de vício de segurança previsto no art. 12 do Código de Defesa do Consumidor. – O comerciante e o fabricante estão inseridos no âmbito da cadeia de produção e distribuição, razão pela qual não podem ser tidos como terceiros estranhos à relação de consumo. – A eventual configuração da culpa do comerciante que coloca à venda produto com prazo de validade vencido não tem o condão de afastar o direito de o consumidor

comerciante ou revendedor responderia, não afastando a responsabilidade solidária do fabricante, podendo a vítima ajuizar a ação indenizatória contra o fabricante ou o comerciante.

No que concerne a essa matéria, o STJ[703] já se posicionou pelo reconhecimento de responsabilidade solidária do fabricante pelos danos decorrentes de produto alimentício, que foi vendido pelo comerciante fora do prazo de validade, e por essa razão se mostraria impróprio ao consumo, vindo a ocasionar gastrenterite em bebês de tenra idade, expondo-os à situação de risco.[704]

No mesmo sentido, pode-se ver a decisão proferida pela Terceira Turma Recursal Cível dos Juizados Especiais Cíveis do Estado do Rio Grande do Sul, que reconheceu a responsabilidade solidária do fabricante com o comerciante, pelos dados decorrentes da venda de produto vencido.

A referida decisão estabelece que a responsabilidade do fabricante se impõe, não cabendo a tentativa de excluí-la com base no art. 12, § 3º, III, do Código de Defesa do Consumidor, que dispõe sobre a exclusão da responsabilidade por fato exclusivo do consumidor ou de terceiro, já que considerou que "o comerciante que vendeu o produto vencido obviamente não é consumidor e muito menos terceiro para fins do Código de Defesa do Consumidor, mas sim integrante da cadeia de fornecedores".[705]

Esses casos servem para ilustrar que as soluções usadas no Direito português podem ser utilizadas para auxiliar na interpretação do art. 931 do Código Civil brasileiro.

5.2.2. O fabricante como o responsável natural dos danos decorrentes dos produtos postos em circulação

A análise feita no capítulo anterior serviu para demonstrar que a responsabilidade pelo fato do produto é naturalmente do fabricante e,

---

propor ação de reparação pelos danos resultantes da ingestão da mercadoria estragada em face do fabricante. Recurso especial não provido." (BRASIL. Supremo Tribunal Federal. Recurso Especial nº 980.860 – SP (2007/0197831-1). 3ª T. Relator: Min. Nancy Andrighi.Julgado em: 23 abr. 2009.

[703] A decisão é referida por CAVALIERI FILHO, op. cit., p. 299.

[704] A decisão está assim ementada: Reparação de danos. Consumidor. Aquisição de suplemento alimentar de fibras com intuito de emagrecimento. Venda de produto com data de validade vencida. Responsabilidade solidária do fabricante e comerciante pela colocação de produto impróprio no mercado de consumo. Artigo 18, *caput* e § 6º, *i*, do Código de Defesa do Consumidor. Risco à segurança. Danos morais configurados, especialmente em face do caráter punitivo e pedagógico da medida. Quantum adequado. Sentença mantida. Recursos improvidos." Recurso Inominado nº 71003370350, Rel. Dr. Carlos Eduardo Richinitti, julg. em 12.04.2012.

[705] PASQUALOTTO, 1993, p. 8.

excepcionalmente, dirige-se ao comerciante. Essa orientação serve também para o Direito brasileiro, porque a doutrina brasileira considera que a responsabilidade pelos defeitos (e parte da doutrina estende esse posicionamento aos defeitos indetectáveis) é naturalmente do fabricante, pois é ele quem tem uma "obrigação básica de fornecer produtos seguros, que sejam adequados às suas próprias finalidades, que no seu uso regular não ofereçam riscos, além daqueles que sejam inerentes ao próprio produto".[706]

Essa obrigação justifica a conclusão da imputação da responsabilidade do comerciante somente em situações específicas, pois o verdadeiro introdutor da coisa perigosa no mercado é o fabricante e não o distribuidor ou revendedor.[707] Também é importante frisar que a responsabilidade deve recair sobre o fabricante, porque o comerciante não tem condições de alterar ou controlar as técnicas de fabricação.[708] E, por óbvio, não teria condições de avaliar um produto que vende lacrado.

Assim, quem tem condições de controlar a qualidade e segurança do produto é o fabricante, e não o comerciante.

Esse raciocínio ganha reforço justamente na averiguação da responsabilidade civil em decorrência dos riscos do desenvolvimento. Como imputar a responsabilidade civil ao comerciante pelos danos decorrentes de um produto que não apresenta defeito na data da sua entrada em circulação, mas somente muito tempo depois de seu uso, como é o caso de medicamentos, podendo citar-se como exemplo o caso da Talidomida?

O comerciante, ao contrário do fabricante, não tem condições de controlar as técnicas de fabricação de um produto, até porque não conhece o processo de fabricação de todos os produtos que comercializa, mesmo que o comerciante quisesse tomar conhecimento dessas técnicas o fabricante certamente se negaria a divulgá-las pelas razões óbvias que acompanham a necessidade de proteção de fórmulas e procedimentos.

Além disso, é importante ressaltar que o ordenamento brasileiro segue a regra da impossibilidade de presunção da solidariedade, as obrigações solidárias somente resultam da vontade das partes ou da disposição legal.

O art. 931 não refere de maneira expressa a respeito do reconhecimento de responsabilidade civil solidária. O dispositivo é uma cláusula

---

[706] CALIXTO, 2005, p. 62.

[707] CAVALIERI FILHO, 2011, p. 297.

[708] SERIO, 1996, p. 475.

geral da responsabilidade civil objetiva dos empresários pelos danos decorrentes dos produtos postos em circulação, sem fazer referência expressa à solidariedade. Por isso, não é possível presumir a responsabilidade solidária, a responsabilidade civil está dirigida ao fabricante e somente de maneira subsidiária e excepcional atingirá o comerciante.

A interpretação do dispositivo não conta ainda no Direito brasileiro com tratamento satisfatório na Doutrina, pode-se usar como paradigma a interpretação dada pelo Direito estrangeiro a respeito da viabilidade ou não de reconhecimento da responsabilidade solidária do comerciante com o fabricante.

E é nesse sentido que o Direito italiano pode auxiliar, tendo em vista a notoriedade que o Caso Saiwa (sentença 1270, de 25 de maio de 1964, pela Corte de Cassação)[709] trouxe para a matéria relacionada à responsabilidade pelo produto defeituoso.

Como já foi referido neste livro, no Caso Saiwa um casal ficou doente depois de ter ingerido biscoitos com defeito. A Suprema Corte confirmou a decisão dos juízes de mérito que tinham reconhecido a responsabilidade do fabricante (pela presunção de defeito do produto) e excluiu a culpa do distribuidor ou revendedor da caixa de biscoitos. O defeito foi considerado preexistente à colocação em circulação, logo a responsabilidade civil foi imposta somente ao fabricante (produtor).[710]

A Corte de Cassação considerou, no referido caso, que se fosse configurada a responsabilidade do revendedor, haveria uma "absurda responsabilidade objetiva", já que no ordenamento italiano essa responsabilidade somente se estabelece em casos excepcionais e de forma expressa.[711]

Esse argumento deve ser lembrado como uma ferramenta de auxílio na interpretação do art. 931. Assim, pode-se chegar à conclusão que, via de regra, a responsabilidade pelos danos decorrentes do produto posto em circulação deve ser do fabricante, e, somente de forma subsidiária, recairá no comerciante, a exemplo do tratamento que foi dado no Caso Saiwa.

A responsabilidade civil do comerciante ou revendedor do produto somente será invocada, de maneira excepcional e subsidiária, quando não houver condições de identificar o fabricante. Essa orientação encontra fundamento na construção da *privaty of contract* emanada do

---

[709] VISINTINI, 2005, p. 845.

[710] SERIO, 1996, p. 475.

[711] Fornecedor aqui não entendido nos termos do ordenamento jurídico brasileiro, que é considerado de forma genérica abrangendo tanto o fabricante como o comerciante, mas entendido como vendedor ou distribuidor do produto.

caso Buick já narrado, segundo a qual existe uma obrigação de diligência imputada ao fabricante. O fabricante deve garantir a segurança do produto, e está obrigado a garantir a indenização, mesmo que não tenha relação contratual direta com o comprador do produto.

Embora essa seja a posição defendida neste livro, é necessário referir o posicionamento que contraria tal orientação, o que se vê a partir das ideias de Patrizia Visintini, já referidas neste texto.

Segundo o posicionamento da doutrinadora, o Direito Comunitário tende a sustentar não só a responsabilidade objetiva do produtor, mas também a extensão do mesmo regime ao fornecedor,[712] que no Direito italiano são considera as pessoas que operam na cadeia de distribuição dos produtos.

Para fundamentar a sua posição, a autora adverte que o Conselho da União Europeia autorizou, através de uma Resolução, aos países-membros o estabelecimento de normas sobre a responsabilidade dos fornecedores seguindo as mesmas bases do sistema de responsabilidade dos produtores.[713]

A Resolução referida é a que foi proferida pelo Conselho de Justiça, em 19 de dezembro de 2002, sobre a modificação da Diretiva, relativa à responsabilidade por dano por produtos defeituosos (2003/C 26/02).[714]

O posicionamento apresentado pela autora merece destaque, porque levanta o debate da matéria através da referida Resolução, e essa Resolução é importante para o desenvolvimento deste livro, porque a conclusão no sentido de estender a viabilidade de responsabilizar o comerciante (ou fornecedor) ocorreu depois do exame de uma sentença proferida em 25.04.2012 pela Corte de Justiça da Comunidade Europeia (Causa C-52/00 que refere também as Causas C-154/00 e C-183/00), o que precisa ser analisado.

A sentença da Corte de Justiça estabeleceu que o Estado-Membro que vier a prever norma nacional admitindo a responsabilidade objeti-

---

[712] VISINTINI, 2005, p. 851.

[713] Disponível no *site*: <http://eur-lex.europa.eu/LexUriServ/LexUriServ.do?uri=OJ:C:2003:026:0002:0003:IT:PDF>. Acesso em: 24 set. 2012. Merece destaque o trecho que trata da possibilidade de alteração das Diretivas "IL CONSIGLIO RILEVA che, tenuto conto di quanto precede, occorre valutare se la direttiva 85/374/CEE quale modificata dalla direttiva 1999/34/CE debba essere modificata in modo tale da consentire che a livello nazionale siano stabilite norme sulla responsabilità dei fornitori fondate sulle stesse basi del sistema di responsabilità dei produttori previsto dalla direttiva".

[714] O caso é narrado e examinado em importante comentário de jurisprudencial: D'ARRIGO, Rosario. La responsabilità delfornitore di prodotti difettosi. *Responsabilità Civile e Previdenza*, v. 74, n. 2, p. 398-406, feb. 2011.

va do fornecedor, nos mesmos moldes que a responsabilidade imputada aos produtores, estará contrariando as normas da Diretiva 85/374, pois o objetivo da Diretiva foi alcançar a harmonização das disposições legislativas dos Estados.

Assim, a sentença determina que os Estados-Membros não podem prever normas sobre a responsabilidade dos fornecedores, das pessoas que operam na cadeia de distribuição (comerciantes) baseadas no mesmo sistema de responsabilidade dos produtores (fabricantes).

Este estudo comparativo serve para auxiliar na construção de uma interpretação do art. 931, que está destinada a tratar o fabricante como legitimado passivo natural da responsabilidade pelo fato do produto. Somente de maneira excepcional o comerciante irá responder solidariamente com o fabricante, o que se vê em duas situações específicas: a) quando o fabricante não for identificado, seguindo o sistema que já era adotado no Código de Defesa do Consumidor; e, b) quando o comerciante contribuir para a produção do dano, nos casos em que interferir nas características do produto ou então quando comercializar produto sobre o qual tem ou deveria ter consciência de se tratar de produto impróprio para o consumo (lembrando que o fabricante, ainda assim, não se exime da responsabilidade solidária, respondendo de acordo com o seu nexo de imputação).

Dentre as situações excepcionais mencionadas acima, merece um exame aprofundado a situação que trata da responsabilidade solidária daqueles que participam da cadeia de comercialização do produto o que se fará através do exame de dois casos paradigmáticos, conforme segue.

5.2.3. A tentativa de evitar o comportamento parasitário do comerciante através do reconhecimento de sua responsabilidade solidária pelo fato do produto – o caso da venda de bicicleta com defeito (a existência do defeito que poderia ser detectado pela diligência normal)

Como se viu acima, o art. 931 estabelece que a responsabilidade pelo fato do produto é do fabricante. O comerciante somente responde de maneira subsidiária pelo fato do produto, quando o fabricante não puder ser identificado ou então quando contribui para a produção de dano.

No entanto, o reconhecimento da responsabilidade solidária do fabricante pelos atos do comerciante, não exonera este da obrigação de adotar as cautelas necessárias, com o objetivo de evitar que o produto cause danos a terceiro. Nesse caso, pode ser citado como descumprimento desse dever de cautela os casos nos quais o comerciante poderia detectar o defeito do produto e mesmo assim o comercializa.

A esse respeito, é importante citar decisão proferida pela Corte de Cassação italiana, que não reconheceu a possibilidade de um comerciante se eximir da responsabilidade civil, pelos danos decorrentes de um produto defeituoso.

No caso concreto, o vendedor comercializou um produto defeituoso e tentou eximir-se da responsabilidade diante da indicação da identidade do produtor (fabricante) do bem.[715]

Para o exame do caso, é necessário esclarecer que, no ordenamento italiano, o vendedor pode se eximir da responsabilidade decorrente de fato de produto defeituoso se indicar quem é o fabricante. Assim, em regra, a responsabilidade civil será do fabricante, e somente de maneira excepcional e subsidiária, imputar-se-á a responsabilidade ao comerciante.

O caso trata de uma ação indenizatória proposta contra um estabelecimento comercial por vender uma bicicleta defeituosa que causou lesões no filho dos compradores do produto. O Tribunal de Catania rejeitou a demanda sob o argumento da falta de prova do nexo de causalidade entre os vícios deduzidos e as lesões sofridas pela criança, o que motivou o recurso à Corte de Cassação.

No comentário à decisão, Rosario D'Arrigo defende a imputação da responsabilidade do comerciante de acordo com o art. 1.494 do Código Civil italiano. O vendedor é responsável perante o comprador, se não fornece a prova de ter agido conforme um comportamento positivo, para verificar o estado e a qualidade da mercadoria, e que no caso concreto o vício permanecia ignorado pelo vendedor, embora o uso da diligência normal pudesse demonstrar a existência do defeito.[716]

A autora pondera que a responsabilidade prevista no art. 1.494 do Código Civil italiano constitui uma defesa necessária para o consumidor, pois geralmente não tem condições de fazer pesquisas preventivas sobre a qualidade da mercadoria. Por outro lado, essa responsabilidade não põe um ônus excessivo e insustentável a cargo do vendedor, porque ele tem condições de se dirigir regressivamente contra o fabricante ou de chamá-lo para fazer parte no contraditório.

Assim, a autora refere o famoso Caso do Biscoito Saiwa, no qual a Corte de Cassação firmou posição no sentido de impossibilitar a

---

[715] D'ARRIGO, 2011, p. 402.

[716] Ibid., p. 401-402.

isenção de responsabilidade do vendedor de produtos industriais de massa de todo e qualquer dano provocado pelo produto defeituoso, sendo necessário avaliar no caso concreto o nível de diligência que pode ser considerado normal e necessário em cada hipótese. Para a autora, a resolução do Caso Saiwa serve para desmantelar as posições parasitárias dos vendedores, que pretendem afastar a responsabilidade civil sob o argumento de somente venderem produtos confeccionados e lacrados.[717]

O comentário jurisprudencial também adverte que no Caso Saiwa foi autorizado ao consumidor demandar diretamente o fabricante, mas não privou o consumidor do direito de acionar o vendedor não fabricante para obter a garantia que é própria dos contratos de compra e venda. E nesse sentido, mesmo que o art. 116 do Código de Consumo Italiano prevê a possibilidade de o comerciante se eximir da responsabilidade pelo fato do produto, através da indicação do fabricante, isso não é suficiente para liberar o fornecedor da responsabilidade.[718]

Essa conclusão decorre da falta de prescrição, por parte do legislador comunitário, de ônus probatórios muito gravosos a cargo do lesado, pois somente tem que provar o defeito do produto (no sentido da sua insegurança), o dano e o nexo causal entre o defeito e o dano.

E, mesmo em relação a esses requisitos, a autora adverte que o caso *mountain bike*, julgado pelo Tribunal de Monza em 20 de julho de 1993, que reconheceu a possibilidade de recorrer a mecanismos presuntivos, para superar a dificuldade probatória. Não sendo provado o uso anormal do produto, isso serve como incidente para demonstrar o defeito no sentido de insegurança do produto. Por isso, a autora reforça que o critério de imputação da responsabilidade influencia em sentido favorável ao lesado.[719]

Assim, viabiliza-se a imputação da responsabilidade civil dirigida ao comerciante, quando ele é negligente na detecção do defeito do produto, o que põe fim ao que a autora chama de "comportamento parasitário do vendedor", que acostumado a se proteger pela consagração da responsabilidade do fabricante pelos danos decorrentes do defeito do produto, não se preocupava e acabava por vender produtos com defeitos evidentes.

---

[717] D'ARRIGO, 2011, p. 403.

[718] Ibid., p. 403.

[719] GORGONI, Marilena. Responsabilità per prodotto difettoso: alla ricerca della (prova della) causa del danno. *Responsabilità Civille e Previdenza*, v. 72, n. 07/08, p. 1587-1604, luglio/ago. 2007.

No entanto, essa responsabilidade do comerciante somente se impõe nos casos em que ficar caracterizada a sua negligência em relação à distribuição do produto.

Enfim, é necessário a culpa do comerciante ao vender produto defeituoso, mas, é imperioso que o produto em si tenha condições de causar dano ao adquirente.

5.2.4. A responsabilidade solidária do intermediário que participa da cadeia de circulação de produtos e em virtude de comportamento culposo contribui para a produção de um dano – o caso da falta de diligência ao aplicar tintura de cabelo de uso exclusivo profissional

Além da situação acima narrada, a responsabilidade solidária do empresário pode ser vislumbrada naquelas situações em que o profissional contribui para a produção do dano com o seu comportamento negligente, ao deixar de tomar as cautelas devidas na utilização de produto. Nesse contexto, cabe referir importante comentário jurisprudencial a respeito de danos derivados de uma reação alérgica derivada do uso de uma tintura para cabelos.

O caso trata de uma ação indenizatória ajuizada contra o fabricante de uma tintura de cabelo (Wella) e o salão de beleza (J.M.). O fabricante foi considerado responsável por ter colocado em circulação uma tintura composta de elementos tóxicos e também perigosos para a saúde, e o Salão, por ter aplicado a tintura sem tomar as cautelas necessárias ao teste alérgico. O Tribunal de Ancona condenou solidariamente ambos os réus ao pagamento da indenização de dez milhões de liras.[720]

A sentença foi reformada pela Corte de Apelação de Ancona ao excluir a responsabilidade do fabricante Wella, pois a vítima não teria cumprido o requisito exigido pelo DPR 224/88, que pressupõe a prova de defeito do produto para a procedência da demanda.[721]

A Corte de Cassação pronunciou-se favoravelmente ao fabricante, reconhecendo que a consumidora provou o nexo causal entre o fato e o dano, mas não teria feito a prova do defeito do produto como determina o art. 8º do DPR 224/88.

A posição adotada pela Corte de Cassação foi muito criticada pela autora do comentário jurisprudencial, pois defende que a decisão não acompanha a posição da jurisprudência italiana, consistente no enten-

---

[720] GORGONI, 2007, p. 1587.

[721] Ibid., p.1593.

O Regime da Responsabilidade Civil pelo fato dos produtos postos em circulação

dimento que nos casos de responsabilidade objetiva, o autor precisa provar apenas o nexo de derivação causal. Assim, a falta de prova do defeito do produto não é obstáculo para a responsabilidade do fabricante, desde que seja demonstrado o nexo de derivação causal entre o uso do produto e o evento danoso.[722]

Para a autora, o nexo material entre o dano e o uso do produto conduz a uma presunção de responsabilidade a cargo do fornecedor, que precisará superá-la para excluir a responsabilidade. A vítima não precisa provar o vício de fabricação do bem, mas que o produto não oferece a segurança dele razoavelmente esperada, e a insegurança fica evidente quando a vítima prova que o dano ocorreu em virtude de uso normal do bem.[723]

No caso concreto, a alegação que o produto apresenta instruções específicas e exaustivas a respeito de seu uso, não seria suficiente para excluir a responsabilidade porque, o produto consistia em tinta de cabelo profissional, somente podendo ser aplicada por cabeleireiro profissional. As instruções estariam destinadas a orientar a conduta do cabeleireiro que iria aplicar o produto, e não ao consumidor.[724]

Além disso, a autora chama a atenção para o fato de que o salão de beleza é um operador da cadeia de comercialização da tintura para cabelos, e que o seu comportamento incidiu sobre a segurança do produto, uma vez que não atendeu às instruções de aplicação. O enquadramento do operador da cadeia de comercialização como intermediário do fabricante conduz a duas conclusões a respeito da imputação da responsabilidade civil pelos danos provenientes do produto: a primeira delas é que a responsabilidade é do fabricante, conforme o art. 114 do Código de Consumo italiano;[725] a segunda conclusão é o reconhecimento da responsabilidade civil seria solidária para todos os que participam do processo produtivo, conforme dispõe o art. 121 do Código de Consumo italiano.[726]

---

[722] GORGONI, 2007, p.1601-1602.

[723] Ibid., p.1604.

[724] Art. 114. Responsabilità del produttore 1. Il produttore è responsabile del danno cagionato da difetti del suo prodotto. (Disponível no site: <http://www.codicedelconsumo.it/index.php?option=com_content&view=Article&id=53&Itemid=57>. Acesso em: 31 ago. 2012.)

[725] Art. 121. Pluralita'di responsabili 1. Se piu' persone sono responsabili del medesimo danno, tutte sono obbligate in solido al risarcimento. 2. Colui che ha risarcito il danno ha regresso contro gli altri nella misura determinata dalle dimensioni del rischio riferibile a ciascuno, dalla gravita' delle eventuali colpe e dalla entita' delle conseguenze che ne sono derivate. Nel dubbio la ripArtizione avviene in pArti uguali. (Disponível em: <http://www.codicedelconsumo.it/index.php?option=com_content&view=Article&id=53&Itemid=57>. Acesso em: 31 ago. 2012).

[726] GORGONI, 2007, p. 1604.

Com base nesses argumentos, a autora conclui que é difícil afastar a possibilidade de o fabricante responder exclusivamente pelos fatos do intermediário, mas os intermediários poderiam ser considerados responsáveis, se o seu comportamento negligente não permitisse revelar um defeito do produto em consequência do qual o dano é verificado.[727]

Assim, a responsabilidade do fabricante pelo fato do produto pode ser solidária com o comerciante (ou qualquer outro empresário que atue na cadeia de circulação do produto), desde que este tenha agido com culpa. A responsabilidade pode ser solidária, desde que seja tomado em consideração o nexo de imputação de cada um. O comerciante responde pelos danos decorrentes do produto quando o defeito poderia ser detectado através de uma diligência mediana ou por ter interferido na qualidade do produto. O fabricante responde objetivamente pelo defeito do produto, e também responde pelos atos do comerciante que é o operador intermediário que participa da cadeia de circulação de produtos. Contudo, não é possível admitir que o comerciante responda pelo dano decorrente de produto sobre o qual não tem condições de controlar a segurança e a qualidade.

5.3. A responsabilidade objetiva como mecanismo de defesa daquele que for obrigado a indenizar – o direito de regresso

Dentre as possibilidades interpretativas do art. 931 do Código Civil brasileiro, resta estabelecer os contornos do exercício do direito de regresso, daquele que for obrigado a indenizar a vítima de dano proveniente de fato do produto.

A matéria tem sido objeto de debate no que pertine à incidência da responsabilidade civil pelos produtos postos em circulação, o que se pode ver através de importante trabalho acadêmico publicado em Portugal, no qual Paulo da Mota Pinto tratou do Direito de regresso do vendedor final de bens de consumo.[728]

Segundo o autor, a titularidade da responsabilidade civil do vendedor final pode ser questionada por mostrar-se injusta, pois em alguns casos, ela figura fora do âmbito dos riscos próprios da atividade empresarial. Além disso, não se deve ignorar o princípio segundo o

---

[727] PINTO, Paulo da Mota. O direito de regresso do vendedor final de bens de consumo. *Revista da Ordem dos Advogados*, Lisboa, v. 62, p. 143–199, 2002.

[728] Ibid., p. 153.

qual a ninguém deve ser imposta a responsabilidade por danos causados por outrem.[729]

Esses argumentos contribuem para a incidência do exercício do direito de regresso pelo vendedor final, em virtude da imposição da sua responsabilidade civil por vício de produto, e essa invocação é viável na União Europeia pela incidência do art. 4º da Diretiva 99/44,[730] que trata do direito de regresso contra a pessoa ou pessoas responsáveis na cadeia contratual.[731]

Esse dispositivo é a única norma da Diretiva 99/44, que não regula as relações entre consumidores e profissionais, pois trata das relações entre os sujeitos pertencentes à cadeia contratual, que resultou em uma venda ao consumidor. O objetivo do dispositivo não é a proteção do consumidor, o dispositivo está destinado a proteger o vendedor final, que poderá exercer o direito de regresso contra aquele que realmente deu causa ao dano decorrente do defeito de um produto.[732]

A redação do art. 4º da Diretiva 99/44 segue a mesma orientação que já era determinada pelo parágrafo único do art. 13 do Código de Defesa do Consumidor, que, segundo a doutrina brasileira, "invade o regime das relações comerciais entre os fornecedores", e tem como objetivo assegurar que os fabricantes, na condição de responsáveis principais e prováveis causadores dos defeitos, efetivamente suportem os ônus da indenização.[733]

Embora inseridos em diplomas destinados à proteção do consumidor, os arts. 4º, da Diretiva 99/44, e 13, do Código de Defesa do Consumidor, guardam grande semelhança com o art. 931 do Código Civil brasileiro, porque se destinam a regular as relações entre profissionais. Mesmo havendo flagrante semelhança entre os dispositivos, a comparação entre eles é importante para demonstrar que o art. 931 pode ser utilizado como importante ferramenta no exercício do direito de regresso.

---

[729] "Quando o vendedor final for responsável perante o consumidor pela falta de conformidade resultante de um acto ou omissão do produtor, de um vendedor anterior da mesma cadeia contratual, ou de qualquer outro intermediário, o vendedor final tem direito de regresso contra a pessoa ou pessoas responsáveis da cadeia contratual. O responsável ou os responsáveis contra quem o vendedor final tem direito de regresso, bem como as correspondentes acções e condições de exercício, são determinados pela legislação nacional." (a íntegra da Diretiva está no site: <http://eur-lex.europa.eu/LexUriServ/LexUriServ.do?uri=OJ:L:1999:171:0012:0016:PT:PDF>.Acesso em: 24 jun. 2013).

[730] PINTO, op. cit., p. 156.

[731] Ibid., p. 159.

[732] MARQUES, Cláudia Lima. p. 1220

[733] Podendo ser citada como exemplo a indenização decorrente de produto que causa dano em virtude incorporação que faz com que o produto cause danos.

Todos esses dispositivos podem ser utilizados para justificar o exercício do direito de regresso, no entanto, é necessário destacar que cada um deles é direcionado a tratar de situações distintas. O art. 4º da Diretiva e o art. 13, parágrafo único, do Código de Defesa do Consumidor determinam de maneira explícita o exercício do direito de regresso nos casos de indenização paga pelos fornecedores nas relações de consumo.

Já o art. 931 do Código Civil brasileiro dispõe sobre uma cláusula geral da responsabilidade civil objetiva dos profissionais pelos danos decorrentes dos produtos postos em circulação, sem fazer referência expressa ao direito de regresso.

Entretanto, a falta de indicação expressa a esse respeito não impede que o dispositivo seja utilizado para estabelecer o exercício do direito de regresso daquele que for obrigado a indenizar dano decorrente de produto posto em circulação a que não tenha dado causa.[734]

Como já referido, o art. 931 do Código Civil brasileiro não se restringe a disciplinar a incidência da responsabilidade civil nas relações de consumo; ele é importante mecanismo de regulamentação da responsabilidade civil pelos danos decorrentes de fato do produto para além desse âmbito. Por isso, o dispositivo pode ser utilizado tanto pela vítima que busca a indenização em virtude de dano provocado por produto colocado em circulação, como também pode ser invocado por aquele que foi obrigado a indenizar alguma vítima em virtude de produto que causou danos e agora busca o direito de regresso contra o responsável de fato pelo dano.

Nesse contexto, por se tratar de uma norma genérica a todos que sofrem prejuízo pela circulação de um produto, o art. 931 pode ser utilizado pelo fornecedor de produtos quando for obrigado a indenizar qualquer pessoa pelos danos derivados do produto posto em circulação.

Essa pessoa que é indenizada pelo profissional referido no art. 931 pode ser um consumidor, que em virtude de vício ou fato do produto busca uma indenização, nos termos do Código de Defesa do Consumidor. O fornecedor que indeniza a vítima (nesse caso o consumidor) pode exercer o direito de regresso contra aquele profissional que participa da cadeia da relação de consumo (fabricante, importador, comerciante) e que efetivamente deu causa ao dano.

O dispositivo também será incidente quando o exercício do direito de regresso for proveniente de indenização não amparada nas relações

---

[734] PINTO, 2002, p. 198.

de consumo, desde que fique evidenciado que aquele que indenizou não era, de fato, o causador do dano, ou então, não deveria responder sozinho pelo dano (sendo importante nesse caso definir qual é a responsabilidade de cada um nas relações internas).

Além de oportunizar o direito de regresso, é necessário ressaltar que o dispositivo não exige culpa para a imputação da responsabilidade civil, no caso de danos decorrentes dos produtos postos em circulação. Esse aspecto deve ser considerado inclusive no que se refere ao exercício do direito de regresso.

Essa posição fica evidente na lição de Paulo Mota Pinto, que defende de forma categórica e explícita tratar o art. 4º da Diretiva de uma imputação objetiva, e conclui o seu artigo sobre a matéria referindo: "o direito de regresso surge independentemente de culpa".[735]

A orientação dada pelo doutrinador é de extrema importância para a interpretação do art. 931. O dispositivo não trata, de forma explícita, a respeito do exercício do direito de regresso, mas estabelece uma cláusula geral de responsabilidade civil objetiva pelos danos decorrentes de fato do produto. Além disso, não se pode esquecer que o dispositivo não se restringe às situações derivadas de relação de consumo.

A abertura do dispositivo possibilita incluir, na responsabilidade civil dos empresários individuais e das empresas, o exercício do direito de regresso daquele que for obrigado a indenizar as vítimas de danos decorrentes de produtos postos em circulação. A partir dessa inclusão, é forçoso admitir, assim como já preconizado por Paulo Mota Pinto, que a imputação para a incidência dessa responsabilidade será objetiva.

A doutrina consumerista brasileira não sinaliza essa possibilidade, ao contrário, determina que "a natureza da responsabilidade é então novamente subjetiva, nos moldes tradicionais".[736] Essa orientação talvez reflita, de certo modo, a preocupação extremada da doutrina consumerista em se dedicar ao tratamento da defesa do consumidor e não explorar as possibilidades de defesa na relação interna entre os fornecedores.

---

[735] MARQUES, 2006, p. 1220. Essa orientação também é seguida por MIRAGEM, 2008, p. 295 que em sua obra refere a necessidade de prova do culpa do réu, e SANSEVERINO, 2010, p. 187. Esses dois doutrinadores citam a primeira doutrinadora.

[736] RESPONSABILIDADE CIVIL. INDENIZATÓRIA POR DANOS MATERIAIS. VÍCIO DO PRODUTO. NEXO CAUSALIDADE PRESENTE. RESPONSABILIDADE DO FABRICANTE. O fabricante do produto responde, independentemente da existência de culpa, pela reparação dos danos causados por vício de qualidade por insegurança dos produtos que disponibiliza no mercado de consumo. A prova produzida demonstrou, suficientemente, a responsabilidade da ré no fornecimento de parafusos não adequados à finalidade a que se destinavam. Apelação não provida. (RIO GRANDE DO SUL. Tribunal de Justiça. Apelação Cível nº 70045910494. Décima Câmara Cível. Relator: Marcelo Cezar Muller. Julgado em: 27 set. 2012)

Além disso, é possível supor que essa orientação adotada pela doutrina consumerista possa decorrer da construção de um raciocínio vinculado ao modelo de responsabilidade civil previsto no Código Civil de 1916, segundo o qual tinha por regra geral a culpa e não contava com cláusulas gerais da responsabilidade civil objetiva.

Diferente do que ocorria na vigência do Código Civil de 1916, que tinha a culpa como fundamento da regra geral da responsabilidade civil, o sistema estabelecido no Código Civil atual, autoriza àquele que indenizar a vítima, o direito de regresso contra quem for efetivamente o responsável pelos danos decorrentes de produto posto em circulação, podendo-se alegar, pelo disposto no art. 931, a incidência da responsabilidade objetiva.

O autor da ação para o exercício do direito de regresso não precisa provar a culpa do réu, pois o sistema de responsabilidade civil atual está albergado por cláusulas gerais da responsabilidade civil objetiva.

Assim sendo, para ilustrar essa situação, pode ser citado o caso no qual foi reconhecido o dever de indenizar do fabricante de parafusos em face da empresa que comprou os parafusos para montagem de ônibus.[737]

No caso concreto, os parafusos que foram vendidos para a fixação de bancos no assoalho de ônibus. Esses parafusos se mostraram incapazes de fixar dos bancos e, em virtude disso, a empresa montadora dos ônibus teve que realizar reparos em ônibus vendidos a terceiros.

Em vista desse fato, o Tribunal de Justiça do Rio Grande do Sul reconheceu o dever da fabricante dos parafusos de indenizar a montadora de ônibus pelos danos suportados com material, mão obra e transporte dos veículos para o reparo nos mesmos.[738]

A incidência da responsabilidade civil da fabricante de parafusos deu-se de forma objetiva, sem a necessidade de a montadora provar a culpa da ré para o exercício do direto de regresso. Muito embora não

---

[737] A decisão faz um alerta a respeito da necessidade de utilização de material adequado para a fixação dos bancos, lembrando trágico caso, ocorrido também no Rio Grande do Sul, no qual muitos passageiros ficaram gravemente feridos ou morreram em acidente de trânsito. Na tragédia, ficou comprovado que o acidente somente teve consequências mais sérias, em virtude do desprendimento de bancos que acabaram esmagando alguns passageiros.

[738] A responsabilidade civil contratual é aquela resultante da inexecução de uma obrigação nascida de um contrato e a responsabilidade extracontratual (ou também considerada delitual ou quase delitual pela doutrina francesa) é aquela que não deriva de uma inexecução contratual, mas nasce de um delito ou quase delito. MAZEUD, Henri, Léon, Jean; CHABAS, François. *Leçons de droit civil*: obligations théorie generale. 9. ed. Paris: Montchrestien, 1998, v. 1, t. 2, p. 367. Interessante referir que mesmo estabelecendo a distinção entre as duas espécies de responsabilidade civil, o autor considera que essa distinção não determina efeitos distintos no que se refere à distribuição da carga da prova (p. 386 -387).

tenha sido dada grande ênfase ao art. 931 do Código Civil brasileiro, ele foi utilizado como fundamento da decisão.

De fato, esse dispositivo seria o mais adequado para justificar a incidência da responsabilidade de forma objetiva, pois o caso concreto não se trata somente de responsabilidade contratual, na qual, para a doutrina que estabelece a distinção entre responsabilidade contratual e extracontratual[739] poderia se cogitar da presunção de culpa do devedor pelo inadimplemento, como já ensinava José de Aguiar Dias: "a responsabilidade contratual obedece às regras comuns dos contratos e, frequentemente, baseia-se em dever de resultado, o que acarreta a presunção de culpa".[740]

O caso concreto deve ser tratado como responsabilidade civil por dano provocado por produto posto em circulação, que é objetiva e não mero caso de responsabilidade civil com culpa presumida.[741]

Além desse caso, a doutrina narra como exemplo de incidência do art. 931 para o exercício do direito de regresso o caso da indenização a ser suportada pela empresa aérea que é obrigada da indenizar os familiares das vítimas de acidente em virtude de falha do funcionamento do reverso da aeronave.

A empresa de transporte aéreo respondeu objetivamente pelos danos provocados em virtude do acidente e terá ação regressiva contra o fabricante do produto (fabricante da peça do reverso), com base no art. 931 e essa responsabilidade será igualmente objetiva, mesmo não havendo entre o transportador e o fabricante da peça uma relação de consumo.[742]

---

[739] DIAS, 2006, p. 162.

[740] Interessante referir a posição de Fernando Noronha a respeito da matéria para quem a responsabilidade do devedor inadimplente é sempre objetiva, exigindo apenas um nexo de causalidade adequada entre o fato do inadimplemento e o dano, assim o devedor não teria condições de se liberar da responsabilidade pela prova da ausência de culpa, teria que provar fato próprio do credor ou de terceiro ou de caso fortuito ou força maior. NORONHA, 1993, p. 38.

[741] CAVALIERI, 2012, p. 201.

[742]

Conclusão

O art. 931 do Código Civil, embora de inegável relevância, ainda não recebeu o adequado tratamento na doutrina e na jurisprudência. Há carência de trabalhos dedicados para tratar com profundidade a matéria e de julgados que apliquem corretamente o dispositivo, o que tem acarretado distorções na sua interpretação, em especial no que se refere à afirmação do art. 931 como repetição do sistema de responsabilidade pelo fato do produto, previsto no Código de Defesa e Proteção do Consumidor.

A disposição contida no art. 931 do Código Civil brasileiro é distinta da disciplinada no Código de Defesa do Consumidor. O Código Civil brasileiro apresenta um regime de responsabilidade civil do empresário pelos produtos postos em circulação englobando os casos de incidência da responsabilidade civil nas relações estabelecidas entre os empresários e destes com os particulares, não vigorando a orientação do Código de Defesa do Consumidor, que restringe a sua aplicação às relações de consumo, nas quais uma das partes precisa ser necessariamente o consumidor (em sentido estrito ou equiparado).

É inadequada a afirmação de ser o art. 931 repetição do Código de Defesa do Consumidor, pois reduz indevidamente a aplicação do dispositivo, inclusive no sentido de considerá-lo norma mais benéfica ao próprio consumidor, podendo ser citado como exemplo, a utilização do art. 931 como reforço do argumento da superação da exclusão da responsabilidade civil do fabricante pelos riscos do desenvolvimento.

A responsabilidade civil estabelecida no art. 931 é dirigida ao empresário, mas não a todos. Somente os empresários que podem ser considerados como fabricantes ficam sujeitos aos efeitos do artigo da lei, pois como ficou demonstrado no desenvolvimento deste livro, o comerciante não tem ingerência sobre os fatores de risco do produto. Além disso, a responsabilidade referida no dispositivo restringe-se aos danos provocados por produto que o empresário coloca em circulação, não se estendendo à prestação de serviços.

Muito embora não se tenha dispositivo semelhante no Direito Comparado, é importante interpretar o art. 931 do Código Civil a partir da perspectiva comparatista, pois a experiência estrangeira traz elementos para melhor aplicar o dispositivo legal.

O estudo do Direito Comparado não foi realizado com fundamento em semelhanças que o dispositivo poderia ter com os tratamentos dados pelos ordenamentos estrangeiros, mas mediante a análise do substrato fático que é objeto de regulamentação pelo art. 931, para então estudar as normas jurídicas do Direito Comparado e suas respectivas soluções.

Constatou-se que o art. 931 do Código Civil brasileiro não encontra disposições semelhantes no Direito estrangeiro. Porém, a realidade social possui problemas comuns decorrentes da circulação de produtos. Por esse motivo, optou-se por realizar a interpretação do dispositivo através das possíveis soluções aos problemas fáticos, que foram apresentadas pelo Direito Comparado, por meio de um processo de investigação das preocupações e soluções estrangeiras, principalmente apoiado na experiência histórica, para o preenchimento das lacunas e insuficiências normativas enfrentadas pelos países estrangeiros na defesa das vítimas de danos de produtos postos em circulação.

Isso levou a uma importante conclusão: as preocupações levantadas pelos ordenamentos estrangeiros poderiam ser resolvidas de maneira satisfatória pelo art. 931 do Código Civil brasileiro. O dispositivo está à frente da legislação estrangeira, porque tem condições de resolver os problemas similares aos enfrentados pelos países estrangeiros, em virtude de sua estrutura aberta, e por não estabelecer o defeito do produto como requisito para incidência da responsabilidade. Isso demonstra a grande utilidade do dispositivo legal que não pode ser esquecido ou ignorado por falta de compreensão de suas potencialidades pelos operadores do Direito brasileiro.

A responsabilidade civil pelos riscos do desenvolvimento não foi tratada de maneira expressa pelo art. 931 do Código Civil, mas não foi por ele excluída. Por esse motivo, a cláusula geral em comento pode ser considerada uma importante via de acesso para o reconhecimento da responsabilidade civil do fabricante pelos riscos do desenvolvimento.

Além de o Direito Comparado poder ser utilizado como fundamento para demonstrar que o art. 931 é ferramenta apta para suprir as preocupações derivadas das lacunas deixadas pela falta de legislação genérica em outros países, o Direito Comparado apresenta-se também como importante ferramenta para fornecer elementos para preencher os espaços deixados pelo art. 931, que, por ser uma cláusula geral, possui redação aberta. Nesse sentido, o estudo contribui para a definição dos legitimados para a incidência da responsabilidade civil pelos produtos postos em circulação.

Ao tratar dos legitimados para a responsabilidade civil pelo fato do produto, o art. 931 do Código Civil brasileiro somente se refere à figura dos empresários ou empresas que colocam os produtos em circulação, não dispondo de maneira expressa a respeito da posição que exercem na cadeia de circulação dos produtos, seja na condição de comerciante ou de fabricante.

Já o tratamento que é dado pelo Código de Defesa do Consumidor, para a responsabilidade civil pelo fato do produto, respeita lógica distinta, pois diferencia as figuras do comerciante e do fabricante, destinando a responsabilidade civil pelo fato do produto ao primeiro somente em casos excepcionais. O art. 931 do Código Civil brasileiro não direciona ao fabricante, de maneira expressa, a responsabilidade civil pelo fato do produto; somente estabelece a responsabilidade civil do empresário.

O silêncio da lei civilista a respeito da matéria, fez com que parte da doutrina brasileira considerasse solidária a responsabilidade entre o fabricante e o comerciante pelos danos decorrentes dos produtos postos em circulação. No entanto, essa orientação não deve ser seguida, pois tornaria inviável o exercício da atividade do comerciante.

Para corroborar essa conclusão, contribui a posição apresentada pelo Direito Comparado a respeito de quem é o verdadeiro introdutor do produto no mercado, ou seja, quem coloca o produto em circulação.

A doutrina estrangeira considera que o fabricante é quem coloca o produto em circulação e, por esse motivo, a ele deve ser imposta a responsabilidade pelos danos decorrentes dos produtos postos em circulação, porquanto o fabricante é quem tem condições de controlar a qualidade dos produtos e propor avanços, com a finalidade de sanar falhas que geram danos e melhorar a sua qualidade.

Portanto, a responsabilidade pelo fato do produto prevista art. 931 do Código Civil brasileiro, é dirigida ao fabricante, não sendo plausível a interpretação do dispositivo que sustenta a responsabilidade solidária entre o comerciante e o fabricante.

Essa conclusão também respeitou a constatação lógica, ponderada pela doutrina estrangeira, que o reconhecimento da responsabilidade solidária entre o fabricante e o comerciante seria tão artificial, que poderia impedir o exercício da atividade do comerciante, porque imputaria uma responsabilidade demasiadamente gravosa a um sujeito que não tem condições de controlar a qualidade dos produtos. O comerciante, na maioria das vezes, recebe os produtos lacrados e exerce somente a função de distribuí-los no mercado, não possuindo conhecimentos técnicos aptos para influenciar na potencialidade nociva do produto.

As possibilidades de responsabilidade do comerciante pelo fato do produto posto em circulação são restritas e podem ocorrer quando: 1) o comerciante conhece a potencialidade nociva do produto (sabe que o produto é defeituoso) e o mantém em circulação (casos em que o produto deve ser retirado do mercado, e o comerciante não obedece a ordem de retirada); 2) o comerciante faz modificações no produto e isso o torna nocivo; ou 3) quando o fabricante não puder ser identificado. Fora dessas hipóteses, a responsabilidade civil pelo fato do produto posto em circulação recai sobre o fabricante.

Além disso, o sistema de responsabilidade civil previsto no Código Civil brasileiro é mais amplo que o estabelecido pelo Código de Defesa do Consumidor, Ao contrário do que ocorre com este último ordenamento, o Código Civil brasileiro não vincula a incidência de responsabilidade civil à existência de um defeito do produto, o nexo de imputação exigido para a responsabilidade se estabelece em virtude do fato de um produto que é colocado em circulação. O reconhecimento dessa distinção traz consequências importantes que autorizam uma defesa mais efetiva dos interesses do próprio consumidor com base no Código Civil brasileiro.

Muito embora a matéria objeto do art. 931 esteja relacionada com as disposições do Código de Defesa do Consumidor, por também tratar de regramento pertinente à responsabilidade pelo fato do produto, a redação contida na legislação civilista é mais ampla que a consumerista, porque o nexo de imputação da responsabilidade civil não depende da existência de defeito do produto como previsto no Código de Defesa do Consumidor.

No art. 931 do Código Civil brasileiro, o nexo de imputação da responsabilidade civil está situado na circulação do produto que causa danos a terceiros independentemente da caracterização de um defeito do produto. Esse aspecto traz consequências importantes no que diz respeito à imputação da responsabilidade civil pelos riscos do desenvolvimento, podendo ser aplicado aos casos de responsabilidade civil nas relações que se estabelecem com os empresários ou nas relações de consumo, ganhando ênfase o estudo a respeito do campo de incidência do dispositivo legal.

Além disso, a responsabilidade civil pelo fato do produto prevista no Código de Defesa do Consumidor depende da existência de relação de consumo ou que o fato do produto atinja outras vítimas que, embora não estejam caracterizadas como consumidor em sentido estrito, sejam consideradas equiparadas a consumidoras por serem vítimas do evento.

Assim, o art. 931 do Código Civil brasileiro passa a ser importante regra da responsabilidade civil, pois estabelece uma cláusula geral da responsabilidade civil pelos produtos postos em circulação pelo empresário, sem restringir o seu campo de atuação a determinadas vítimas como o faz o Código de Defesa do Consumidor.

O dispositivo legal pode ser aplicado nas relações estabelecidas com o empresário e, naquilo que não for colidente com o Código de Defesa do Consumidor, e representar solução mais benéfica para o consumidor, poderá ser utilizado em virtude de disposição expressa do Código de Defesa do Consumidor e também pelo diálogo das fontes, ferramenta referida por parte da doutrina, como mecanismo para que o consumidor alcance de maneira efetiva a proteção dos seus direitos.

O dispositivo é uma cláusula geral da responsabilidade civil objetiva pelo fato do produto, e ainda que isso possa não representar relevante novidade no âmbito das relações de consumo, é aspecto de grande importância no âmbito das relações civis e empresariais, porque nessas áreas a responsabilidade civil obedecia o sistema da responsabilidade subjetiva, baseada na culpa e agora passa a ser objetiva.

Isso repercute também no exercício do direito de regresso daquele que indeniza a vítima em virtude de dano proveniente de produto posto em circulação, pois o nexo de imputação passa a ser a circulação do produto que causa danos, não havendo a necessidade de discussão a respeito da existência de culpa para que haja a incidência do exercício do direito de regresso.

O livro apresenta, em síntese, um conjunto de proposições interpretativas para que o art. 931 seja interpretado adequadamente. As suas potencialidades não podem ser ignoradas, mas também é necessário ficar alerta às interpretações equivocadas a seu respeito, sob pena de que a opção do operador do Direito acabe sendo pela sua inaplicabilidade, em resposta aos possíveis efeitos prejudiciais que uma legislação mal-interpretada poderia gerar.

Referências

AFONSO, Humberto Manoel Alves. A responsabilidade empresarial no Código Civil. O art. 931, seu conteúdo e alcance. *Revista Jurídica*, Rio de Janeiro, n. 321, p. 73-82, jul. 2004.

AGUIAR, Roger Silva. Responsabilidade Objetiva – do Risco à Solidariedade. São Paulo: Atlas, 2007.

——. *Responsabilidade Civil* – a culpa, o risco e o medo. São Paulo: Atlas, 2011.

AGUIAR JÚNIOR, Ruy Rosado de. O novo Código Civil e o Código de Defesa do Consumidor: pontos de convergência. *Revista de Direito do Consumidor*, São Paulo, v. 48, out. 2003.

——. Responsabilidade civil no novo Código Civil:conferência. *Revista do Tribunal de Contas do Estado do Rio Grande do Sul*, Porto Alegre, v. 36, p. 86- 90, maio 2004.

ALPA, Guido. La responsabilià oggettiva. *Contratto e Impresa*, n. 3, sett./dic. 2005.

ANDORNO, Luis O. Fármacos: deber de seguridad y prevención de daños. In: DERECHO del consumidor. Santa Fé: Editorial Juris, 1994.

ANDRADE, Fábio Siebeneichler de. *Da Codificação – crônica de um conceito*. Porto Alegre: Livraria do Advogado, 1997.

——. O Código Civil de 2002: influências e funções atuais. *Manual de Teoria Geral do Direito Civil*. Teixeira, Ana Carolina Brochado e RIBEIRO, Gustavo Pereira Leite Coord., Belo Horizonte: Del Rey, 2011.

ANTUNES, José Engrácia. Estrutura e Responsabilidade da Empresa: o moderno paradoxo regulatório.In: CUNHA, Alexandre dos Santos (Coord.). *O direito da empresa e das obrigações e o novo Código Civil Brasileiro*. São Paulo: Quartier Latin, 2006.

ASCENSÃO, José de Oliveira. Sociedade de Risco e Direito do Consumidor. *in Sociedade de Risco e Direito Privado*. LOPEZ, Teresa Acona, LEMOS, Patrícia Fraga Iglecias e RODRIGUES JÚNIOR, Otavio Luiz Coordenadores. São Paulo: Atlas, 2013.

AZEVEDO, Antonio Junqueira de. *Novos Estudos e Pareceres de Direito Privado*. São Paulo: Saraiva, 2009.

BACACHE-CIBEILI, Mireille. *Les obligations*: la responsabilité civile extracontratuelle. In: TRAITÉ de droit civil. 2. ed. Paris: Economica, 2012. v. 5.

BECK, Urlich. *Sociedade de Risco. rumo a uma outra modernidade*. Tradução de Sebastião Nascimento, São Paulo: Editora 34, 2011, 2ª ed.

BECKER, Anelise. As garantias implícitas no Direito Brasileiro em perspectiva comparativista. *Revista Direito do Consumidor*, São Paulo, n. 9, 1994.

BELARDO, Leonardo de Faria. A responsabilidade civil no parágrafo único do art. 927 do Código Civil e alguns apontamentos do direito comparado. *Revista de Direito Renovar*, São Paulo, n. 29, maio/ago. 2004.

BITETTO, Anna Lisa. La responsabililità del produttore: da mera comparsa a protagonista. *Rivista Critica del Diritto Privato*, 26, mar. 2008.

BRANCO, Gerson Luiz Carlos. A proteção das expectativas legítimas derivadas das situações de confiança: elementos formadores do princípio da confiança e seus efeitos. *Revista de Direito Privado*, São Paulo, v. 12, out. 2002.

CACHAPUZ, Maria Cláudia. As Cláusulas Gerais e a Concreção de Direitos Fundamentais. *In Novos Direitos*. NICOLAU JÚNIOR, Mauro. Coord., Curitiba: Juruá, 2007.

CALIXTO, Marcelo Junqueira. O art. 931 do Código Civil de 2002 e os riscos do desenvolvimento. *Revista Trimestral de Direito Civil*, Rio de Janeiro, v. 6, n. 21, jan./mar. 2005.

CALLIARI, Marcelo. Rumos e implicações das negociações na área agrícola. *Revista do IBRAC – Direito da Concorrência, Consumo e Comércio Internacional*, São Paulo, v. 10, jan. 2003.

CARNEVALI, Ugo. "Produttore"e responsabilità per danno da prodotto difettoso nel codice del consumo. In: *Responsabilità Civile e Previdenza*, v. 74, n. 10, p. 1938-1945, ott. 2009.

CASILLO, João. Dano e indenização na Constituição de 1988. *Revista dos Tribunais*, São Paulo, v. 37, n. 660, 1990.

CASTRONOVO, Carlo. *La nuova responsabilità civile*. 3. ed. Milano: Giuffrè, 2006.

CATALAN, Marcos. O desenvolvimento nanotecnológico e o dever de reparar os danos ignorados pelo processo produtivo. *Revista de Direito do Consumidor*, São Paulo, v. 74, abr. 2010.

CAVALIERI FILHO, Sergio. *Programa de direito do consumidor*. 3. ed. São Paulo: Atlas, 2011.

——. *Programa de responsabilidade civil*. 9. ed. São Paulo: Atlas, 2010.

——. *Programa de responsabilidade civil*. São Paulo: Atlas, 2012.

——. Responsabilidade civil das instituições bancárias por danos causados a correntistas e a terceiros. *Revista de Direito do Consumidor*, São Paulo, n. 34, 2000.

——; DIREITO, Carlos Alberto Menezes. Da responsabilidade civil das preferências e privilégios creditórios: art. 927 a 965. In: TEIXEIRA, Sálvio de Figueiredo (Coord.). *Comentários ao novo Código Civil*. 2. ed. rev. e atual. Rio de Janeiro: Forense, 2007. v. 13.

COLEMAN, Jules L. *Riesgos y daños*. Traducción de Diego M. Papayannis. Madrid: Marcial Pons, 2010.

CORDEIRO, António Menezes. *Tratado de direito civil português*: direito das obrigações. Coimbra: Almedina, 2010. v. 2, t. 3.

COSTA, Mário Júlio de Almeida. *Direito das obrigações*. 9. ed. Coimbra: Almedina, 2001.

COUTO E SILVA, Clóvis do. O conceito de dano no Direito Brasileiro e comparado. *Revista dos Tribunais, São Paulo*, n. 667, p. 7-16, maio 1991.

——. O conceito de dano no Direito Brasileiro e comparado. In: FRADERA, Véra Maria Jacob de (Org.). *O direito privado brasileiro na visão de Clóvis do Couto e Silva*. Porto Alegre: Livraria do Advogado, 1997.

——. *Principes fondamentaux de la responsabilité civile en droit brésilien et comparé*, Curso ministrado à Faculdade de Direito e Ciências Políticas de St. Maur (Paris, XII). 1988, Mimmeo.

D'ARRIGO, Rosario. La responsabilità del fornitore di prodotti difettosi. *Responsabilità Civile e Previdenza*, v. 74, n. 2, p. 398-406, feb. 2011.

DAVID, René. *Os grandes sistemas do direito contemporâneo*. São Paulo: Martins Fontes, 1996.

DELEBECQUE, Philippe. L'évolution de la responsabilité en France. *Europa e Diritto Privato*, n. 2, 1999.

DELLA GIUSTINA, Vasco. *Responsabilidade civil dos grupos*. Rio de Janeiro: Aide, 1991.

DI DONNA, Luca. Difeto di inrormazioni e vizzio de fabricazione quali cause di responsabilità del produtore. *La Nuova Giurisprudenza Civile Commentata*, v. 24,n. 7-8, jul./ago. 2008.

DIAS, José de Aguiar. *Da responsabilidade civil*. 10. ed. rev., atual. ampl. de acordo com o Código Civil de 2002 por Rui Berford Dias. Rio de Janeiro: Renovar, 2006.

DIÉZ-PICAZO, Luis. *Fundamentos del derecho civil patrimonial*. Madrid: Civitas, 2011. v. 5: La responsabilidad civil extracontratual.

DIREITO, Carlos Alberto Menezes; CAVALIERI FILHO, Sérgio. *Comentários ao novo Código Civil – da Responsabilidade Civil das preferências e Privilégios Creditórios* – art. 927 a 965. 2. ed. rev. e atual. Rio de Janeiro: Forense, 2007. v. 13.

DRESCH, Rafael de Freitas Valle. *Fundamentos da responsabilidade civil pelo fato do produto e do serviço*: um debate jurídico-filosófico entre o formalismo e o funcionalismo do Direito Privado. Porto Alegre: Livraria do Advogado, 2009.

ENGISCH, Karl. *Introdução ao Pensamento Jurídico*. 6ª ed, Lisboa: Fundação Calouste Gulbenkian, 1988.

FACCHINI NETO, Eugênio. Da Responsabilidade Civil no Novo Código. *Revista TST*, Brasília, v. 76, n. 1, jan./mar. 2010.

——. Da responsabilidade civil no novo Código. In: SARLET, Ingo Wolfgang (Org.). *O novo Código Civil e a Constituição*. Porto Alegre: Livravia do Advogado editora, 2003a.

——. Reflexões histórico-evolutivas sobre a constitucionalização do direito privado. In: SARLET, Ingo Wolfgang (Org.). *Constituição, direitos fundamentais e direito privado*. Porto Alegre: Livraria do Advogado, 2003b.

FRADERA, Véra Maria Jacob. Reflexões *sobre a contribuição do direito comparado para a elaboração do direito comunitário*. Belo Horizonte: Del Rey, 2010.

FRANÇA, Erasmo Valladão Azevedo e Novaes. *Temas de direito societário, falimentar e teoria da empresa*. São Paulo: Malheiros, 2009.

FREIRE, Paula Vaz. Sociedade de Reisco e Direito do Consumidor. *in Sociedade de Risco e Direito Privado*. LOPEZ, Teresa Acona, LEMOS, Patrícia Fraga Iglecias e RODRIGUES JÚNIOR, Otavio Luiz Coordenadores. São Paulo: Atlas, 2013.

FREITAS, Juarez. *A interpretação sistemática do direito*. São Paulo: Malheiros, 2010.

FROTA, Mário. Estudo contrastivo da responsabilidade civil nos Códigos Civis do Brasil e de Portugal. *Revista de Direito do Consumidor*, São Paulo, v. 53, jan. 2005.

——. Segurança alimentar: imperativo de cidadania. *Revista de Direito do Consumidor*, São Paulo, v. 44, out. 2002.

GALGANO, Francesco. *Corso di diritto civile* – I Fatti Illeciti. Padova: CEDAM, 2008.

——. *Diritto privato*. 11. ed. Padova: CEDAM, 2001.

GARCÍA CACHAFEIRO, Fernando. La responsabilidad civil por productos defectuosos en los Estados Unidos: principales diferencias con el sistema español. In: RODRIGUEZ MONTERO, Ramón P. (Coord.). *Responsabilidad civil de profisionales y empresários*. Coruña: Netbiblo, 2006.

GÁZQUEZ SERRANO, Laura. La responsabilidad civil por productos defectuosos en el ámbito de la unión europea: derecho comunitario y de los estados miembros; *Estudos de Direito do Consumidor Faculdade de Direito da Universidade de Coimbra*, Coimbra, n. 6, p. 254–258, 2004.

GHESTIN, Jacques. Le nouveau titre IV bis du Livre III du Code civil de la responsabilité du fait des produits défectueux : l'application en France de la directive sur la responsabilité du fait des produits défectueux après l'adoption de la loi N. 98-389 du 19 mai 1998. *La Semaine Juridique*, Paris,v. 72, n. 27, 1 juill.1998.

GODOY, Claudio Luiz Bueno de. *Responsabilidade civil pelo risco da atividade*. 2. ed. São Paulo: Saraiva, 2010.

GOMES, José Jairo. Responsabilidade Civil na Pós-Modernidade: Influência da Solidariedade e da Cooperação. *Revista de Direito Privado*, São Paulo, v. 23, jul. 2005.

GOMES, Luiz Roldão de Freitas. A responsabilidade civil subjetiva e objetiva no novo Código Civil. In: ALVIM, Arruda; CERQUEIRA, Joaquim Portes de; ROSAS, Roberto (Coord.). *Aspectos controvertidos do novo Código Civil*. São Paulo:Revista dos Tribunais, 2003.

GOMES, Orlando. Responsabilidade civil do fabricante. *Revista de Direito Civil, Imobiliário, Agrário e Empresarial*, São Paulo, v. 9, n. 32, abr./jun. 1985.

GONÇALVES, Carlos Roberto. *Direito civil brasileiro*. 8. ed.São Paulo: Saraiva, 2013. v. 4: Responsabilidade civil.

GORGONI, Marilena. Responsabilità per prodotto difettoso: alla ricerca della (prova della) causa del danno. *Responsabilità Civille e Previdenza*, v. 72, n. 07/08, p. 1587-1604, luglio/ago. 2007.

GUERRA, Giorgia. Nanomedicina e diritto: un primo approccio. *Dano e Responsabilità*, v. 13, n. 10, p. 1229-1239, 2006.

——. Responsabilità per danno da farmaco e vaccino: un rapporto genere a specie? *Dano e Responsabilità*, v. 15, n. 11, p. 998-1010, 2010.

HARTMANN, Ivar Alberto Martins. O princípio da precaução e sua aplicação no direito do consumidor: dever de informação. *Revista de Direito do Consumidor*, São Paulo, v. 70, abr. 2009.

HIRONAKA, Giselda Maria F. Novaes. *Responsabilidade pressuposta*. Belo Horizonte: Del Rey, 2005.

IMPARATO, Paula Barcelos. *La responsabilité civile de l'industrie pharmaceutique:* le risque de développement,étude comparative des droits brésilien et québécois. Disponível em: <https://papyrus.bib.umontreal.ca/jspui/bitstream/1866/4541/2/Imparato_Paula_B_2010_these.pdf>. Acesso em: 27 set. 2012.

JOSSERAND, Louis. Evolução da responsabilidade civil. *Revista Forense*, Rio de Janeiro, 86, n. 454, 1941.

JOURDIN, Patrice. *Les principes de la responsabilité civile*. 8. ed.Paris: Dalloz, 2010.

KIRCHNER, Felipe A responsabilidade civil objetiva no art. 927, parágrafo único, do CC/2002. *Revista dos Tribunais*, São Paulo, v. 871, maio 2008.

LAGHEZZA, Paolo. Il Caso Vioxx. *Dano e responsabilità,* Milano,v. 15, n. 3, p. 305-311, 2010.

LAMBERT-FAIVRE, Yvonne. L'évolution de la responsabilité civile d'une dette de responsabilité à une créance d'indemnisation. *Revue Trimestrielle de Droit Civil*, n. 1,janv./mars. 1987.

LEITÃO, Luis Manuel Teles de Menezes. *Direito das obrigações*, 9. ed. Coimbra: Almedina, Coimbra, 2010. v. 1 – Introdução. Da Constituição das Obrigações,

LEME, Luciano Gonçalves Paes. Os Riscos do Desenvolvimento à luz da Responsabilidade do Fornecedor pelo Fato do Produto. *in Sociedade de Risco e Direito Privado*. LOPEZ, Teresa Acona, LEMOS, Patrícia Fraga Iglecias e RODRIGUES JÚNIOR, Otavio Luiz Coordenadores. São Paulo: Atlas, 2013.

LEVI, Giulio. Responsabilità civile e responsabilità oggettiva: diversi modi di introduzione della responsabilità oggettiva e loro influenza sulla legislazione italiana. Milano: Giuffrè, 1986.

LINCESSO, Irene. Nanotecnologie e principio di precauzione. *Dano e Responsabilità*, v. 15, n. 12, p. 1093-1103, 2010.

LOPEZ, Teresa Ancona. Responsabilidade Civil na Sociedade de Risco. *in Sociedade de Risco e Direito Privado*. LOPEZ, Teresa Acona, LEMOS, Patrícia Fraga Iglecias e RODRIGUES JÚNIOR, Otavio Luiz Coordenadores. São Paulo: Atlas, 2013.

——. Principais Linhas da Responsabilidade Civil no Direito Brasileiro Contemporâneo. *Revista da Faculdade de Direito da Universidade de São Paulo*, vol. 101, jan-dez 2006.

LUPION, Ricardo. *Boa-fé Objetiva nos Contratos Empresariais:* contornos dogmáticos dos deveres de conduta. Porto Alegre: Livraria do Advogado, 2011.

LUTZKY, Daniela Courtes. *A reparação de Danos Imateriais como Direito Fundamental*. Porto Alegre: Livraria do Advogado, 2012.

MALINVAUD, Philippe; FENOUILLET, Dominique. *Droit des obligations*. 12. ed. [s.n.]: Lexis Nexis, 2012.

MALLO, Albert Azagra. *La tragedia del aminato y el derecho español*. Barcelona: Atelier, 2007.

MANIN LOPEZ, Juan José. La responsabilité du fait des produits défectueeux en droit espanhol. *Revue Europeenne de Droit de la Consmmation*, Paris, n. 4, p.232-238, 1994.

MARQUES, Cláudia Lima. *Contratos no Código de Defesa do Consumidor:* o novo regime das relações contratuais. 5. ed. São Paulo: Revista dos Tribunais, 2006.

——. Diálogo entre o Código de Defesa do Consumidor e o novo Código Civil: do "diálogo das fontes" no combate às cláusulas abusivas. *Doutrinas Essenciais de Responsabilidade Civil*, v. 4, out. 2011.

——. Superação das Antinomias pelo diálogo das fontes: o modelo brasileiro de coexistência entre o Código de Defesa do Consumidor e o Código Civil de 2002. *Revista da Escola Superior da Magistratura do Sergipe*, Aracajú, n. 7, 2004.

MARTÍN LÓPEZ, Manuel Jesús. El carácter vinculante de las declaraciones públicas en la venta de bienes de consumo (en la Directiva1999/44/CE). *Estudos de Direito do Consumidor*, n. 7, 2005.

MARTINS-COSTA, Judith. Os avatares do abuso do direito e o rumo indicado pela boa-fé. In: NICOLAU JÚNIOR, Mauro (Org.). *Novos direitos*. Curitiba: Juruá, 2007.

——. *Comentários ao Novo Código Civil:* do inadimplemento das obrigações.2. ed. Rio de Janeiro: Forense, 2009a. v. 5, t. 2.

——. Conceito de ilicitude no novo Código Civil. *Revista Literária de Direito,* ago./set. 2003.

——. Contratos de Derivativos Cambiais. Contratos Aleatórios. Abuso de Direito e Abusividade Contratual. Boa-Fé Objetiva. Dever de Informar e Ônus de se Informar. Teoria da Imprevisão. Excessiva Onerosidade Superveniente. *Revista de Direito Bancário e do Mercado de Capitais,* São paulo, v. 55, jan. 2012.

——. *O direito privado como um "sistema em construção":* as cláusulas gerais no Projeto do Código Civil brasileiro. Disponível em: <http://jus2.uol.com.br/doutrina/texto.asp?id=513&p=1>. Acesso em: 18 jun. 2009b.

——. Os diretos fundamentais e a opção culturalista do novo Código Civil In: SARLET, Ingo Wolfgang (Org.). *Constituição, direitos fundamentais e direito privado.* Porto Alegre: Livraria do Advogado, 2006a.

——. Reflexões sobre o princípio da função social dos contratos. In: CUNHA, Alexandre dos Santos (Coord.).*O direito da empresa e das obrigações e o novo Código Civil Brasileiro.* São Paulo: Quartier Latin, 2006b.

——; BRANCO, Gerson Luiz Carlos. *Diretrizes teóricas do novo Código Civil Brasileiro.* São Paulo: Saraiva, 2002.

——; PARGENDLER, Mariana Souza. Usos e abusos da função punitiva: punitive damages e o Direito Brasileiro. *Revista do CEJ,* Brasília, n. 28, p. 15-32, 2005.

MAZEUD, Henri, Léon, Jean; CHABAS, François. *Leçons de droit civil:* obligations théorie generale. 9. ed. Paris: Montchrestien, 1998. v. 1, t. 2.

MEDICUS, Dieter. *Tratado das relações obrigacionais.* Barcelona: Bosch, 1995. v. 1.

MIGUEL, Alexandre. A responsabilidade civil no novo Código Civil: algumas considerações. *Revista dos Tribunais,* São Paulo, v. 809, mar. 2003.

MIRAGEM, Bruno Nubens Barbosa. *Direito do consumidor.* São Paulo: Revista dos Tribunais, 2008.

MONTEIRO, António Pinto. Garanties dans la vente de biens de consommation – la transposition de la Directive 1999/44/CE dans le Droit Portugais. *Boletim da Faculdade de Direito,* n. 79, 2003.

——. Sobre o direito do consumidor em Portugal e o anteprojecto do Código do Consumidor. *Estudos de Direito do Consumidor,* n. 7, 2005.

——; PINTO, Paulo Mota. La protection de l'acheteur de choses défectueses en Droit portuais. *Boletim da Faculdade de Direito,* n. 69, 1993.

MORAES, Maria Celina Bodin de. Constituição e direito civil: tendências. *Revista dos Tribunais,* São Paulo, n. 779, set. 2000.

NALINI, José Renato. A cidadania e o protagonismo ambiental. *Revista de Direito Ambiental,* São Paulo, v. 35, jul. 2004.

NICOLAU, Gustavo Rene. Efetiva aplicação da teoria do risco no Código Civil de 2002. In: DELGADO, Mario Luiz; ALVES, Jones (Coord.). *Novo Código Civil:* questões controvertidas responsabilidade civil. São Paulo: Método, 2006. v. 5.

NICOLINI, Giovanni. *Danni da prodotti agroalimentari difettosi –* responsabilità del produtore,teoria e pratica del diritto. Milano: Giuffrè, 2006.

NORONHA, Fernando. *Direito das obrigações.* 2. ed. São Paulo: Saraiva, 2007.

——. Responsabilidade civil: uma tentativa de ressistematização. *Revista de Direito Civil, Imobiliário, Agrário e Empresarial,* São Paulo,v. 17, n. 64, abr./jun. 1993.

PASQUALOTTO, Adalberto. Dará a reforma ao Código de Defesa do Consumidor um sopro de vida? *Revista de Direito do Consumidor,* São Paulo, v. 78, abr. 2011.

——. A responsabilidade civil do fabricante e os riscos de desenvolvimento. *AJURIS,* Porto Alegre, Ajuris, v. 20, n. 59, p. 147-168, nov. 1993.

——. O Código de Defesa do Consumidor em face do novo Código Civil. *Revista de Direito do Consumidor,* São Paulo, v. 43, p. 96-110, 2002.

——. A responsabilidade civil do fabricante e os riscos de desenvolvimento. *AJURIS,* Porto Alegre, v. 59, p. 147-168, 1993.

PELET, Stéphanie. Responsabilité du fait des produits défectueux: une nouvelle étape pour le droit français. *Revue Européenne de Droit de la Consommmation*, n. 1, 2002.

PERA, Alessandra. Il rogo di una Laguna: la responsabilità da prodotto difettoso della Reanaut S.A. *Danno e Responsabilità*, v. 4, n. 3, 2009.

PEREIRA, Caio Mário da Silva. *Instituições de direito civil*. 11. ed. Rio de Janeiro: Forense, 2004. v. 3.

PINTO, Paulo da Mota. O direito de regresso do vendedor final de bens de consumo. *Revista da Ordem dos Advogados*, Lisboa, v. 62, p. 143–199, 2002.

——. Anteprojecto de disciplina a de transposição da Directiva 1999/44/CE para o Direito português exposição de motivos e articulado. *Estudos de Direito do Consumidor*, n. 3, 2001.

——. O Anteprojecto de Código do consumidor e a venda de bens de consumo. *Estudos de Direito do Consumidor*, n. 7, 2005.

PIRE, Véronique. Les limites dela responsabilité du fournisseur au sens de la directive 85/374/CEE relative à la responsabilité du fait des produits défectueux. *European Consumer Law Journal*, n. 4, 2005.

PONTES DE MIRANDA, Francisco Cavalcanti. *Tratado de Direito Privado*. Tomo LIII, São Paulo: Revista dos Tribunais, 1974.

PROSPERI, Francesco. La responsabilità del produtore. *Revista Trimestral de Direito Civil*, São Paulo,v. 7, n. 25, jan./mar. 2006.

QUERCI, Agnese. La responsabilità da farmaci nell'ordinamento statunitense: cronoca di una realità che cambia. *Dano e responsabilità*, n. 3, p. 244-263, 2009.

——. Il vaccino contro l'influenza A/H1N1: "pillole" de responsabilità civile. *Dano e Responsabilità*, v. 15, n. 4, p. 335-345, 2010.

RÁO, Vicente. *O direito e a vida dos direitos*. São Paulo: Revista dos Tribunais, 1997.

REALE, Miguel. *O projeto do novo Código Civil*. São Paulo: Saraiva, 1999.

RIZZARDO, Arnaldo. *Responsabilidade civil*. Rio de Janeiro: Forense, 2005.

ROCHA, Sílvio Luís Ferreira da. *Responsabilidade civil do fornecedor pelo fato do produto no direito brasileiro*. São Paulo: Revista dos Tribunais, 1992.

SANSEVERINO, Paulo de Tarso Vieira. *Direito do Consumidor e Defesa do Fornecedor*.

——. *Princípio da reparação integral*. São Paulo: Saraiva, 2010a.

——. *Responsabilidade civil no Código do Consumidor e a defesa do fornecedor*. 3. ed. São Paulo: Saraiva, 2010b.

——. *Responsabilidade civil no Código do Consumidor e a defesa do fornecedor*. 2. ed. São Paulo: Saraiva, 2007.

SANTUCCI, Gian Matteo. La responsablità per danno da prodotto difettoso nella recente esperienza italiana. *Responsabilitità Civile e Previdenza*, n. 5, maggio 2010.

SARLET, Ingo Wolfgang. Direitos fundamentais e direito privado: algumas considerações em torno da vinculação dos particulares aos direitos fundamentais. *Revista de Direito do Consumidor*, São Paulo, n. 36, 2000.

SCHWENZER, Ingebord. L'adaptation de la directive communautaire du 25 juillet 1985 sur la responsabilité du fait des produits défectueux en Allemagne fédérale. *Revue Internationale de Droit Comparé*, Paris, v. 43, n. 1, p. 57-74, jan./mars 1991.

SERIO, Mario. Metoto compartistico e responsabilità del produttore in diritto comunitário. *Rivista di Diritto Civile*, Padova, v. 62, n. 4, p. 469-483, luglio/ago. 1996.

SERRA VIEIRA, Patricia Ribeiro. *A responsabilidade civil objetiva no direito de danos*. Rio de Janeiro: Forense, 2005.

SEVERO, Sérgio. *Danos extrapatrimoniais*. São Paulo: Saraiva, 1996.

SILVA, João Calvão. *A responsabilidade civil do produtor*. Coimbra: Almedina 1999.

——. La responsabilité du fait des produits défectueux en droit portugais. *Revue Européenne de Droit de la Consommation*, Paris, n. 1, p. 16-19, 1992.

——. *Compra e venda de coisas defeituosas*: conformidade e segurança. Coimbra: Almedina, 2008.

O Regime da Responsabilidade Civil pelo fato dos produtos postos em circulação

SILVA, Jorge Alberto Quadros de Carvalho. Responsabilidade objetiva: o Código Civil de 2002 e o Código de Defesa do Consumidor. *Revista de Direito do Consumidor*, São Paulo, v. 53, jan. 2005.

SILVEIRA, Diana Montenegro da. *Responsabilidade civil por danos causados por medicamentos defeituosos*. Coimbra: Coimbra, 2010.

STOCO, Rui. Defesa do consumidor e responsabilidade pelo risco do desenvolvimento. *Revista dos Tribunais*, São Paulo, v. 96, n. 855, p. 46-53, jan. 2007.

———. *Tratado de Responsabilidade Civil* – Doutrina e Jurisprudência. Tomo I, 9ª ed., Revista dos Tribunais, 2013

TARTUCE, Flávio. *A responsabilidade civil subjetiva como regra geral do novo Código Civil*. Disponível em: <http://www.mundojuridico.adv.br/sis_Artigos/Artigos.asp?codigo=330>. Acesso em: 10 maio 2012.

———. *Responsabilidade Civl Objetiva e Risco* – A Teoria do Risco Concorrente. São Paulo: Editora Método, 2011.

———. *Direito Civil 2*. Direito das Obrigações e Responsabilidade Civil. São Paulo: Editora Método, 8ª ed, 2013, p. 511.

TEPEDINO, Gustavo. Crise de fontes normativas e técnica legislativa na Parte Geral do Código Civil de 2002. *In A Parte Geral do Novo Código Civil – Estudos na Perspectiva Civil-Constitucional*. Rio de Janeiro: Renovar, 2ª ed, 2003.

THEODORO JÚNIOR, Humberto. *Comentários ao novo Código Civil*: Dos Atos Jurídicos Lícitos. Dos Atos Ilícitos. Da prescrição e da Decadência. Da prova. arts. 185 a 232. Rio de Janeiro: Forense, 2005. v. 3, t. 3.

THOUROT, Patrick. Le risque de développement. *SCOR Papers*, n. 11, déc. 2010. Disponível em: <http://www.scor.com/images/stories/pdf/scorpapers/scorpapers11_fr.pdf>. Acesso em: 10 out. 2012.

TRIMARCHI, Pietro. *Rischio e responsabilità oggettiva*. Milano: Giuffrè, 1961.

VELA SÁNCHEZ, Antonio José. Criterios de aplicación del régimen de responsabilidad civil por productos defectuosos. Granada: Comares, 2004.

VERARDI, Carlo Maria. L'introductino de la Directive Communautaire du 25 juillet 1985 sur la responsabilté du fais des produits defectuex en droit italien. *European Review of Private Law*, v. 2, n. 2, p. 237-244, 1994.

VILLANI, Livia. Il danno da prodotto tra la Directiva CEE n. 374/1985, Il DPR n. 224/1988 e il Codice del Consumo. *Responsabilità Civile e Previdenza*, n. 5, maggio 2007.

VINEY, Geneviève. Introdução à la responsabilité. In: TRAITÉ de droit civil. 3. ed. Paris: LGDJ, 2006.

———. L'interprétation par la CJCE de la Directive du 25 juillet 1985 sur la responsabilité du fait des produits défectueux. *La Semaine Juridique*, n. 44-45, p. 1945-1948, 30 oct. 2002.

———; JOURDAIN, Patrice.Les conditions de la responsabilité. In: TRAITÉ de droit civile. 3. ed. Paris: LGDJ, 2006.

VISINTINI, Giovanna. *Trattato breve della responsabilità civile*. Padova: CEDAM, 2005.

WESENDONCK, Tula. A responsabilidade civil pelos riscos do desenvolvimento: evolução histórica e disciplina no direito comparado. *Direito & Justiça*, Porto Alegre, v. 38, n. 2, 2012.

——— Transformações no sistema de ilicitudes no Código Civil de 2002. *Revista da Ajuris*, Porto Alegre, n. 116, dez. 2009.